Sai Baba erzählt

Kleine Geschichten und Gleichnisse

Sai Baba erzählt

Kleine Geschichten und Gleichnisse

Sathya Sai Vereinigung e.V., Bonn

Titel des englischen Originals: Chinna Katha, Stories and Parabels, Shrī Sathya Sai Education and Publication Foundation, Prashānti Nilayam, 2. Auflage 1978,
Ins Deutsche übertragen von Benita v. Bonin

Einbandgestaltung Hartmut Balzer, Frankfurt

CIP-Titelaufnahme der Deutschen Bibliothek

Sai Baba erzählt : kleine Geschichten und Gleichnisse. – 1. Aufl. – Bonn : Sathya-Sai-Vereinigung, 1989
ISBN 3-924739-28-5

1. Auflage 1989

Verlag Sathya Sai Vereinigung e.V., Bonn
Sathya Sai Baba Buchzentrum Deutschland
Grenzstr. 43, D-6057 Dietzenbach

Herstellung: Hans Richarz Publikations-Service, 5205 St. Augustin 1

ZUR DEUTSCHEN ÜBERSETZUNG:

Die Geschichten wurden in der Regel dem englischen Original getreu übersetzt; um eines anschaulicheren Sprachstils willen wurden sie jedoch in enger Anlehnung an die englische Fassung teilweise nacherzählt (insbesondere 14, 142, 162, 185, 202, 220, 236). Einige der Geschichten sind im englischen Original in zwei verschiedenen Versionen enthalten und wurden hier zu einer zusammengefaßt (8, 65, 156, 206, 210, 260). Unter Verwendung der ersten Ausgabe von ‚Chinna Katha', Bhagavan Shri Sathya Sai Seva Samithi, New Delhi 1975, (im Text als ‚Ch.K.I' gekennzeichnet) wurden einige Geschichten vervollständigt (8, 34, 68, 118, 160, 164, 184, 194, 223, 230, 234) und eine weitere (208) zusätzlich aufgenommen.

Da das Geschichtenerzählen ein wesentliches Element in der von Sathya Sai Baba ins Leben gerufenen Erziehung in Menschlichen Werten (EMW) darstellt, wurde hier eine thematische Ordnung eingerichtet, welche es Erziehern erleichtern soll, diese Sammlung für den Unterricht heranzuziehen. Auch im Hinblick auf die Arbeit in spirituellen Studienkreisen erschien eine Gliederung hilfreich zu sein, die sich an den aufeinander aufbauenden Werten Wahrheit (Wirklichkeit), Rechtschaffenheit, Frieden, Liebe und Gewaltfreiheit orientiert.

Alle indischen Namen und Sanskrit-Begriffe wurden in einer vereinfachten Umschrift wiedergegeben, welche in der Literatur für Nicht-Sanskrit-Gelehrte gebräuchlich ist. Sie werden im Text weitgehend übersetzt und erläutert und, wo es nötig schien, mit Anmerkungen versehen. Um eines besseren Verständnisses willen empfiehlt es sich jedoch, das ausführliche Glossar zu benutzen.

Die Übersetzerin

INHALT

‚Oka Chinna Katha' – wenn Shri Sathya Sai Baba den schnellen Strom Seiner Rede mit diesen drei Telugu-Worten anhält, die ‚eine kleine Geschichte' ankündigen, hält alles gespannt den Atem an und horcht erwartungsvoll auf. Die Geschichte, die dann folgt, ist ein erhellender Blitz, ein kühlender Guß, eine witzige Pointe, lindernde Medizin, gibt den Blick frei auf heldenhafte Größe oder auf ein aufgeblasenes Ego, ist erbauliche Poesie oder anspornender Stich, ein herzerfrischendes, pfiffiges kleines Stück, eine schmackhaft verpackte Pille aus Tiefsinn, eine entwaffnend schlagfertige, Klarheit schaffende Antwort, eine gutmütig-spöttische Stichelei gegen religiös sich gebärdendes Geschwätz; sie kann eine lebendige Neufassung von Altbekanntem sein oder die Wiedergabe einer zeitgenössischen Komödie, ein Hieb gegen theologische Rechthaberei und auch ein liebevoller kleiner Stoß in die Seite eines stolzen Würdenträgers.

Die ‚kleine Geschichte' ist für den, der über ihre tiefere Bedeutung nachsinnt, ein wirkungsvolles Hilfsmittel in dem von Baba angestrebtem Umerziehungsprozeß.

Wenn Er eine Ansprache hält, scheinen Ihn Seine Bilder und Gleichnisse stets abrufbereit zu umgeben wie ein Vogelschwarm, der am Himmel Seiner Liebe kreist. Ein paar Exemplare davon läßt Er in unseren Herzen landen und sich dort in aller Stille einnisten, bis wir sie liebgewinnen, sie pflegen und sie zu einem wirkenden Bestandteil unserer Gedanken und unseres Verhaltens werden lassen.

Hier haben Sie einen bezaubernden, duftenden Strauß aus bunten Geschichten – zu Ihrem Vergnügen, Ihrer Meditation und Inspiration!

Prashānti Nilayam, 14.Januar 1978 N.Kasturi

1 Gleich Zucker im Wasser ist Gott in der Welt

In den Upanischaden wird uns die Geschichte von Uddālaka erzählt, der nicht nur ein hochgebildeteter Mann, sondern ein spiritueller Meister war. Sein Sohn, Shvetaketu, bat ihn mehrmals, er möge ihn doch als Schüler annehmen, aber Uddālaka war dazu nicht bereit, denn er wußte nur zu gut, daß es ihnen schwerfallen würde, die richtige Schüler-Meister-Beziehung herzustellen: Wo gefühlsmäßige Bindung und Zuneigung herrschen, ist man nachsichtig, und so ist es nicht möglich, den Unterricht mit der gebotenen Disziplin und Strenge durchzuführen.

Uddālaka schickte ihn also zu einem anderen Meister, von dem er wußte, daß er ihn in seinem Sinn unterrichten würde. Shvetaketu aber war noch zu jung und unerfahren, um die Beweggründe seines Vaters zu verstehen. Er lebte fortan in der Annahme, sein Vater habe ihn zu einem anderen Meister geschickt, da er selbst nicht über genügend Wissen verfüge und nicht in der Lage sei, Unterricht zu erteilen.

Mehrere Jahre lang studierte Shvetaketu bei seinem Meister, und als er nach Abschluß seiner Studien nach Hause zurückkehrte, fühlte er sich den Daheimgebliebenen weit überlegen. Sein Vater merkte es und fragte: „Nun, magst du berichten, was du gelernt hast? Hast du die verschiedenen philosophischen Systeme studiert? Hast du etwas über Gott erfahren? Hast du das Eine erkannt, welches alles andere Erkennen erübrigt und einem Menschen alles Wissen verleiht?“

Shvetaketu lächelte ein wenig herablassend und sagte: „Liebster Vater, es ist nicht leicht, in wenigen Worten das wiederzugeben, was ich in vielen Jahren gelernt habe. Und auch wenn ich es könnte, wäre ich nicht sicher, ob du alles verstehen würdest! Aber um dich nicht zu enttäuschen, will ich es dennoch versuchen." Und er begann, darüber zu sprechen, was Gott sei, wie Gott sei und was man über Ihn wisse.

Uddālaka merkte, daß sein Sohn noch sehr unerfahren war. ‚Wenn er so weitermacht', dachte er, ‚und versucht, Gott durch Worte zu erklären, wird er niemals zur Gotterkenntnis gelangen. Ich werde ihm ein wenig Anschauungsunterricht erteilen!' Er ging und kam mit einer Schale voll Wasser und einer Tüte Zucker zurück. Vor den Augen seines Sohnes schüttete er den Zucker ins Wasser, rührte so lange um, bis er sich vollständig aufgelöst hatte und fragte: „Du hast doch gesehen, daß ich Zucker ins Wasser geschüttet habe. Wo ist er geblieben?"

Shvetaketu beugte sich über die Schale. Natürlich war der Zucker spurlos verschwunden. Da tauchte der Vater seine Finger in die Lösung, hieß Shvetaketu seine Zunge ausstrekken und träufelte einige Tropfen darauf. „Wie schmeckt das? Nimm selbst von jeder beliebigen Stelle der Schale eine Probe und schmecke!" Shvetaketu hatte verstanden: „Der Zucker hat sich im Wasser aufgelöst und ist in jedem Tropfen gleichermaßen vorhanden."

Da fuhr der Vater fort: „Siehst du, ebenso wie der Zucker die ganze Lösung durchsetzt, ist es mit Gott: Brahman, das formlose Absolute, wird das Eine, das in Erscheinung tritt und Gestalt annimmt. Es ist in jedem Wesen und wohnt in allem, was du in der Welt um dich herum siehst. Es ist nicht möglich, Gott als abgesondertes Wesen zu sehen oder Ihn anzufassen. Die einzige Möglichkeit, Ihn zu erkennen, besteht darin, Ihn zu erfahren als den, der zu Welt geworden ist. Mit diesem physischen Körper kannst du nichts Größeres tun als Brahman erkennen, der allgegenwärtig und alldurchdringend ist als Wahrheit, als das unsichtbare Wesen aller Dinge. Das ist das Selbst. Und Das, o Shvetaketu, *Das bist Du*!"

Erst, wenn ihr selbst diese kostbare Erfahrung gemacht habt, seid ihr befugt, über die Ungeteiltheit von Schöpfer und Schöpfung zu sprechen, über das Wesen Gottes und Seine

Allgegenwart. Es ist unwahrhaftig, nur aus Buchwissen heraus wie ein Papagei über Gottes Allgegenwart zu plappern. Nur die eigene Erfahrung des All-Einigen gibt euch das Recht, darüber zu sprechen.

2 Die unsichtbare Butter

Ein Mönch geriet auf seiner Wanderschaft in ein Dorf, in dem lauter Atheisten lebten. Im Nu war er umringt von einer Schar junger Burschen, die ihn spöttisch musterten. Er setzte sich auf einen Stein, um auszuruhen. Bald hatten sich viele Neugierige um ihn versammelt, und jemand sagte, er solle ihnen doch einmal beweisen, daß der Gott, an den er glaube, wirklich existiere. Er entgegnete, das würde er gerne tun, aber bevor er anfinge, möchte man ihm bitte einen Becher Milch bringen, er sei müde und hungrig. Als die Milch vor ihm stand, trank er sie nicht gleich, sondern blieb still davor sitzen und starrte sie an, wobei er sich anmerken ließ, daß ihn etwas sehr verwunderte.

Die Umstehenden wurden allmählich ungeduldig. Sie verlangten laut, er möge sie endlich etwas sehen lassen. Da sagte der Mönch: „Wartet noch einen Moment. Man hat mir nämlich gesagt, in Milch sei Butter enthalten. Aber wie es scheint, gibt es in eurer Milch keine Butter. Jetzt warte ich schon so lange, aber so genau ich auch hingucke – ich sehe keine!“

Da lachten die Burschen ihn aus: „Du Dummkopf! Was für einen Unsinn du sagst! Natürlich ist Butter in der Milch. Das macht sie ja erst nahrhaft. Aber so einfach ist sie nicht zu sehen. Wenn du sie sehen willst, mußt du die Milch erst einmal eine Weile stehen lassen und warten, bis sich der Rahm an ihrer Oberfläche abgesetzt hat. Dann mußt du ihn abschöpfen und so lange schlagen, bis sich Butterklümpchen abgesondert haben und oben auf der Buttermilch schwimmen. Dann mußt du sie kneten, bis kein Wasser mehr drin ist, und dann erst kannst du sie formen und essen.“

„Aha! So ist das also," sagte der Mönch, „das macht es mir um vieles leichter, euch Gott zu zeigen. Mit Gott ist es nämlich ähnlich wie mit der Butter. Er ist in der ganzen Schöpfung enthalten, wie die Butter in der ganzen Milch. In jedem Ding ist Er, in jedem Wesen, jedem Atom des Universums. Weil Er überall ist, existieren überhaupt erst die Dinge, können wir sie erkennen und uns an ihnen freuen. Um Ihn aber allein und abgesondert sehen und erleben zu können, muß man ernsthaft und beständig bestimmte Übungen machen. Dann kann man Seine Herrlichkeit sehen und Seine Gnade schmecken."

3 Alles ist Sein Ausdruck

Wenn du sprichst, etwas anschaust oder einen Gedanken faßt – wer ist es dann, der spricht, sieht, beurteilt und entscheidet? Es ist die Eine Intelligenz, das Eine, das wie ein elektrischer Strom alles belebt und durch alle Menschen und Materie wirkt – Gott.

Wenn ihr zur Ehre Gottes singt, beobachtet einmal, wie das Eine euch in Bewegung versetzt: Eure Zunge formt die Laute im Einklang mit der Melodie, die sie trägt. Eure Handflächen klatschen den Takt dazu; euer Kopf bewegt sich in Übereinstimmung mit dem Gefühl, das der Name Gottes in euch hervorruft. Euer Gemüt erfreut sich an den Bildern, die der Gesang vor eurem geistigen Auge erscheinen läßt.

Auch ein Tänzer drückt durch jede Geste und jede Bewegung seiner Muskeln und Glieder Harmonie und Melodie aus. Alle Bewegung aber hat die eine Quelle – Gott, der Seinen Sitz und den Vorsitz in eurem Herzen hat. Wer Ihn ignoriert, außer acht läßt oder verneint, hat keine Freude und macht auch anderen keine Freude. Er ist entweder stumpfsinnig und träge (*tamas*) oder leidenschaftlich bis fanatisch (*rajas*), aber in keiner Weise rein, ausgewogen und erhebend (*sattva*).

Gott ist das Ganze. Er ist alle Formen. Er ist alle

Namen. Es gibt keinen Ort, an dem Er nicht ist. Es gibt keinen Moment, in dem Er nicht ist. (Selbst ‚devil‘, das englische Wort für Teufel, hat die Silbe *‚dev‘*, für ‚göttlich‘ in sich, was auf seine Verwandtschaft mit dem Göttlichen hinweist.)

Im Donner vernehmen wir die göttliche Botschaft. Der Regen ist Sein Segen. Laßt keine Sekunde vorübergehen, ohne euch Gottes bewußt zu sein. Beobachtet kein Ereignis, ohne euch daran zu erinnern, daß Er der Bewirkende ist.

Sicher hast du ein Bildnis oder ein Foto in deinem Zimmer, welches du für deine Anbetung benutzt. Zündest du nicht ein Licht davor an? Dann sagst du: „Ich habe das Licht angezündet." Aber warst du es wirklich? Wer gab das Öl, den Docht, die Lampe? Wer schuf ihre Fähigkeit, zusammen Licht hervorzubringen? Wer bewegte dich dazu, gerade diese Form Gottes zu verehren? Wer war es, der dir den Anstoß gab, die Lampe vor das Bild zu stellen, sie anzuzünden und dich vor dem Bild zu verneigen? Alles das tat Gott, Gott und niemand anderes als Gott. Für den Menschen, welcher Wissen und Feingefühl besitzt, gibt es keinen anderen und nichts anderes.

4 Was ist wirklich?

Die Erkenntnis der Wirklichkeit kann in einem Moment der Erleuchtung kommen, wie es König Janaka geschah.

Eines Abends saß Janaka umringt von den Angehörigen des Hofes im Thronsaal und lauschte den süßen Melodien der Musikantinnen. Er ging ganz in der Musik auf, und plötzlich war er auf seinem Thron eingeschlafen. Niemand wagte ihn zu wecken. Nach und nach zogen sich alle in die hinteren Räume zurück, damit er nicht gestört würde.

Nur die Königin und ein Diener blieben bei ihm. Ungefähr um Mitternacht schrie er mit einem Male auf und erwachte von seiner eigenen Stimme. Die Königin ergriff seine Hand. Sichtlich verstört und aufgebracht fragte er: „Ist dies die Wirklichkeit oder das?“ Was sollte sie darauf antworten? Wie konnte sie wissen, was für ihn ‚dies‘ war oder ‚das’?

Vom Aufschrei ihres Herrn aufgeschreckt eilten die Angehörigen des Hofes aus den Nebenräumen herbei. Der König blickte sie hilfesuchend an und stellte allen die gleiche Frage. Kein anderes Wort kam mehr über seine Lippen. Fortan murmelte er diese Frage ständig vor sich hin, und bald hatte es sich herumgesprochen, der König sei wahnsinnig geworden. Darüber waren alle sehr traurig. Ein Weiser, der von dem Vorfall gehört hatte, kam in den Palast und wurde zu Janaka hereingeführt. Der stellte ihm seine Frage: „Ist dies die Wirklichkeit oder das?“ Da sagte der Weise, er würde ihm die Frage gerne beantworten, aber zuerst müsse er ihm verraten, was er geträumt habe, als er auf dem Thron eingeschlafen und so unsanft erwacht war.

Janaka erzählte ihm seinen Traum: Feindliche Könige waren mit vereinten Heeren in sein Reich eingedrungen und hatten seine Hauptstadt eingenommen. Er mußte in den Wald fliehen, um sein Leben zu retten. Tagelang war er auf der Flucht und irrte umher, ohne auch nur einen Bissen Nahrung zu finden. Die Erschöpfung wollte ihn in die Knie zwingen, aber der Hunger trieb ihn weiter. Endlich erreichte er eine Siedlung. Er bemerkte einen Mann, der gerade seinen Teller von Essensresten säuberte. Er rief, er möge ihm doch ein paar Krumen zu essen geben. Der Mann reichte ihm etwas, aber wie es das Unglück wollte, kam gerade in diesem Augenblick eine Krähe und schnappte sich den Bissen. Das war die Stelle des Traumes gewesen, an welcher er aufgeschrien hatte und erwacht war.

Seither fragte er sich: „Was ist die Wirklichkeit, dieses oder jenes?“ Beides, seinen Hunger wie auch seinen Thron, hatte er als *wirklich* verspürt. Die Herrschaft über das Königreich war ebenso wirklich wie dessen Verlust im Traum. Die Antwort des Weisen war diese: „Das eine ist *unwirklich*, und das andere ebenso. ‚Das‘ ist Traum, und ‚dies‘ ist Welt; *beides* sind Halbwahrheiten.“ (Nicht falsch; sie sind verhältnismäßig – wenn auch nicht absolut – wahr. Sie besitzen eine zeitgebundene, vergängliche Wirklichkeit, eine Wirklichkeit, die durch Nachforschen und Erfahrung widerlegt wird.)

Weiter sprach der Weise: „Aber sieh: *Du* warst es, der träumte, *du* bist erwacht, *du* hast geschrien, *du* fragst. Das bedeutet, daß *du* in beiden Zuständen da warst. Folglich bist du allein unvergänglich und damit wirklich. Das *Ich*, das in allen drei Seinszuständen – im Wachen, Träumen und im Tiefschlaf – bestehenbleibt, dieses *Ich* ist die einzige Wirklichkeit. Und dieses Ich erscheint in der Gestalt des ganzen manifesten Universums."

5 Die Weisheit des Wäschers

Ein Anhänger des Monismus und ein Anhänger des Dualismus waren in Streit geraten. Der Monist sagte, der Mensch sei in Wirklichkeit nicht Mensch, sondern Gott. Die individualisierte, von Gott abgesonderte Seele sei in Wahrheit eines Wesens mit Gott. Es gebe nur Gott und nichts außer Gott.

Der Dualist aber wollte dem nicht zustimmen, obwohl der Monist zum Beweis viele Stellen aus den Veden und anderen Heiligen Schriften anführte. In der Annahme, er werde Verstärkung für seinen Standpunkt bekommen, hielt er einen Wäscherjungen an, der soeben mit einem Bündel Wäsche auf dem Kopf vorbeikam, und stellte ihm eine Frage: „Sag' uns doch bitte einmal: wer bist du? Bist du Gott?" Der Wäscherjunge erschrak bei dem Gedanken. „Ich? Gott? Nein, ich bin nur ich."

Da sagte der Dualist: „Hast du gehört? Das ist die Stimme des gesunden Menschenverstands. Der Mann auf der Straße weiß, daß er nicht Gott, sondern nur ein Mensch ist." Darauf erwiderte der Monist: „Er hat gesagt: ‚Ich bin ich'. Vom Kaiser bis zum Bettelmann sagt ein jeder von sich, er sei ‚Ich'. Dieses ‚Ich' ist die Gegenwart Gottes im Menschen."

6 Wohin willst du flüchten?

Wohin auch immer du gehst, wirst du nur Mich antreffen, denn Ich bin überall.

Habt ihr schon die Geschichte gehört von dem Kaninchen, das von Mutter Erde vier Pfennige geborgt hatte? Es wollte das Geld nicht zurückzahlen und dachte: „Wenn ich in eine andere Gegend ziehe, bin ich die Schulden los." Also rannte es, so weit es seine Läufe trugen, fort von dem Ort, wo es das Geld bekommen hatte. Endlich setzte es sich erleichtert nieder und sprach zu sich selbst: „Hier wird mich jetzt niemand mehr nach dem Geld fragen!" Wie erschrak es aber, als eine Stimme aus dem Boden tönte, die sagte: „Mutter Erde ist immer und überall unter dir. Du kannst mir nicht entkommen, wie weit du auch rennen magst."

So könnt auch ihr Mir nicht davonlaufen. An allen Orten der Welt werde Ich gutes Verhalten, gutes Benehmen, gute Gedanken und gute Gesellschaft von euch verlangen, wo immer ihr auch hingehen mögt.

7 Überall ist Heiligtum

Ein Meister schickte einst seinen Schüler zur weiteren Belehrung zu einem Bettelmönch. Dieser Mönch war der Betreuer eines Shiva-Tempels, in dem die Gottheit in der Gestalt eines *Linga* verehrt wurde. Als der Schüler ankam, traf er zu seiner Empörung im Tempel einen ungepflegten alten Mann an, der sich im Allerheiligsten ausgestreckt und beide Füße auf das heilige Linga gelegt hatte! Er war außer sich über soviel Respektlosigkeit!

Als der Schüler seinem Zorn Luft gemacht hatte, bat ihn der Alte: „Ach bitte, heb doch meine Füße hoch und lege sie an einer Stelle ab, wo Er nicht ist!" Allzugerne wollte der Schüler ihm die Bitte erfüllen. Aber wo immer er die Füße des Alten auch ablegen wollte, sproß ein Linga aus dem Boden, um sie zu stützen. Die Lektion, die der Bettelmönch ihn lehrte, war diese: Gott ist überall. Übt euch darin, Ihn überall wahrzunehmen!

8 Mitleid mit der Lokomotive

Ein einfacher Mann vom Lande reiste zum ersten Mal in seinem Leben mit der Eisenbahn. Er kaufte eine Fahrkarte und bestieg den Zug. Die Abteile waren dicht besetzt von Reisenden, die ihre Koffer, Kisten und Kästen und andere Gepäckstücke auf der Gepäckablage und unter den Sitzbänken verstaut hatten. Der Mann vom Lande dachte bei sich: „Wie herzlos und egoistisch die Leute doch sind! Nun hat die Lokomotive doch wahrhaftig schon genug damit zu tun, das Gewicht ihrer Körper zu ziehen, und sie laden ihr auch noch das ganze Gepäck auf! *Ich* tue so etwas nicht!" Und er behielt seine Kiste auf den Schultern und das Bündel auf dem Kopf, überzeugt davon, daß *er* es war, der sein Gepäck trug, nicht die Lokomotive!

Die meisten Menschen leben in einer ähnlich unsinnigen Vorstellung, weil sie sich nicht der Wirklichkeit bewußt sind, daß Gott *alles* ist. Der Mensch ist nichts als ein Werkzeug in Seiner Hand, das Er benutzt, um Seinen Plan auszuführen. Der Glaube an diese Wirklichkeit ist der Schlüssel zu Frieden und Freude. (Ch.K.I)

9 Wie man das wahre Gesicht Gottes wiedergibt

Es war einmal ein Künstler, der war viel in der Welt herumgekommen, hatte viele hochstehende Persönlichkeiten gemalt, war auf diese Weise berühmt geworden und überall gefragt. Damit hätte er eigentlich zufrieden sein können, aber eins fehlte ihm noch zur Krönung seiner Künstlerlaufbahn: das Porträt Krishnas, des Herrn!

Tatsächlich gelang es ihm, eine Audienz bei Krishna zu bekommen. Er bat Ihn, Er möge ihm doch eine Weile stillsitzen, damit er eine Skizze anlegen könne. Krishna, der die Eitelkeit des Malers kannte und ihm eine Lehre erteilen wollte, willigte ein. Als die Sitzung beendet war, sagte der Maler, er werde das Bild zu Hause vollenden und es dem Herrn nach einer Woche zur Ansicht bringen.

Nach einer Woche brachte er das fertige, in ein weißes Tuch verpackte Bildnis und enthüllte es feierlich in der Anwesenheit des Herrn. Aber was war das? – zu seiner Bestürzung mußte er sehen, daß es überhaupt keine Ähnlichkeit mit Krishna hatte! So etwas war ihm noch nie vorgekommen!

Er bat Krishna, Er möge verzeihen und ihm eine Frist von einer weiteren Woche gewähren. Aber auch beim nächsten Versuch erging es ihm nicht besser! Es war unbegreiflich: jedesmal, wenn er meinte, Krishnas Züge getroffen zu haben, mußte er feststellen, daß er sich vertan hatte. Schließlich gab er auf. Niedergeschlagen und ohne Hoffnung, sein größtes Kunstwerk jemals zu vollenden, hatte er nur noch den einen Wunsch, der Stadt seines größten Mißerfolgs den Rücken zu kehren.

Draußen vor der Stadt traf er Nārada, den Dichter-Sänger, und erzählte ihm, was vorgefallen war. Nārada schlug die Hände über dem Kopf zusammen und sagte: „Was für ein Unfug, ein Porträt von Krishna, dem Herrn, malen zu wollen!

Weißt du nicht, daß Gott keine feststehende Form hat? Er verändert Sein Gesicht ununterbrochen. Aber wenn du unbedingt ein Bild von Ihm machen willst, verrate ich dir, wie du es am besten anfängst!“ Und er flüsterte dem Maler etwas ins Ohr.

Der nahm sich den Rat zu Herzen. Er kehrte um und trat am nächsten Tag wieder vor Krishna – mit dem großen, gerahmten, in ein weißes Tuch gehüllten Gegenstand unter dem Arm. „Verändere Du nur Dein Gesicht von einer Sekunde zur anderen, mein Bildnis wird Dir dennoch ganz und gar entsprechen!“ Als er das Tuch wegzog, schaute Krishna in einen Spiegel.

Wenn du meinst, du wüßtest mit Sicherheit, welche Eigenschaften und Merkmale Gott hat, dann irrst du dich bestimmt. Du kannst Gott nicht beschreiben. Alle Versuche, Ihn zu erfassen, sind zum Scheitern verurteilt. Mache deine Wahrnehmung frei von aller Trübung des Egos. Fülle deine Gedanken mit Liebe und Hingabe zu Gott. Das allein wird dir helfen, ein wahres Bild von Gott zu bekommen.

10 Shivas Gestalt

Laßt uns die Gestalt betrachten, die Shiva für Seine Anbetung durch den Menschen angenommen hat:

In Seinem Hals das vernichtende Gift, das alles Leben im Bruchteil einer Sekunde auslöschen könnte. Auf Seinem Haupt der heilige Ganges, dessen Wasser alle Übel heilt, in dieser und der nächsten Welt. Auf Seiner Stirn das Feuerauge. Über Seinem Kopf der Mond, milden, tröstlichen Schein verbreitend. Um Seinen Hals, Seine Handgelenke, Schultern und Knöchel todbringende Kobras, die von Seinem lebensspendenden Atem genährt werden.

Als ‚*Rudra*‘ wohnt Er an Begräbnis- und Verbrennungsstätten, die ‚*Rudrabhūmi*‘, Land Shivas oder Rudras, genannt werden. Diese Stätten sind aber keineswegs Orte des Schrekkens, sondern im Gegenteil geheiligte Orte, denn alle beenden den Kreislauf des Lebens an dieser Stelle, sei es mit dem Ende dieses irdischen Lebens oder am Ende einiger weiterer irdischer Leben. Shiva lehrt uns, daß man dem Tod nicht ausweichen kann und ihn nicht verdrängen soll. Begegnet ihm froh und unverzagt!

Es heißt von Shiva auch, Er gehe umher mit einer Bettelschale. Damit lehrt Er uns, daß Verzicht, Loslassen und Gleichmut in allen Lebenslagen die Wege sind, auf denen man Ihn erreicht.

Shiva ist auch unter dem Namen ‚*Mrityumjaya*' bekannt, Besieger des Todes. Er ist auch ‚*Kāma-Hari*', der Zerstörer des Verlangens. Diese beiden Namen besagen, daß derjenige, der das Verlangen besiegt, auch den Tod besiegt, denn: Verlangen bewirkt Aktivität. Aktivität bewirkt Folgen. Folgen bewirken Verhaftung. Verhaftung bewirkt erneutes Geborenwerden, und Geborenwerden hat den Tod zur Folge.

Īshvara, der Schöpfer, wird durch das *Linga* symbolisiert. Das Wort ‚*linga*' entstammt der Sanskritwurzel ‚*li*' und steht für ‚*yate*', verschmelzen. Linga ist also die Form, in der *alle* Formen miteinander verschmelzen.

Shiva ist der Gott, der die Wesen segnet mit dem Geschenk, welches das größte im ganzen Universum ist: dem Geschenk des Wissens um den Sinn des Daseins. Der Sinn besteht in der Beendung des Kreislaufs von Geburt und Tod. Das ist der eigentliche ‚Tod', den man anstreben sollte. Dieses ‚Ende' kann man mit Shivas Hilfe erreichen.

Erkenne und verwirkliche zuerst, daß Gott in dir ist. Wenn du dich dann auf Beziehung mit der Welt einläßt, kann sie dir nicht schaden, denn du wirst in ihr die Verkörperung Gottes sehen. Wer sich aber umgekehrt zuerst an die Welt der Dinge bindet, wird auch Gott nur als Ding wahrnehmen. Doch es steht dir frei, deine spirituellen Bemühungen in die eine oder andere Richtung zu lenken, wenn du nur Ihn zum Ziel hast. Folge Gottes Geboten, und Er wird dich mit Freuden zu sich emporheben.

Gehe den Weg des Nachforschens. Finde heraus, wo Er wohnt, und werde eins mit Ihm. Die Wege zum Ziel sind verschieden. Jeder Weg steht dir offen. Es gibt nur ein unumgängliches Ziel für jeden Menschen: Gott zu erreichen.

Shiva steht für Güte und Segenbringendes. Er ist die Güte selbst und stets segenbringend. Dem Namen, der für das göttliche Prinzip selbst steht, wird die Bezeichnung ‚*Shrī*' nicht hinzugefügt. Diese Bezeichnung gibt man den Avataren, denn sie haben zur Erfüllung einer bestimmten Aufgabe einen sterblichen Körper angenommen. Durch diese Beifügung unterscheidet man sie von gewöhnlichen Menschen. *Shiva, Shankara, Īshvara* – diese Aspekte Gottes sind unveränderlich gütig, gnädig und segenbringend, daher erübrigt sich der Zusatz ‚*Shrī*'.

Shiva wird auch als der Lehrer aller Lehrer verehrt: ‚*Dakshināmūrti*'. Schon durch Seine Gestalt allein lehrt Er uns Duldsamkeit und Standhaftigkeit.

Das Gift versteckt Er vor uns in Seinem Hals, den wohltuenden Mond dagegen trägt Er offen auf Seinem Haupt. Das zeigt uns, daß wir unsere verletzenden Impulse nicht an anderen auslassen sollen. Unsere guten Seiten dagegen sollen wir zum Wohle anderer einsetzen. Jemand, der seine Fertigkeiten nur zu seinem eigenen Vorteil nutzt und seine destruktiven Kräfte dazu verwendet, andere zu unterdrücken, bereitet sich selbst den Untergang.

11 Krishna ist das sichtbare göttliche Selbst

Jedes Jahr feiern wir den Geburtstag oder die Ankunft Krishnas. Aber der Krishna, dessen Eintritt in unser Leben wir feiern sollten, ist nicht der kleine Kuhhirte, der die Bewohner der Gegend von Brindāvan mit seinem Flötenspiel bezauberte, sondern das unbeschreibbare, unfaßbare göttliche Prinzip, welches sich in Ihm verkörpert. Es wird in der Region des Nabels (*mathurā*) ‚geboren' als Frucht der Energie (*devakī*). Danach wird Es zum Mund (*gokula*) gebracht und von der Zunge (*yashodā*) gepflegt, denn Es ist Ursache und Quelle ihrer Sanftheit und Güte.

In Krishna wird das göttliche Selbst, der *Ātman*, sichtbar. Die Gabe, Ihn zu schauen, folgt aus der unausgesetzten Wiederholung des göttlichen Namens. Yashodā wurde mit dieser Schau gesegnet. *Diesen* Krishna sollt ihr auf eurer Zunge großziehen. Wenn Er auf ihr spielt und tanzt, wird jegliches Gift aus ihr herausgepreßt, so daß sie keinen Schaden mehr anrichten kann. So geschah es, als der kleine Krishna auf den Häuptern der Schlange Kāliya tanzte.

Auch die folgende Szene ist symbolisch zu verstehen: Yashodā buttert gesäuerte Milch in großen Tontöpfen. Der kleine Krishna kommt spielend herbeigerannt und wirft alle Töpfe um, so daß sie in tausend Scherben zerbrechen. Dann läuft Er davon und versteckt sich. Yashodā folgt Seinen Spuren bis zu Seinem Unterschlupf. Diese Episode ist ein Gleichnis dafür, wie Gott unsere Identifikation mit unserem körperlichen Dasein zerbrechen läßt und auf Sich hinweist durch die Zeichen und Botschaften, die uns umgeben.

Seine Zeichen und Botschaften sind immer da und für jeden sichtbar: Die Schönheit der aufgehenden Sonne, das Rund des Regenbogens, der Gesang der Vögel, die Seerosen auf dem Teich, das Schweigen der schneebedeckten Gipfel.

Gott ist Zärtlichkeit, Zauber, Entzücken, und deshalb ist auch die Natur, die ja nichts anderes ist als ‚Er in Bewegung', Zärtlichkeit, Zauber und Entzücken. Mit oder ohne Form ist Er Seligkeit (*ānanda*). Laß Ihn ein in dein Herz als *Rāma*, als den, der die Freude ist und Freude schenkt, oder als *Krishna*, welcher dich an sich zieht durch die Freude, die Er dir macht. Verbringe jeden Augenblick deines Lebens mit Ihm, weihe Ihm deine Meditation, deinen Gottesdienst, deine Namensrezitation. So werden sich dir die Türen zu Weisheit und Befreiung auftun.

Daran erkennt man einen Weisen. Aber jene, welche eine ‚andere Lebens-Weise' vorziehen und ihr kostbares Leben mit wertlosem Tand vergeuden, geraten in die Wildnis.

Wer sein Leben ganz dem Dienste Gottes weiht, wird alles schätzen und ehren – seinen Leib, seine Sinne, seine Intelligenz, seinen Willen: kurz, alle Mittel, mit deren Hilfe man erkennen, handeln und empfinden kann, denn alles braucht man, um Gottes Werk zu tun. Weltlich gesinnte Menschen sind trunken von Stolz, aber der Gott Liebende (*bhakta*) ist trunken von göttlich reiner Liebe.

Sicher habt ihr schon Geschichten über Krishna gehört. Wenn der Ton Seiner Flöte erklang, ließen die Hirten und die Hirtenmädchen von Brindāvan alles stehen und liegen. Selbst das Vieh spitzte die Ohren und vergaß zu grasen; die Kälber hielten mitten im Saugen inne und lauschten. Alle hatten nur noch den einen Gedanken, so rasch wie möglich in die Göttliche Gegenwart zu kommen. Der unwiderstehliche Zauber Seiner Musik zog sie wie an unsichtbaren Fäden in Seine Nähe. Denn das göttliche Lied glättet und klärt die Wogen, die wir Freude und Leid nennen.

Die Geschichte von Krishna und den Gopīs hat eine tiefe Bedeutung: Brindāvan ist keine bestimmte Gegend auf der Landkarte. Brindāvan ist das Universum selbst. Alle Menschen sind ‚Hirten', alle Tiere sind zu hütende ‚Kühe'. Jedes Herz ist erfüllt von der Sehnsucht nach Gott. Die Flöte ist der Ruf Gottes.

Wofür steht nun das Tanzspiel ‚*Rasa-krīdā*', der Tanz des kleinen Krishna mit den Hirtenmädchen? Dieser Tanz wird so beschrieben: Krishna tanzt bei Mondenschein mit den Gopīs, und jede von ihnen hat *ihren* Krishna an der Hand. Dieser Tanz ist ein Gleichnis für die Sehnsucht und Herzensqual, die alle ertragen müssen, die Seine Gegenwart erreichen wollen.

Gottes Gnade ist so groß, daß jede und jeder einzelne von euch Ihn ganz für sich alleine besitzen darf. Kein Mensch braucht zu klagen, er habe Gott nicht, weil andere Ihn hätten. Und niemand braucht stolz zu behaupten, er besitze Ihn und kein anderer könne Ihn gleichzeitig besitzen! Der Herr wohnt im Altarschrein jedes Herzens!

Heute gibt es Menschen, die sich selbst Führer nennen, aber nicht dienen können. Das ist auch ein Grund, warum in der Welt so große Verwirrung herrscht. In diesem Zusammenhang möchte ich euch eine Geschichte von Krishna, dem Avatar, erzählen:

Eines Tages kam Krishna zu seiner Ziehmutter Yashodā und sagte, seine Freunde, die Kuhhirten, hätten ihn eingeladen, mit ihnen zu kommen, wenn sie die Herden auf die Weiden brächten. Er habe sich entschlossen, mitzugehen.

Yashodā entgegnete: „Kind, weißt du denn nicht, was es bedeutet, die Herden zu weiden? Die Dornen werden dir die Füße zerstechen, und im Gras lauern giftige Schlangen. Das Gestrüpp wird dir die Haut zerkratzen, und außerdem sind deine Füße viel zu zart, um den Gang durch die Felder heil zu überstehen. Aber wenn du unbedingt mitgehen willst, müssen wir auf jeden Fall Schuhe anfertigen lassen. Also gut! Ich werde Schuhe für dich bestellen. Aber das heißt, daß du nicht heute, sondern frühestens morgen mit auf die Weide gehen kannst, denn auf Schuhe muß man eine Weile warten."

Krishna antwortete mit einer Gegenfrage: „Sag, liebe Mutter, bei welchem Namen rufst du mich?" Sie antwortete: „Du weißt doch, daß ich dich ‚*Gopāla*' nenne!" Darauf Krishna: „Wofür steht der Name *Gopāla*? Ist es nicht der, welcher die Kühe hütet? Ich habe den Namen bekommen, weil ich Kühe hüten, sie anführen und leiten kann. Die Kühe folgen mir in allem und überall hin, denn ich bin ihr Anführer. Muß ich da nicht tun, was die Kühe mir nachmachen können? Aber Kühe tragen nun einmal keine Schuhe, mit denen sie ihre Hufe schützen könnten. Darum darf auch ich keine Schuhe tragen. Ich darf nur das tun, was diejenigen, die mir folgen und die auf mich hören, mir gleichtun können."

So sprach Er mit Seiner Mutter. Das bedeutet: wenn Gott menschliche Gestalt annimmt, werden die Menschen sich bemühen, Seine Eigenschaften anzunehmen, um sich so zu verhalten wie Er.

14 Faule Ausreden

Einmal stahl sich der kleine Krishna mit seinen Spielkameraden in das Haus einer Gopī. Soeben hatte er die Schüssel mit frischer Butter vom Wandregal heruntergeholt und wollte anfangen zu naschen, da kam die Hausfrau in die Küche. „Was macht ihr denn hier?" rief sie, nichts Gutes ahnend. „Ach", gab Krishna blitzschnell und mit dem unschuldigsten Gesicht der Welt zur Antwort, „meine Mutter hatte den Stock in die Hand genommen. Da habe ich es mit der Angst bekommen. Ich dachte, sie würde mich schlagen und bin weggerannt. Nun habe ich mich hier versteckt!"

„Und wer sind diese Jungen hier?" fragte sie. „Die habe ich mitgebracht, damit sie bezeugen können, daß alles stimmt, was ich sage!" antwortete er und nickte beteuernd mit dem Kopf.

„Und was hat die Schüssel zwischen deinen Knien zu suchen?" forschte sie weiter mit gespieltem Ärger. „Damit diese Jungen dir die Butter nicht stehlen!" war die kecke Antwort.

Einmal stellte Yashodā ihn ernsthaft zur Rede: „Warum läufst du von einem Haus zum anderen und ißt den Leuten die Butter weg?" „Weil ich nur das esse, was ich mir selbst ausgesucht habe. Ich mag nicht gefüttert werden!", war seine prompte Erklärung.

Krishna ließ sich niemals festlegen. Seine Reaktionen waren immer verblüffend und originell. Er ist der, welcher alles neu macht: ‚*sarvavyapi*'. Er spielt mit denen, die Ihn lieben: ‚*bhakta vatsala*'.

15 Krishnas Inkarnation Caitanya

Schon als kleines Baby, das auf allen Vieren durch das Haus krabbelte, gab Caitanya, der große bengalische Heilige, seiner Mutter einen Hinweis darauf, daß er eine göttliche Inkarnation war.

Einmal hatte seine Mutter einen alten, äußerst orthodoxen Brahmanen zu Gast. Der bestand darauf, sein Essen selbst zuzubereiten aus den Zutaten, die sie ihm gab. Er legte großen Wert darauf, daß seine Nahrung den Vorschriften seines Standes entsprechend ‚rein' war, unberührt von unberufenen Händen. Getreu seinem Gelübde brachte er die fertige Speise Gott als Opfergabe dar, bevor er sie zu sich nahm.

An jenem Tag hatte es lange gedauert, bis seine Opfergabe fertig war. Er hatte sich gerade vor dem Bild Krishnas niedergelassen, um seine Gebete zu verrichten, als der Kleine herbeigekrabbelt kam und zum Entsetzen des Brahmanen mit seinen Fingerchen mitten ins Essen hineinpatschte. Damit war die Speise für ihn natürlich 'unrein' geworden!

Alles mußte noch einmal von vorne beginnen. Caitanyas Mutter stellte die Zutaten bereit, und er kochte erneut die Mahlzeit. Spät am Nachmittag war es schließlich so weit, daß er die Opferhandlung wieder aufnehmen konnte. Aber auch diesmal krabbelte unversehens das Kind herbei und verunreinigte die geweihte Speise! Sogar ein drittes Mal wiederholte sich das Spiel! Aber diesmal zerrte die Mutter den Kleinen fort und drohte ihm mit Schlägen. Er aber lächelte unschuldig und sagte: „Erst ruft er mich zum Essen, und wenn ich anfangen will, wird er böse!"

So offenbarte sich Caitanya als wiedergekommener Krishna.

16 Ein ‚Verrückter und Betrüger'

Ein Richter pflegte des öfteren nach Shirdi zu kommen, um Shirdi Sai Baba zu besuchen. Einmal hatte er seine Familie mitgebracht. Er bat seine Frau und sein Kind, alleine bei Baba zu bleiben, weil er für einige Tage nach Hause zurückkehren mußte. Als er sich von seinem Sohn verabschiedete, zeigte er auf Sai Baba und sagte: „Dies ist Gott selbst."

Wenige Tage später fuhr die Frau mit dem Jungen nach

Manmad. Dort trafen sie auf einen Straßensänger, der Geschichten aus den Purānas erzählte. Aber dann wechselte er das Thema, und sie hörten, daß er Sai Baba erwähnte und ihn schmähte: er sei ein Verrückter und ein Betrüger. Der Junge ertrug es nicht; er zupfte am Sāri seiner Mutter und gab ihr zu verstehen, daß er unbedingt zu Sai Baba zurückkehren wollte.

Am nächsten Morgen gingen sie zu Baba, um sich von ihm segnen zu lassen. Er fragte sie, warum sie so schnell zurückgekommen seien, worauf sie ihm ausführlich von ihrer Begegnung mit dem Straßensänger berichteten. In Shirdi hatte der Knabe gehört, wie alle Leute von Baba als dem Herrn selbst sprachen. Die Schmähreden des Sängers hatten ihm so wehgetan, daß er immer noch den Tränen nahe war.

Baba lachte und tröstete ihn: „Schau her, ich bin ein ganz gewöhnlicher Mensch. Der Straßensänger hatte recht, ich bin verrückt und betrüge die Leute. Ich nehme ihnen nämlich alles weg, was sie für wertvoll halten, weil es in meinen Augen völlig überflüssig ist!“

Während er so zu dem Knaben sprach, kam ein Herr Patel und erzählte, auf welche Weise Baba seinen Sohn vor einem schweren Unfall bewahrt hatte. Baba sagte: „Ja, als er stürzte, brauchte ich alle vier Hände, um ihn aufzufangen.“ Patel war sehr gerührt und weinte Tränen der Dankbarkeit. Da rief der Knabe: „Siehst du, ich habe es dir ja gesagt, du bist Gott! Du hast vier Arme wie Vishnu!“ Baba lachte. Er nahm den Jungen mit in seine Moschee und schenkte ihm eine Vision von sich selbst als vierarmiger Vishnu.

Dieser Knabe blieb danach sechsundzwanzig Jahre lang in Shirdi. Erst nachdem Baba den Ort ‚verlassen‘ hatte, ging auch er fort. Er ließ sich zum Mönch weihen und wurde ein großer Meister.

17 Gottes rätselhafte Wege

Du selbst bist der Baumeister deines Geschicks. Täglich erweiterst du das Gebäude deines Lebens oder reißt etwas davon ab. Durch ständiges Bemühen kannst du es umgestalten und günstig beeinflussen. Das Wissen um diese Tatsache kann dich zu schöpferischem Umgang mit deinem Leben inspirieren, vorausgesetzt, du wendest dein Wissen auch an.

Das war das Thema des Gesprächs zwischen Lakshmana und Guha in der ersten Nacht nach Rāmas Verbannung, die Rāma, Sītā und Lakshmana in der Wildnis verbringen mußten.

Guha war der Häuptling der Fischer, mit deren Hilfe sie den Ganges überquert hatten. Rāma und Sītā waren schon am Flußufer eingeschlafen. Da fing Guha an, seiner Trauer und Empörung Luft zu machen. Wie konnte man den Thronfolger nur in eine solche Lage bringen? Er verwünschte Rāmas Stiefmutter, Königin Kaikeyī und ihre übelgesinnten Bundesgenossen, die die Tragödie verursacht hatten.

Aber da fiel ihm Lakshmana ins Wort: „Ich bitte dich, Guha, mäßige deinen Zorn! Ich kann dich verstehen, denn auch ich spie Gift und Galle angesichts dieses gemeinen, teuflischen Ränkespiels. Aber jetzt weiß ich, daß diesem Abschnitt in Rāmas Leben eine besondere Bedeutung zukommt. Er ist in menschlicher Gestalt gekommen, um die Sippe der Dämonen zu zerstören. Zu diesem Zweck hat Er Seine Verbannung selbst inszeniert, denn um Sein Ziel zu erreichen, mußte Er frei sein von der Last des Herrscheramtes.

Was wissen wir schon, liebster Guha, über Gottes rätselhafte Wege oder selbst über die Wege des Menschen, der ja schließlich nichts anderes ist als Gott in menschlicher Gestalt? Was können wir wissen über belebte oder unbelebte Dinge? In allem zeigt sich die unbegreifliche Gottheit, die unseren begrenzt wahrnehmungsfähigen Sinnen jetzt in einer Weise erscheint, die wir als Tragödie erleben. Wie sollten wir auch mit unseren so unzulänglichen Instrumenten der Erkenntnis jemals ihr wahres Wesen erfassen?"

18 Es ist Sein Plan

Als die Yādavas, die Angehörigen der Yadu-Dynastie, aus der Krishna stammte, sich im Rausch der Trunkenheit in einen Bruderkrieg stürzten und sich gegenseitig ausrotteten, fragte Dharmarāja seinen Bruder Arjuna, warum Krishna das Gemetzel nicht verhindert habe.

Arjuna antwortete: „Das Schicksal der Yādavas ist das gleiche wie das unsere. Auch wir Pāndavas und Kauravas, die wir Vettern und nächste Verwandte sind, haben uns gegenseitig dahingeschlachtet. Wir hatten Krishna sogar in unserer Mitte. Beide Sippenfehden waren Sein Wille. Nichts und niemand kann Seinen Willen durchkreuzen oder Seinen Ratschluß aufheben."

19 Was der Herr beschließt, muß geschehen

König Ambarisha, ein Vorfahre des Königs Dasharatha von Ayodhyā, ließ einst eine große Opferfeier abhalten, aber als das zum Schlachtopfer bestimmte Tier getötet werden sollte, riß es sich los und floh. Die Priester befanden, der Frevel müsse gesühnt werden. Man habe den Göttern Ersatz zu leisten in Form eines Menschenopfers.

Der König ließ ausrufen, er biete eintausend Kühe für einen Sohn – aber welcher Vater würde seinen Sohn in den Tod schicken, selbst wenn er tausend Kühe dafür bekäme?

Dann gaben die Priester noch weitere Bedingungen aus: Die Boten des Königs durften niemanden ansprechen und um das Opfer seines Sohnes bitten; sie durften nicht die Sünde begehen, den Wert eines Menschenlebens mit dem von tausend

Kühen gleichzusetzen; der Vater dürfe auch nicht seinen Sohn auf die Möglichkeit, sich selbst zu opfern, aufmerksam machen; das Angebot, sich zur Verbrennung zur Verfügung zu stellen müsse ungefragt vom Sohn selbst kommen, ohne jegliches Bitten oder Zureden; nur solch ein Opfer würde von den Göttern gutgeheißen und angenommen werden.

Shunahshepa, der Sohn des Königs, hörte zufällig von der Suche nach einem geeigneten Opfer. Sogleich eilte er zum Vater und sagte, er wolle sich mit Freuden zum Opfer geben, denn einem Sterblichen könne nichts Besseres widerfahren, als durch die Opferflamme in den Himmel aufzusteigen!

Es gelang ihm, seinen Vater davon zu überzeugen, daß sein Wunsch, zum Ort der Opferhandlung zu gehen und sich selbst als Opfer anzubieten, rechtens und angemessen sei. Dann machte er sich auf den Weg zur Hauptstadt. Unterwegs traf er seinen Onkel, Vishvāmitra. Der versuchte sogleich, seinen geliebten Neffen von seinem Vorhaben abzubringen: „Aber das ist doch nur ein törichter Aberglaube! Kann irgendjemand ernsthaft glauben, es sei recht, eine Kuh durch einen Menschen zu ersetzen?“ Aber Shunahshepa erwiderte, alle Menschen seien letzten Endes Nutzvieh. Ehe nicht Unterscheidungsvermögen und Entsagung im Menschen dämmerten, sei er nichts als ein Tier. Unbeirrt durch die Gegenargumente seines Onkels (die im übrigen denen ähnelten, mit denen manche jemanden davon abhalten wollen, nach Puttaparthi zu reisen), ging der Junge weiter und erreichte schließlich den Ort der Opferhandlung.

So wie die Lichter bei uns aufleuchten, wenn jemand in Penukonda einen bestimmten Schalter betätigt, so muß in der Welt geschehen, was Gott beschlossen hat. Aber Gott ist kein kalter, unbewegter Fels. Sein Herz ist kein Stein: es schmolz dahin, als Er die Qual des Jungen sah. Indra erschien ihm im Opferfeuer und überschüttete ihn mit Segen. Denn es war Indra selbst gewesen, der das ursprünglich vorgesehene Opfertier fortgetragen und die Ereignisse ins Rollen gebracht hatte. Es lag in der Absicht der Gottheit, aller Welt den Edelmut und die Größe Shunahshepas zu zeigen.

20 *Der Ratschluß Gottes erfüllt sich immer*

Ich will euch eine Geschichte vom Ratschluß Gottes erzählen und wie nichts seine Erfüllung aufhalten kann:

Jeden Abend pflegte Shiva in Kailāsa vor Weisen, Heiligen und Göttern Ansprachen zu halten. Eines Tages machte Pārvatī den Vorschlag, man möge doch eine Halle errichten, wo für alle Platz sei, so daß sie ihm zuhören könnten, ohne von Nebel, Regen und kalten Winden belästigt zu werden. Shiva war nicht gewillt, solch eine Halle bauen zu lassen, aber Pārvatī bestand darauf, daß ihre Idee in die Tat umgesetzt werden müsse. Der Astrologe, den man zu Rate zog, bevor das Fundament gelegt wurde, sagte: „In den Sternen steht geschrieben, daß Feuer die Halle verzehren wird, denn Saturn ist gegen sie." Dennoch setzte Pārvatī ihren Willen durch, und die Halle wurde gebaut.

Nun stand das himmlische Paar vor einem Problem. Shiva schlug vor, Saturn zu bitten, er möge die Halle verschonen, auch wenn es nicht wahrscheinlich war, daß der Planet, der für sein unabwendbares Wüten bekannt war, die Bitte erfüllen würde.

Pārvatī fühlte sich gedemütigt. Sie gelobte, diesem armseligen Planeten nicht die Gelegenheit zu geben, sich der Zerstörung der Halle zu rühmen, die sie, Pārvatī, erbauen ließ! Lieber würde sie die Halle selbst in Brand setzen! Shiva aber riet ihr: „Laß uns zuerst einmal abwarten, wie Saturn auf meine Bitte reagiert. Ich fahre jetzt ins Hauptquartier. Sollte Saturn damit einverstanden sein, die Halle stehen zu lassen, werde ich zurückkommen und dir die gute Nachricht selbst überbringen; sollte er aber auf ihrer Zerstörung beharren, werde ich meine Hand erheben und einen Wirbel auf der Trommel schlagen. Sobald du dieses Signal hörst, magst du Feuer an die Halle legen und Saturn zuvorkommen."

Da stellte Pārvatī sich mit der brennenden Fackel in der Hand neben die Halle, um dem bösen Planeten auch nicht die geringste Chance zu geben, seinen Racheakt auszuführen. Aber es kam anders: Saturn willigte in Shivas Bitte ein. Er sagte, er werde die Halle in Kailāsa nicht zerstören. Shiva freute sich über die wohlwollende Zusage. Als Saturn ihn dann um einen kleinen Gefallen bat, gewährte Shiva ihm die Bitte und fragte, womit er ihm eine Freude machen könne.

Wie sich jetzt herausstellte, hatte Saturn noch nie den berühmten Tanz Shivas gesehen, den alle stellaren Gottheiten priesen. Darum bat er Shiva, ihm doch ein, zwei Schritte zu zeigen. Der war gerne dazu bereit und begann auf der Stelle mit seinem Tāndava-Tanz, indem er die Hand erhob und den Trommelwirbel schlug. Beim Ertönen des vereinbarten Signals schleuderte Pārvatī die Fackel in die Halle, welche – dem Willen Shivas entsprechend – schnell in Schutt und Asche fiel. Der göttliche Wille muß erfüllt werden. Saturn war nur Werkzeug im göttlichen Plan.

21 Bedingungsloser Glaube

Krishna und Arjuna gingen einst über ein Feld. Ein Vogel flog über sie hinweg. „Sieh mal, Arjuna," rief Krishna, „ist das nicht eine Taube?" „Ja, Krishna, es ist eine Taube", sagte Arjuna. Darauf Krishna: „Oder ist es vielleicht ein Falke?" Arjuna: „Ja, Krishna, es ist ein Falke." „Nein, Arjuna, es scheint eine Krähe zu sein, siehst du denn nicht, daß es eine Krähe ist?" Darauf Arjuna: „Verzeih! Ja, es ist zweifellos eine Krähe!"

Krishna lachte und schalt ihn, weil er kritiklos auf jeden Vorschlag einging. Aber Arjuna sagte: „Für mich sind Deine Worte gewichtiger als der Augenschein, denn in Deiner Macht steht es, jeden Vogel zu einer Krähe, einer Taube oder einem Falken zu machen. Wenn Du sagst, es ist eine Krähe, dann ist es eine!"

Bedingungsloser Glaube ist die Voraussetzung zu spirituellem Erfolg.

22 Wer springt ins Wasser?

Ihr mögt euch fragen: Warum sollte der Herr selbst Mensch werden? Wäre es nicht ebenso gut denkbar, daß Er einige der kleineren Gottheiten damit beauftragt, die Gute Ordnung (*dharma*) auf der Erde wiederherzustellen?

Diese Frage stellte einst Akbar, der Großmogul von Indien, als er, wie es seine Art war, religiöse Themen mit den Angehörigen seines Hofes erörterte. Die hinduistische Vorstellung, daß das Formlose, Absolute eine stoffliche Form annimmt und auf die Erde kommt, um als Avatar das Dharma, die Göttliche Ordnung, vor dem Untergang zu retten, erschien ihm geradezu absurd.

In der Gesprächsrunde befand sich auch Tansen, der weise Sänger. Er meldete sich zu Wort und sagte: „Gewährt mir eine Woche Vorbereitungszeit, und ich werde euch die Antwort geben." Akbar war einverstanden.

Einige Tage später machte die kaiserliche Familie eine Bootsfahrt. Tansen war auch dabei. Er hatte in der Zwischenzeit eine lebensgroße Puppe anfertigen lassen, die dem Prinzen zum Verwechseln ähnlich sah. In einem günstigen Moment warf er sie über Bord und schrie: „Hilfe! Der Prinz ist über Bord gefallen!" Ohne zu zögern warf sich Akbar ins Wasser, um sein Kind zu retten.

Als er mit der Stoffpuppe unter dem Arm verärgert an Deck kletterte, sagte Tansen: „Verzeiht! Dies war wohl eine etwas drastische Methode, aber sicher die wirksamste Art, Euch davon zu überzeugen, daß die Vorstellung der Hindus doch nicht so falsch sein kann. Seid Ihr nicht selbst ins Wasser gesprungen, um Euer geliebtes Kind zu retten, anstatt einen Eurer Diener mit der Rettung zu beauftragen?"

Dharma ist der Sohn. Gott liebt Dharma so sehr, daß Er sich selbst hineinbegibt in das Element, in dem seine geliebten Kinder, die guten Menschen, unterzugehen drohen.

Nichts geschieht ohne Grund, wie zufällig oder unerklärlich es auch erscheinen mag. Die Wurzeln des Geschehens reichen oftmals so tief in die Vergangenheit zurück, daß sie nicht mehr zu sehen sind. Im Dharmakshetra in Bombay habe ich Hislop das gleiche gesagt.

Die Meeresenge zwischen Indien und Lankā sollte überbrückt werden, denn Rāma wollte mit Seinem Heer in das Reich des Dämonenkönigs Rāvana einmarschieren, um Sītā zu befreien, die Rāvana entführt hatte.

Die heldenhaften Affen hatten sich eine besondere Methode zum Brückenbau ausgedacht: Sie rissen im Himalaja ganze Berge aus, nahmen sie auf ihre Schultern, sprangen damit ein ganzes Stück und gaben sie dann an den nächsten weiter, der sie wieder ein Stück beförderte. So hatten sie eine Kette vom Himalaja bis an die südlichste Spitze Indiens gebildet.

Der Damm in der Meeresenge wuchs zusehends. Als er fertig war, ließ man in der Kette die Nachricht weitergeben, daß nun keine weiteren Berge mehr benötigt würden. Da ließ jeder Affe den Berg, den er gerade auf die Schulter genommen hatte, zu Boden fallen.

Einer der Berge, die so jählings abgesetzt wurden, wollte sich nicht mit seinem Los abfinden. Er klagte: „Habt ihr mich von dem Ort, wo ich stand, weggerissen, nur um mich jetzt ungenutzt wegzuwerfen? Ach, ich Armer! Ich wurde erhoben, um einem heiligen Zweck zu dienen. Wie habe ich mich darauf gefreut, daß Rāmas Heerscharen und Er selbst, mein Geliebter, über mich hinwegschreiten würden. Und nun bin ich weder am Ort des heiligen Geschehens noch da, wo ich zu Hause bin.“ Er weinte bitterlich.

Das kam Rāma zu Ohren. Er hatte Mitleid mit dem Berg und ließ ihm ausrichten, Er werde ihn besonders auszeichnen, wenn Er das nächste Mal als Avatar auf die Erde käme. Es war der Berg Govardhana, den der Herr – in der Gestalt des kleinen Krishna – in die Höhe hob und volle sieben Tage auf

Seinem Finger hielt, um Mensch und Vieh in Gokula vor den sintflutartigen Regenfällen zu schützen, mit denen Indra sie ertränken wollte.

24 Bedingungsloses Erbarmen

Gottes Erbarmen ist so groß, daß Er dir zehn Schritte entgegenkommt, wenn du auch nur einen Schritt auf Ihn zugehst.

Vibhīshana, der Bruder Rāvanas, wollte von Hanuman wissen, ob Rāma seine Verehrung annehmen und ihm Schutz gewähren würde. Seine Zweifel waren groß: „Schau, ich bin der Bruder Seines größten Feindes, den Er zu vernichten geschworen hat. Ich stamme aus der Sippe der Dämonen: Nie habe ich mich mit den Veden oder Shāstras beschäftigt und bin auch nicht vertraut mit den religiösen Gebräuchen der Arier. Wie sollte Rāma mich jemals annehmen?"

Aber Hanuman antwortete ihm: „O du Narr! Glaubst du wirklich, für Ihn sei es ausschlaggebend, ob jemand religiöse Rituale korrekt ausführt, ob er sich im Schrifttum auskennt oder der ‚richtigen' Familie angehört? Wie hätte Er dann mich, einen Affen, jemals annehmen können?"

Das war eine eindeutige Antwort. Von nun an war sich Vibhīshana Rāmas Gnade sicher. Er wagte sich zu Rāma vor, welcher daraufhin den Rat der Ältesten zusammenrief, um über den Fall ‚Vibhīshana' zu beraten. Natürlich war Rāma nicht auf den Ratschlag der anderen angewiesen. Im Grunde ließ Er sich niemals von anderen beeinflussen. Aber um den Ältestenrat nicht zu übergehen, gab Er vor, unentschlossen zu sein.

Der große Held der Affenscharen, Sugrīva, sagte: nein, man dürfe dem Bruder des Erzfeindes keinen Schutz gewähren, er sei ein Risiko für ihre Sicherheit. Da entgegnete Rāma: „Hast du dich nicht auch erst von deinem älteren Bruder trennen müssen, ehe du zu mir gekommen bist?"

Rāmas Bruder Lakshmana sagte: „Die einzig richtige

Behandlung für Vibhīshana wäre, ihn in hohem Bogen nach Lankā zurückzuwerfen!" Da erwiderte Rama: „Ja! Ich bin entschlossen, ihn auf den Thron von Lankā zu heben, sobald Rāvana vernichtet ist!"

Ein anderer warf ein: „Vielleicht sollte man Vibhīshana nicht zu früh den Thron versprechen. Es könnte ja sein, daß Rāvana Rāma zu Füßen fällt und Vergebung für seine Untaten erhält!" Da antwortete Rāma: „In diesem Fall werde ich meinen Bruder Bharata herzlich bitten, Vibhīshana zum König von Ayodhyā, unserem angestammten Reich, zu machen. Wir beide, Bharata und ich, werden glücklich sein, in der Einsamkeit des Waldes zu leben!"

Jeder, der sich Rāma hingibt, wird von Ihm augenblicklich und ohne jeden Vorbehalt angenommen.

25 Rāmas Wange

Einst riet ein Guru einem vielbeschäftigten Kaufmann, sich täglich eine Weile still hinzusetzen und den Namen Gottes zu wiederholen. Aber der Kaufmann sagte, das sei unmöglich: sein Betrieb beanspruche all seine Energie und seine ganze Zeit, so daß an religiöse Übungen nicht zu denken sei. Er käme ja kaum dazu, frühmorgens seine Notdurft zu verrichten! Zu diesem Zweck mußte er nämlich vor das Dorf auf das Feld gehen.

Die Lösung dieses Problems hatte der Guru schnell gefunden: er solle doch die halbe Stunde, die er brauche, um vor das Dorf zu gehen, seine Notdurft zu verrichten und wieder zurückzukehren, dazu nutzen, den Namen Gottes zu wiederholen. Damit war der Kaufmann einverstanden.

Nun geschah es, daß Hanuman, der größte Verehrer Rāmas, am Himmel über dem Dorf vorüberzog, als unser Kaufmann gerade den Rat seines Gurus befolgte und während seines Gangs vor das Dorf den heiligen Namen rezitierte. Hanuman beobachtete ihn dabei – und ihn packte die Wut! Wie konnte dieser respektlose Kerl nur den heiligen

Namen aussprechen, während er sein unheiliges Geschäft verrichtete? Was für eine Unverschämtheit! Und er versetzte dem Kaufmann eine gewaltige Ohrfeige.

Dann zog er stolz erhobenen Hauptes weiter nach Ayodhyā. Dort angekommen, begab er sich sofort in die göttliche Gegenwart seines geliebten Herrn. Wie erschrak er aber, als er in das vertraute Antlitz schaute! Es war ganz entstellt, greulich geschwollen von dem Abdruck einer Hand! Hanuman war entsetzt, daß jemand es fertiggebracht hatte, den geliebten Herrn, der die Liebe in Person war, zu mißhandeln! Seine Trauer war so groß, daß er keine Worte dafür fand.

„Lieber Hanuman!", sprach Rāma, „frag bitte nicht, wer mir diesen Schlag versetzt hat. Du weißt ja, ich sehe immer schon voraus, wenn Unglück auf meine Verehrer zukommt. Und so greife ich rechtzeitig ein, um sie zu retten. Der arme Kaufmann, der draußen vor dem Dorf saß und meinen Namen rezitierte, in der einzigen Zeit, die ihm dazu vom Tage bleibt, hätte den Schlag deiner wütenden Hand nicht überlebt. Deshalb trat ich dazwischen und fing den Schlag mit meiner eigenen Wange auf. Sei nicht traurig, lieber Hanuman!"

26 An ihrem Mitgefühl erkennt ihr die Großen

Der Heilige Samartha Rāmdas zog einst durch das Land, gefolgt von vielen seiner Schüler. Wie sie so dahinwanderten, kamen sie an einem Zuckerrohrfeld vorbei. Einige der Schüler brachen in das Feld ein, rissen Zuckerrohre aus, zerkauten sie und genossen den süßen Saft.

Aber der Besitzer des Feldes hatte sie beobachtet! Wutentbrannt fiel er über sie her und zahlte es ihnen heim, indem er sie mit einem kräftigen Rohr verprügelte.

Der Meister bedauerte, daß seine Schüler sich zu einem Gesetzesbruch hatten hinreißen lassen, noch dazu aus reiner Genußsucht!

Am anderen Tag erreichten sie den Hof Kaiser Shivajis, wo man den Meister und seine Schüler schon erwartete. Kaiser Shivaji bat darum, dem Meister bei seinem rituellen Bad zur Hand gehen zu dürfen. Als Rāmdas sich entkleidete, stellte Shivaji zu seiner größten Bestürzung fest, daß er breite, rote Striemen auf dem Rücken trug – unverkennbar die Spuren harter Schläge!

So groß war das Erbarmen des großen Heiligen, daß er die Schläge, die seinen Schülern zugedacht waren, auf sich genommen hatte! Shivaji ließ den Besitzer des Feldes herbeiholen, und als der zitternd vor Furcht vor seinem Kaiser und dessen Meister stand, sagte Shivaji: „Verehrter Meister, bitte strafe du meinen Untertanen dafür, daß du das Mal seiner Schläge auf deinem Rücken trägst!“ Aber der Heilige antwortete: „Es ist ihm Unrecht zugefügt worden, warum sollte ich ihn strafen? Meinen Segen soll er haben! Und damit er sich immer daran erinnert, verfüge ich, daß er für sein Land niemals Steuern zu zahlen braucht!“

27 Wie weit ist Vaikuntha?

Die Wirklichkeit ist einfach. Sie enthüllt sich dir blitzartig, vorausgesetzt, dein Verstand ist geschärft und unbelastet von Vorurteilen und starren Meinungen. Du mußt es verstehen, ein Problem in seinem eigentlichen Kern zu erfassen und es herauszuschälen aus dem Wirrwarr der Nebensächlichkeiten.

Ein hochgebildeter Pandit erzählte einst am Hof des Königs vor großer Versammlung umständlich und übergenau die Geschichte von Gajendramoksha, dem Elefanten aus dem *Bhāgavatam*. (Der Elefant hatte aus dem Fluß trinken wollen und war dabei von einem Krokodil angefallen worden.) Er beschrieb, wie Gott Vishnu, kaum daß er die verzweifelten Hilferufe des Elefanten gehört hatte, auch schon aus dem Himmel (*vaikuntha*) herbeigeeilt kam. So eilig hatte er es, daß er sich nicht einmal damit aufhielt, seine Wahrzeichen und Waffen anzulegen. Um keine Sekunde Zeit zu verlieren, unterließ er es sogar, seine Gefährtin davon zu unterrichten, wohin er ging und was er vorhatte.

Plötzlich unterbrach der König den Pandit: „Sagt doch bitte: Wie weit ist eigentlich der Wohnsitz Gottes, *Vaikuntha*?" Damit war der Pandit überfragt. Hilfesuchend schaute er um sich, aber auch unter den anderen Gelehrten des Hofes gab es niemanden, der die Frage beantworten konnte.

Da meldete sich der Diener, der hinter dem Thron stand und dem König Luft zufächelte, zu Wort. Er sagte, er würde die Frage gerne beantworten, wenn man ihn nicht für vorlaut hielte und ihm die Aufdringlichkeit verzeihen würde. Der Pandit war empört über soviel Unverfrorenheit, aber der König erteilte ihm das Wort. „Majestät! Der Himmel ist so weit entfernt wie das Rufen des Elefanten dringt", sagte er.

Ja, ob sich der Ruf desjenigen, der sich in seiner Not an Gott wendet, als Schrei, als Stöhnen oder als ein Seufzer äußert – der Herr ist nur so weit entfernt, wie der Laut dringt. Er ist immer hellwach und darauf bedacht, das Rufen Seiner Kinder zu hören. Sein Wohnort, der Himmel, befindet sich in der Reichweite jedes Lautes. Jener einfache Diener erkannte in einem Geistesblitz die Allgegenwart und Barmherzigkeit des Herrn.

28 Das Bild erfüllt die Sehnsucht

Im Tempel von Udipi steht eine Krishna-Statue. Kanakadâs hätte sie zu gerne einmal gesehen, aber aus Gründen der Kastenzugehörigkeit war es ihm nicht gestattet, in das Innere des Tempels hineinzugehen, und den Blick durch die offene Tür versperrte eine Säule. Aber seine Sehnsucht nach dem Anblick Krishnas war so groß, daß er es nicht aufgeben wollte. Er ging um den Tempel herum und suchte die Wände nach einer Öffnung ab, durch die er vielleicht hineinsehen konnte. Nach langem Suchen fand er wirklich einen Spalt in der Mauer. Aber als er hindurchspähte, sah er nur Krishnas Rückseite. Da wurde er sehr traurig, so traurig, daß der Herr sich seiner erbarmte: Die Statue begann, sich langsam zu drehen, bis er in Krishnas liebliches Gesicht schauen konnte.

Noch heute ist zu sehen, daß die Statue sich aus ihrer ursprünglichen Position weggedreht hat.

29 Hieb gegen Stich

Am Hofe des Kaisers von Vijayanagar wirkte ein Dichter namens Lingapurāna Suranna. Er wurde so genannt, weil er sich besonders in der Auslegung der Linga-Purāna-Texte auskannte. Die größeren dichterischen Gaben aber hatte Tenali Rāmakrishna, ein anderer Hofdichter, auf welchen Suranna aus diesem Grunde sehr eifersüchtig war.

Eines Tages saß er zu Hause an seinem Schreibtisch und schrieb an einer Schmährede gegen seinen Rivalen, indem er eine Gehässigkeit an die andere reihte. Zur Hälfte war sie schon fertig, da kam ein Bote des Hofes und sagte, der Kaiser verlange ihn dringend zu sprechen. Hastig sprang er auf, ließ das Geschriebene liegen und eilte zum Palast.

Da erschien Mutter Kālī vor Tenali Rāmakrishna. Sie war die Gottheit, die ihn beschirmte. Sie sprach zu ihm: „Geh zu Suranna, tritt ein in sein Haus und schreibe die andere Hälfte der Rede!" Er folgte ihrer Weisung, und als Suranna heimkehrte, mußte er feststellen, daß die Schmährede gegen ihn selbst gerichtet war und seine gemeine Gehässigkeit anprangerte.

Die Gottheit duldet es nicht, daß jemand, der sie liebt und verehrt, von neidischen, übelwollenden Gemütern mit Schmutz beworfen wird!

30 Seine einzige Stütze

Gott ist die Barmherzigkeit selbst. Er hält Ausschau nach dem geringsten Körnchen Güte oder Demut in einem Menschen, damit Er ihn dafür belohnen kann mit Tonnen Seiner Gnade.

In einem Tempel, der Shiva geweiht war, hatte ein Priester sich etwas Besonderes ausgedacht: Er bohrte ein Loch in den Boden einer silbernen Schale, füllte sie mit Wasser und hängte sie an einem Seil über dem Shiva-Linga auf, so daß ständig kühles Wasser darauf tropfte. Damit wollte der Priester der Gottheit eine Wohltat erweisen: hatte doch Shiva selbst das Gift getrunken, um das Universum vor der Vernichtung zu retten!

Die silberne Schale hing ständig da. Auch nachts, wenn der Priester die Türen des Tempels verschlossen hatte, spendete sie dem Linga Kühlung. Das wußten alle. Auch ein Dieb hatte davon gehört. Eines Nachts brach er in den Tempel ein, um die wertvolle Schale zu stehlen.

Aber wie sollte er an sie herankommen? Wie sehr er sich auch reckte und streckte – er konnte das Seil nicht erreichen, um die Schale abzuschneiden. Er schaute sich um, ob es nicht irgendetwas Ähnliches wie eine Leiter oder einen Stuhl im Tempel gab, aber da war nichts, worauf er steigen konnte. So blieb ihm nichts anderes übrig, als auf das Shiva-Linga zu klettern: Das Symbol der Gottheit war die einzig verfügbare Stütze.

Kaum war es ihm mit Mühe und Not gelungen hinaufzusteigen, manifestierte sich Shiva in Seiner ganzen Herrlichkeit vor ihm: „Mein lieber Sohn," sprach der Herr, „Ich sehe mit Freuden, daß du dich Mir völlig überantwortet und deine ganze Last auf Mich abgeladen hast!"

31 Selbst Götter müssen gehorchen

Oft muß der Herr zu außergewöhnlichen Mitteln greifen, um Selbstüberschätzung und Egoismus aus den Gemütern der Frommen auszuräumen.

Eines Tages brach Anjaneya, ein Affenfürst, in einen Garten am Stadtrand von Dvārakā ein und verwüstete ihn. Krishna hörte von dem frechen Eindringling und sandte den Adler Garuda aus, um ihn aus der Stadt zu vertreiben. Aber Garuda kehrte unverrichteterdinge zurück. Der unverschämte Affe ließ sich nicht verjagen, obwohl Garuda sogar mit Verstärkung wiedergekommen war.

Da sandte ihm Krishna durch den Adler eine Botschaft, er solle sofort bei Hof erscheinen, damit Krishna mit ihm reden könne. Aber Anjaneya ließ ihm ausrichten, er erkenne nur Rāma an und würde sich nur *Seiner* Autorität beugen. So war Krishna gezwungen, eine andere Nachricht zu senden, in der Er – nicht als *Krishna*, sondern als *Rāma*! – dem Affenfürsten an den Hof zu kommen befahl.

Gottergebenheit zwingt den Herrn, sich nach den Vorlieben Seiner Diener zu richten! Anjaneya beeilte sich, seinen geliebten Herrn aufzusuchen! Und Krishna gewährte ihm den Anblick *seines* Rāma!

32 Die zugebundene Nase

Es war einmal ein Mann, der Gott finden wollte. Er ging zu einem Guru und bat ihn um Anweisung. Der Guru gab ihm eine Statue des Gottes Vishnu und erklärte ihm, welche Gebete er täglich verrichten müsse. Nachdem einige Monate vergangen waren, mußte der Mann feststellen, daß er keinerlei Veränderung in seiner geistigen Verfassung verspürte. Seine Anstrengungen waren erfolglos geblieben.

Erneut sprach er beim Guru vor und klagte, er sei mehr als unzufrieden mit dem Ergebnis seiner Unterweisung. Daraufhin gab ihm der Guru die Statue einer anderen Gottheit: Shiva – und empfahl ihm, es doch einmal mit Ihm zu versuchen.

Nach sechs Monaten kam der Gottsucher wieder und verlangte eine andere Gottheit, denn auch Shiva habe ihn im Stich gelassen. Dieses Mal bekam er eine Durgā-Statue, die er folgsam auf seinen Hausaltar stellte. Die beiden verworfenen Götterbilder verstaubten unbeachtet auf dem Fenstersims.

Als er eines Tages dem Standbild der Göttin Durgā Weihrauch opferte, trug der Luftzug den Duft der Räucherkerzen am Shiva-Standbild auf dem Fenstersims vorbei. Da packte den Mann die Wut. Wozu sollte dieser undankbare, gefühllose Gott, der sich seinen Gebeten gegenüber taub gestellt hatte, nun in den Genuß des Duftopfers kommen? Nein! Das hatte er seiner neuen Gottheit zugedacht! Er nahm ein Tuch und band es so fest um Shivas Kopf, daß die Nasenlöcher sicher nichts von dem guten Duft einatmen konnten!

In diesem Moment erschien Shiva in Seiner ganzen Pracht und Herrlichkeit vor ihm. Er erstarrte vor Staunen und Schrecken. Wieso hatte ausgerechnet die Mißhandlung der Statue bewirkt, daß der Gott leibhaftig vor ihm erschien? Was war geschehen? Der Mann hatte zum ersten Male die Shiva-Statue als etwas Lebendiges empfunden und ihr Bewußtsein zugestanden. Aus diesem Glauben heraus hatte er ihr die Nase zugebunden. In dem Moment, wo es für ihn *Wirklichkeit* geworden war, daß die Statue voll Göttlichen Bewußtseins ist, erhielt er die Verwirklichung, um die er sich so sehr bemüht hatte.

Laßt mich euch eine Geschichte erzählen, die sich ereignete, als Swami sich noch in seinem früheren Körper in Shirdi befand. Sie handelt von einer Frau aus Pahalgaon, einer einfachen, ungebildeten, aber Gott liebenden Frau. Sie bewahrte in ihrer Küche in drei sauberen, blankgeputzten Messinggefäßen Wasser aus drei verschiedenen Brunnen auf. Sie hatte diesen drei Gefäßen die Namen der heiligen Flüsse Gangā, Yamunā und Sarasvatī gegeben. Immer, wenn ein durstiger Wanderer an ihre Tür klopfte, pflegte sie Wasser aus allen drei Töpfen zu mischen und es ihm als *'Triveni Tīrtha'* zu trinken zu geben. Ihre Nachbarn lachten sie aus wegen ihres naiven Glaubens, die drei Brunnen wären unterirdisch mit den drei heiligen Flüssen verbunden, die sich bei Prayāga vereinen. Sie aber hielt fest an ihrem Glauben und war durch nichts davon abzubringen.

Eines Tages unternahm ihr Ehemann eine Pilgerreise nach Kāshī. Seine Mutter segnete ihn zum Abschied, steckte ihm ihren eigenen goldenen Ring an den Finger und sagte, er solle gut auf ihn aufpassen, denn er werde ihm Glück bringen. Als er am Strand von Manikarnika sein rituelles Bad nahm, rutschte ihm der Ring vom Finger und war unwiederbringlich im Wasser verschwunden.

Als er heimkehrte und von seinem Verlust erzählte, sagte er: „Gangā wollte den Ring haben, und so hat sie ihn sich genommen!" Damit meinte er, seine Mutter trösten zu können. Aber seine Frau widersprach ihm: „Nein, das kann nicht stimmen! Mutter Gangā hat es niemals auf den Besitz einer armen alten Frau abgesehen! Sie nimmt nur, was ihr in Liebe dargereicht wird! Ich werde Gangā selbst fragen, sie ist ja in unserer Küche!" Mit diesen Worten betrat sie mit gefalteten Händen die Küche und betete vor dem Gefäß, welchem sie den Namen ‚Gangā' gegeben hatte. Dann steckte sie ihre Hand hinein und suchte den Boden ab. Und wahrhaftig – da war der Ring! Alle drei, die Frau, ihr Mann und die Schwiegermutter kamen nach Dvārakāmayi.

Auf den Glauben kommt es an. Form und Name, auf die der Glaube sich bezieht, sind nebensächlich. Denn alle Formen sind Sein, und alle Namen sind Sein.

34 Der Glaube der Frau

In der Geschichte von Kucela, einem Jugendfreund Krishnas, spielt seine Frau eine wichtigere Rolle als er selbst, denn sie besitzt die größere Hingabe. Tatsächlich sind Frauen zu größerer Gottesliebe fähig als Männer und können auch ihre Gedanken besser unter Kontrolle halten. (Ch.K.I)

Kucela war völlig verarmt. Seine Familie besaß kaum etwas zu essen, und wenn sie nicht verhungern wollten, mußte etwas geschehen. Er wußte sich keinen Rat mehr, aber seine Frau, die fest auf die Gnade Gottes vertraute, sagte: „Geh‘ doch zu Krishna und bitte Ihn um Hilfe; ihr seid miteinander zur Schule gegangen, sicher wird Er uns helfen, daß unsere Kinder nicht verhungern müssen!“ Aber Kucela traute sich nicht: „Wer weiß, ob sich Krishna überhaupt an mich erinnert und mich nach so vielen Jahren wiedererkennt. Sicher würde Er nicht einmal Notiz von mir nehmen, wenn ich im Palast vorspräche, geschweige denn, mich zum Gespräch empfangen! Nein, es ist aussichtslos!“

Aber seine Frau war anderer Meinung: „Sei doch nicht so kleingläubig! Du solltest es um der Kinder willen versuchen und wenigstens bis an die Pforte des Palastes gehen! Ich bin sicher, daß Krishna dich empfangen wird!“ Diesem Rat konnte sich Kucela nicht verschließen, und so willigte er schließlich ein, bis an die Pforte des Königspalastes zu gehen.

Als feststand, daß Kucela gehen würde, holte seine Frau ein Säckchen Reis aus einem Versteck, wo sie es als eiserne Reserve aufbewahrt hatte – es war nur eine Handvoll. Sie kochte den Reis, dann schüttete sie das Wasser ab, ließ ihn abtropfen und röstete ihn über dem offenen Feuer. Dann gab sie ihn in den Mörser, zerstieß ihn und bereitete Reismus daraus. Sie wußte nämlich von Kucela, daß Reismus Krishnas Lieblingsspeise gewesen war, als Er noch zur Schule ging. Das fertige Reismus knotete sie in einen Zipfel des Tuchs, das Kucela um die Schultern trug. So machte er sich auf den Weg. Aber sein Herz war schwer, und mit jedem Schritt wuchs seine Furcht.

Solche Furcht sollte einem wahrhaft Gott liebenden Menschen fremd sein. Seine innere Einstellung zur Begegnung mit dem Herrn soll von der Überzeugung geprägt sein, daß er ein Anrecht auf die Gnade Gottes hat! Der Herr schüttet Seine Gnade aus über alle: über Kranke und Arme wie auch über Gott Suchende und Weise.

Selbstverständlich ließ Krishna Kucela sofort zu sich hereinrufen! Voll Freude begrüßte Er ihn: „Weißt du noch, Kucela, wie glücklich wir waren, als wir zusammen zu Füßen unseres Lehrers saßen?“ Er legte Seine Arme um Kucelas Schultern, der krampfhaft versuchte, das unansehnliche, ärmliche Geschenk, welches seine Frau in sein schäbiges Schultertuch geknotet hatte, zu verbergen. Aber Krishna ertastete es sofort, zog es hervor und begann genüßlich davon zu naschen. Die Liebe, mit der es zubereitet worden war, hatte ihm einen köstlichen Geschmack gegeben.

Manche behaupten, Königin Rukminī habe Krishnas Hand festgehalten, als Er sich zum dritten Mal von dem Reismus nehmen wollte. Angeblich hätte sie befürchtet, daß Sein ganzer Reichtum auf Kucela übergegangen wäre, wenn Er noch mehr von dem Geschenk zu sich genommen hätte. Was für eine unsinnige Vermutung! Als ob sich der Reichtum des Herrn jemals erschöpfen könnte! Als ob es den Herrn im geringsten bekümmern würde, wenn Seine Geliebten (*bhaktas*) Seine Schätze davontragen! Als ob die Mutter des Universums mit Ihren Gaben geizen würde!

Der wahre Grund für Rukminīs Verhalten war der: Sie wollte ihren Anteil von dem Geschenk bekommen, das aus liebendem Herzen gegeben wurde. Schließlich hatte sie ein Anrecht darauf!

Kucela war enttäuscht, als er Dvārakā verließ, denn

Krishna hatte ihm nichts geschenkt und ihm auch keine Hilfe zugesagt. Als er an seine hungernden Kinder dachte, überfiel ihn wieder Schwermut. Niedergeschlagen errreichte er sein Dorf und ging gedankenverloren an seinem Haus vorbei. Wie hätte er es auch je wiedererkennen sollen! Aus der ärmlichen Hütte war über Nacht eine riesengroße, prächtige Villa geworden! Seine Frau sah ihn vorübergehen, rief ihn zurück und berichtete ihm, wie durch Krishnas Gnade plötzlich Wohlstand in ihre Familie eingekehrt war.

35 Gott nimmt die Form an, die du anrufst

In der Stadt Govardhana gab es vor einigen hundert Jahren einen kleinen Tempel, der Gott in der Form des kindlichen, flötespielenden Krishna geweiht war. Ein armer Brahmane lebte dort in der Nähe. Er hatte nur ein einziges Kind, einen Buben von sechs Jahren. Dieser Junge freute sich immer an den Geschichten, die man von Krishna erzählte, und wurde nicht müde, von Seinen Späßen und Streichen zu hören.

Eines Tages weidete er das Vieh seines Vaters in der Nähe des Tempels. Es war schon spät und eigentlich schon Zeit, nach Hause zurückzukehren. Da fiel sein Blick auf die Krishna-Statue im Tempel, und auf einmal war es ihm, als sei sie lebendig. Schmeichelnd und bittend rief er, Er möge doch herauskommen und mit ihm spielen, so wie Er es mit den Hütejungen und den Milchmädchen in Brindāvan getan hätte. Und obwohl der Priester das Eisengitter mittags verschlossen hatte, kam Krishna heraus aus dem Tempel.

Hand in Hand gingen die beiden Kinder über die Wiese. Der aufgehende Mond tauchte alles in ein silbernes Licht. Krishna hatte Seine Flöte dabei. Zur Freude des Jungen setzte Er sich auf einen Stein und spielte Seine schönsten Melodien. So verbrachten sie einige Stunden miteinander. Mitten in der Nacht kehrten sie zum Tempel zurück, und Krishna, den der kleine Junge ‚Bruder‘ nannte, verschwand unmerklich im Inneren des Tempels.

Der kleine Junge konnte es gar nicht fassen, daß sein Spielkamerad fortgegangen war. Bis in den Morgen hinein blieb er weinend vor dem Tempel sitzen. In der Frühe kam der Priester. Zur gleichen Zeit kamen auch seine Eltern. Die waren sehr aufgeregt, denn sie hatten die ganze Nacht auf ihn gewartet und sich Sorgen gemacht. In ihrer Aufregung gaben sie ihm eine kräftige Ohrfeige. Aber anstelle des Jungen trug die Krishna-Statue im Tempel eine blutige Schramme auf der Backe davon.

Wenn du Gott rufst als deinen kleinen Bruder, wird Er antworten, indem Er dir ein ausgelassener Spielkamerad ist. Rufst du Ihn als deinen Lehrer, wird Er dich belehren und inspirieren. Er läßt niemanden im Stich, der Ihn ernsthaft und glaubensvoll anruft!

36 Glaube kann den Herrn nötigen, Gestalt anzunehmen

Es war einmal ein Dieb, der kam zufällig an einem Platz vorbei, wo ein Pandit von den Streichen des Kindes Krishna erzählte. Er blieb nur kurz stehen, konnte sich dann aber einfach nicht mehr losreißen, denn der Erzähler beschrieb den Schmuck, den Krishna trug. Da verspürte er den unwiderstehlichen Drang, die kostbaren Stücke an sich zu bringen. Er fragte den Geschichtenerzähler, wo Krishna zu finden sei, ob Er Seine Herde allein weide, ob vielleicht Sein älterer Bruder dabei sei oder gar die ganze Schar Seiner Spielkameraden. Der Pandit antwortete kurz angebunden: „In Brindāvan, am Ufer der Yamunā!"

Sogleich machte sich der Dieb auf nach Brindāvan, mit dem festen Vorsatz, dem einsamen Kind aufzulauern und Ihm den Schmuck zu rauben. Wahrhaftig traf er Krishna am anderen Morgen: Ganz allein trieb Er Seine Herde auf die Weide! Aber wie hätte er es jemals über's Herz bringen können, dieser lieblichen Gestalt den Schmuck wegzureißen? Es kam ihm so vor, als könnte schon der Verlust eines einzigen Schmuckstücks die Pracht der bezaubernden Erscheinung zerstören. Sein Inneres sträubte sich gegen die böse Tat.

Stundenlang saß er wie verzaubert da, denn er konnte sich einfach nicht von dem Göttlichen Kind losreißen. Endlich sprach Krishna ihn an: „Was willst du?“ Er schämte sich aber, seinen Wunsch auszusprechen. Da streifte Krishna die Juwelen von Seinen Händen und Füßen und gab sie ihm. Überwältigt von Scham und Freude fiel der Dieb Ihm zu Füßen. Als er sich wieder aufrichtete, war Krishna nicht mehr zu sehen.

Er kehrte zurück in sein Dorf, um sich vom Pandit erklären zu lassen, was geschehen war. „Sieh her, sind das Krishnas Juwelen, die du neulich so genau beschrieben hast? Ich war in Brindāvan, und Er hat sie mir geschenkt!“ Es erübrigt sich zu sagen, daß nun der Pandit dem Dieb zu Füßen fiel.

Glaube kann Wunder bewirken, er kann den Herrn nötigen, vor dem Glaubenden Gestalt anzunehmen und ihm zu geben, was er sich wünscht.

37 Beharrlicher Glaube wird belohnt

Es war einmal ein Sultan, der herrschte über Mathurā, Brindāvan und andere Städte an der Yamunā. Während seiner Regentschaft kam der Kaiser von Vijayanagar auf einer Pilgerreise nach Brindāvan und blieb dort einige Tage, um Krishna im Tempel zu huldigen. Der Sultan dachte: ‚Wenn sogar der Kaiser von so weit herkommt und hier jemandem die Ehre erweist, dann muß dieser Jemand doch größer sein als er selbst! Wer kann das nur sein? Ich muß ihn unbedingt kennenlernen, koste es, was es wolle!‘

Eines Abends begab er sich zum Tempel, aber die Türen waren verschlossen. Da rief er laut: „Ist jemand im Tempel?“ Eine Stimme antwortete: „Ja, Govinda Mahārāja und Rādhā Rānī!“ Nun war der Sultan überzeugt, daß zwei Menschen im Tempel wohnten: der König und seine Königin. Da überkam ihn plötzlich große Sehnsucht, die erhabenen Bewohner des Tempels zu sehen.

Drei Tage und drei Nächte harrte er, ohne zu essen oder zu trinken, vor der Tempeltür aus. Hunger und Durst quälten ihn, aber er wagte nicht, seinen Platz zu verlassen oder auch nur seinen Blick von der Tempeltür abzuwenden, denn er fürchtete, das Herrscherpaar könnte unversehens herauskommen, und er würde womöglich ihren Anblick versäumen.

Doch kurz vor Mitternacht der dritten Nacht, als alles außer dem Sultan schlief, kamen ‚Govinda Mahārāja' und ‚Rādhā Rānī' aus dem Tempel heraus. Sie machten ihm ein Zeichen, er solle ihnen folgen. Nie hatte er solche Pracht gesehen! Sie waren herrlich gekleidet: Ihr Kopfschmuck war von der feinsten Machart, und an Hals, Armen, Händen und Füßen trugen sie den edelsten Schmuck.

So prächtig geschmückt schritten sie hinunter ans Ufer der Yamunā, wo Tausende von Gopīs, Hirtinnen und Hirten bereits versammelt waren und sie erwarteten. Im hellen Mondschein tanzten sie zu himmlischer Musik, und heilige Freude leuchtete in allen Gesichtern.

Um die vierte Stunde des neuen Tages kehrten sie zum Tempel zurück, aber bevor das königliche Paar durch die geschlossene Tür wieder eintrat, legten Sie die Reifen, die Sie an den Handgelenken trugen, in die Hände des Sultans und baten ihn, er möge sie gut verwahren. Ehe er etwas erwidern konnte, waren Sie verschwunden.

Kurz darauf kam eine Gruppe von Priestern zum Tempel, um aufzuschließen und den Tag mit Hymnen und Rundgängen zu beginnen. Als sie den Fremden bemerkten, fragten sie ihn, was er dort zu suchen habe und was er denn in seiner Hand hielte. Er antwortete: „Govinda Mahārāja und Rādhā Rānī sind soeben hineingegangen. Ich war mit ihnen zusammen am Flußufer, wir sind gerade erst zurückgekehrt! Sie übergaben mir ihre Armreifen zur Aufbewahrung, warum, weiß ich nicht!"

Aber die Priester glaubten ihm kein Wort. In ihren Augen war er ein Dieb, den sie soeben auf frischer Tat ertappt hatten und der jetzt versuchte, ihnen ein Lügenmärchen aufzutischen. Sie schlugen auf ihn ein und fesselten ihn, damit er ihnen nicht entkommen konnte. Dann gingen sie hin, die Tempeltür zu untersuchen, fanden sie aber fest verschlossen. Alles war so, wie sie es verlassen hatten. Mit dem einen Unterschied: von Krishnas Standbild fehlten die goldenen Armreifen!

Nun dämmerte es ihnen, daß der Mann, den sie für einen gemeinen Dieb gehalten hatten, in Wirklichkeit ein großer Gottesverehrer war, dem der Herr eine einzigartige Offenbarung gewährt hatte. Sie verneigten sich vor ihm und baten ihn herzlich um Verzeihung für das Unrecht, das sie ihm in ihrer Verblendung angetan hatten.

Das ist der Lohn für aufrichtiges Sehnen: Grenzenlose Seligkeit kann gewinnen, wer bedingungslos und ohne Vorbehalt glaubt.

38 Schellenbänder für seine Tochter

Uddālaka war ein Zeitgenosse Caitanyas. Die Form Gottes, die er verehrte, war die konkrete Manifestation des Göttlichen, *Prakriti*, die Natur. Er betete den Schöpfer in Seiner Schöpfung an. Er liebte den Behälter für das, was er enthielt. Die Form der Gottheit, die er anbetete, war *Rādhā*. Umgekehrt gelesen: *Dhāra*, die Trägersubstanz, die Natur, das weibliche Prinzip: die andere, von Ihm nicht zu trennende Seite Krishnas!

Uddālaka betete und meditierte ununterbrochen und wünschte sich nichts sehnlicher, als mit der Gottheit eins zu werden. Und eines Tages geschah das Wunder!

Ein Händler, der klingende Schellenarmbänder verkaufte, ging eines Tages unweit des Dorfes, in dem Uddālaka lebte, am Ufer der Sarasvatī entlang. Am Waschplatz traf er eine hübsche junge Frau an, die dort ihre Wäsche wusch.

Dem Herrn ist nämlich genauso daran gelegen, deine Schmerzen zu beheben wie du danach bestrebt bist, Seine

Gnade zu erringen, damit Er dir die Schmerzen nimmt! Du weißt es nur nicht. Ich aber weiß es umso besser, denn Ich fühle es.

Die junge Frau winkte ihn zu sich heran, um sich Armbänder auszusuchen. Sie gefielen ihr alle, und so streifte sie sie über ihre Handgelenke und behielt sie. Als der Händler den Preis nannte, sagte sie: „Oh! Bitte verzeih‘ mir! Aus lauter Freude über die schönen Armbänder habe ich ganz vergessen, daß du ja Geld dafür bekommst! Bitte geh‘ zu Uddālaka, der in diesem Dorf wohnt, und laß dir von ihm das Geld geben. Jedermann kennt ihn und wird dir gerne sein Haus zeigen. Wenn du ihn gefunden hast, sag‘ ihm, seine Tochter habe die Armbänder gekauft. Er wird sie dir sicher bezahlen. Nein, warte! Besser noch sagst du ihm, daß er das Geld für die Armbänder hinter Rādhās Bild auf seinem Hausaltar finden wird!“

Der Händler vertraute ihr und beeilte sich, das Haus ihrer Eltern zu finden. Uddālaka staunte nicht schlecht, denn er hatte keine Kinder, ja, er war nicht einmal verheiratet gewesen. Aber der Händler war sich seiner Sache ganz sicher. Er bestand darauf, Uddālaka müsse hinter das Bild von Rādhā schauen. Die junge Frau habe einen so vertrauenswürdigen Eindruck gemacht, daß er sie eines Betrugs für unfähig hielte. Uddālaka wunderte sich immer mehr: Nie im Leben wäre ihm eingefallen, hinter dem Bild seiner geliebten Gottheit Geld aufzubewahren! Aber dem Händler zuliebe rückte er das Bild beiseite, und wahrhaftig fand er dort ein Säckchen Geld, das gerade ausreichte, um die Armbänder zu bezahlen.

Da wurde ihm schlagartig bewußt, daß es Rādhā selbst gewesen sein mußte, die den Händler zu ihm gesandt hatte. Er fiel ehrfürchtig vor ihm nieder, und dann rannte er mit ihm zusammen zum Waschplatz, außer sich vor Freude und Dankbarkeit. Einen Augenblick lang sah er eine lichtvolle Erscheinung über dem Wasser. Es schien Rādhās Arm zu sein, geschmückt mit klingenden Armbändern, die in der Morgensonne funkelten. Er fühlte, daß eine Segnung von diesem erhobenen Arm ausging, und er spürte auch, daß etwas ihn rief. Im gleichen Augenblick verließ seine Seele seine sterbliche Hülle und flog in Ihren Schoß.

39 Mālādāsa setzt sich durch

Mālādāsa, der Kuhhirt, beschloß eines Tages, den Herrn dazu zu bewegen, sich ihm zu zeigen, und zwar so, wie Er in den Heiligen Schriften beschrieben wird, die ein Pandit im Tempel seines Dorfes ausgelegt hatte. Er hatte gut zugehört, und fortan betete er tagsüber bei seiner Arbeit zum ‚dunklen Herrn, der auf einem weißen Vogel reitet'.

Elf Tage vergingen im Gebet. Immer noch war kein ‚dunkler Herr auf einem weißen Vogel' zu sehen! Der Hirte hatte in diesen Tagen weder gegessen noch getrunken. Jetzt war er so geschwächt, daß er sich kaum noch auf den Beinen halten konnte.

Da erbarmte sich Gott und erschien ihm in der Gestalt eines alten Brahmanen. Aber Mālādāsa war von Seiner Erscheinung nicht im geringsten beeindruckt und ließ sich nicht davon überzeugen, daß Er Gott sei. Mußte Gott nicht auf einem weißen Vogel dahergeritten kommen und von dunkler Hautfarbe sein, von wunderschöner, dunkelblauer Farbe, wie der Pandit gesagt hatte?

Höflich, aber bestimmt bat er den Brahmanen, Er möge doch am nächsten Morgen um sieben Uhr wiederkommen. Er werde den Pandit bitten, zur Stelle zu sein, um sich selbst davon zu überzeugen, ob Er wirklich und wahrhaftig der Herr selbst sei.

Der Pandit lachte, als Mālādāsa ihm von seiner Begegnung erzählte: Konnte man seine Geschichte denn ernst nehmen? Aber Mālādāsa ließ sich nicht beirren und beharrte so inständig auf seiner Bitte, daß er schließlich einwilligte, mit hinaus auf's Feld zu kommen.

Am nächsten Morgen fand sich lange vor sieben Uhr nicht nur der Pandit, sondern das ganze Dorf auf dem Feld ein. Der Brahmane war pünktlich. Mālādāsa nahm Ihn bei der Hand, führte Ihn herum und stellte Ihn allen vor. Aber niemand außer dem Hirten selbst konnte Ihn sehen! Da schimpften sie und drohten ihn zu verprügeln, denn sie meinten, er habe sie an der Nase herumgeführt.

Aber er sah den Brahmanen doch leibhaftig vor sich! Wer führte hier wen an der Nase herum? Wütend holte Mālādāsa aus und versetzte dem Brahmanen eine gepfefferte Ohrfeige. „Warum zeigst Du dich nicht so, daß alle Dich sehen können?"

Die Ohrfeige wirkte Wunder: sie veränderte die ganze Szenerie: Der Brahmane verschwand, und an Seiner Statt erschien Krishna in Seiner ganzen Pracht. Alles stimmte: Seine wunderschöne dunkle Hautfarbe, Sein bezauberndes Lächeln, und selbst der weiße Vogel war da!

Als die Dorfbewohner sich von ihrer Überraschung erholt hatten, schwebte der Himmelswagen, *Vimāna*, herab. Krishna lud Mālādāsa ein, mit Ihm einzusteigen. Dann erhob sich der Wagen, und bald waren sie den Blicken der anderen entschwunden.

40 Wissen und Gnade

Der große Shankara hatte vier bedeutende Schüler: Totaka, Hastāmalaka, Sureshvara und Padmapāda. Padmapāda hatte nur eines im Sinn: seinem Meister zu dienen. Alles andere interessierte ihn nicht. Er paßte in den Unterrichtsstunden nicht auf und konnte bald nicht mehr folgen. Die anderen verspotteten ihn und nannten ihn einen Dummkopf, aber seine tiefempfundene Verehrung für den Meister sollte seine Schwäche ausgleichen:

Eines Tages hatte er die Kleider seines Meisters auf einem Felsen im Fluß gewaschen und zum Trocknen ausgebreitet. Gerade als er sie eingesammelt und zusammengelegt hatte, stieg das Wasser des Flusses plötzlich zu einer tobenden Flut an, und nur mit knapper Not konnte er sich auf die Spitze des Felsens retten.

Da stand er nun. Die Zeit verging. Es wurde spät und später. Padmapāda dachte nach. Sicher benötigte sein Meister die gewaschenen Sachen dringend! Was tun? Da faßte Padmapāda einen Entschluß: ‚Ich werde den Fluß überqueren, mag er noch so sehr toben! Der Meister wird mich sicherlich beschützen!'

Und so geschah es: Wo immer er seinen Fuß hinsetzte, entfaltete sich ein kräftiges Lotusblatt und gab ihm Halt. So gelangte er sicher ans Ufer.

Wegen dieser Begebenheit nannte man ihn später ‚den Lotosfüßigen' – Padmapāda. Und noch etwas bewirkte die Gnade seines Meisters: Er bekam die Fähigkeit, sich alles Wissen anzueignen und wurde ein hervorragender Gelehrter.

41 Der Glaube des Schülers übertrifft die Macht des Meisters

In einem Dorf im südindischen Tamil Nadu lebte ein Mann namens Adigal. Er hatte von dem großen lebenden Heiligen Appar gehört und verehrte ihn sehr. Adigal ließ Hospize für Reisende in Appars Namen erbauen und benannte seine Kinder nach ihm, so daß sie unter dem segensreichen Einfluß seines Namens aufwuchsen. Außerdem stiftete er Ländereien und Häuser und tat viel Gutes – alles im Namen eines Heiligen, den er noch nie gesehen hatte.

Seht, wie bei ihm der Glaube der Erfahrung vorausgeht! Es gibt auch Menschen, die erst nach eigener Erfahrung verlangen, ehe sie vertrauen können. Der erstere Weg ist spannender; solcher Glaube wurzelt fester.

Eines Tages kam der Heilige zufällig durch das Dorf seines unbekannten Verehrers. Er war von seinem Weg abgekommen und mußte diesen Umweg nehmen. Wie staunte er, überall Appar-Hospize und Appar-Stiftungen zu sehen. Es war ihm ein Rätsel, wie sein Name ihm so weit vorauseilen konnte.

Bald erreichte Adigal die Kunde vom Eintreffen des Heiligen. Er eilte ihm entgegen und lud ihn zu sich nach Hause ein. Gleich fing er an, ein Festmahl herzurichten. Seinen ältesten Sohn schickte er in den Garten, um ein paar Kochbananen für das Abendessen zu holen. Im Garten aber war eine Giftschlange, die biß den Jungen, und er war auf der Stelle tot.

Adigal tat, als wenn nichts geschehen wäre. Er bedeckte den Leichnam seines Sohnes mit Laub und fuhr fort, das Gastmahl vorzubereiten. Als alles fertig war, sagte der geehrte Gast, er wünsche, daß alle Kinder seines Gastgebers sich bei Tisch versammelten. Er schaute Adigal an und wiederholte eindringlich: „Rufe alle herbei!" Adigal tat, wie sein Meister ihm befohlen hatte. Er rief alle bei Namen, auch den toten Sohn, und – siehe da! – auch der Tote erhob sich und setzte sich mit den anderen zu Tisch.

Als Appar hörte, was geschehen war, sagte er: „Dein Glaube (*bhakti*) ist größer als meine Macht (*shakti*)!"

VERGÄNGLICHKEIT, TOD

42 Gib acht!

Du mußt wissen: es kann jederzeit vorkommen, daß dich ein Unglück trifft. Stets sollte dir bewußt sein, daß dir jeden Tag etwas zustoßen kann! Der Gefahr eingedenk, solltest du die Zeichen beachten und das jeweils Nötige tun.

Mache es nicht so wie der Mann, der eines Nachts von seiner Frau geweckt wurde: „Du, ich höre Geräusche! Es könnte ein Einbrecher sein!" Er: „Ich weiß! Laß mich schlafen!" Nach ein paar Minuten: „Jetzt ist jemand durch's Fenster eingestiegen!" Darauf er: „Ist schon gut, laß mich in

Ruhe!“ Ein wenig später: „Jetzt macht er sich an deinem Schreibtisch zu schaffen!“ Der Mann: „Ich weiß, ich weiß! Sei still!“ Nach einer Weile sagte sie: „Jetzt läuft er davon!“ Und ihr Mann wieder: „Ich weiß!“ Er ließ die Warnungen unbeachtet und erlitt schweren Verlust.

Auch ihr hört nicht auf die Warnungen und steuert mit offenen Augen auf das Unglück zu.

43 Komm morgen wieder

Du weißt nicht, wie lange du lebst, deshalb solltest du jeden Augenblick dazu nutzen, Gott näher zu kommen.

Einmal kam ein armer Brahmane an den Hof Dharmarājas, um den ältesten der Pāndava-Brüder um Unterstützung zu bitten. Er wollte nämlich seine Tochter verheiraten und bedurfte dazu etlicher Utensilien, die viel Geld kosteten. Dharmarāja versprach, er werde ihm alles geben, was er brauche, aber er möge doch bitte bis morgen warten und dann wiederkommen.

Das hörte sein Bruder Bhīma. Über die Nachricht, daß Dharmarāja sein Versprechen am nächsten Tag einlösen wollte, war Bhīma so erfreut, daß er anordnete, im ganzen Königreich ein Freudenfest zu feiern. Alle Fahnen sollten gehißt und die Trommeln geschlagen werden.

Der König wunderte sich über den plötzlichen Freudenausbruch. „Was läßt du feiern?“ fragte er seinen Bruder. Der antwortete: „Du hast soeben bekanntgegeben, daß du noch einen ganzen Tag leben wirst. Ist das nicht Grund genug zur Freude, wo alle anderen sich nicht einmal des nächsten Augenblicks sicher sind?“

44 Stumme Todesboten

Es war einmal ein Kaufmann, der hatte Angst vor dem Sterben. Um den Tod gnädig zu stimmen, verehrte er Yama, den Gott des Todes, und opferte ihm oft und viel. Yama war darüber erfreut und versprach ihm, er werde ihn nicht ohne Vorwarnung holen, wenn seine Zeit gekommen sei. „Ich werde dir beizeiten meine Boten schicken, so daß du in Ruhe deine Geschäfte ordnen kannst, bevor du die Welt verlassen mußt." So sprach er, und der Kaufmann lebte lange, froh und zufrieden.

Dann aber nahte das Ende. Der Kaufmann mußte sterben. Da wurde er böse und haderte mit Yama: „Also hast du mich doch betrogen! Wie konnte ich mich so von dir täuschen lassen! Ich glaubte, du würdest dich erkenntlich erweisen und wenigstens dein Wort halten. Nun aber muß ich erleben, daß du mich doch sterben läßt, ohne mich gewarnt zu haben!"

Yama erwiderte: „Aber ich habe dich doch gewarnt und dir meine Boten geschickt. Hast du sie denn nicht bemerkt?" Der Kaufmann sagte: „Was für Boten? Ich habe keinen einzigen gesehen!" Da antwortete Yama: „Meine Boten waren diese: Dein Haar wurde weiß, das war die erste Warnung. Du aber färbtest dein Haar und leugnetest die Botschaft. Ich ließ dich kahl werden, du aber setztest dir eine Perücke auf und schlugst die Warnung in den Wind. Dann fielen dir die Zähne aus, du aber ließest dir ein Gebiß machen und tatest so, als sei ich weit. Die vierte Warnung, die ich dir gab, waren die Falten in deiner Haut. Aber auch diese Botschaft wolltest du nicht wahrhaben!" Wirklich hatte Yama Wort gehalten.

45 Die Gnade im Fluch

König Parīkshit erzählt seine Geschichte: „Ich war auf der Jagd. Wir verfolgten mehrere Tiere, aber sie entkamen uns. Meine Jagdkameraden und ich verloren uns aus den Augen, weil alle einem anderen Tier nachsetzten. Mit einem Male war ich ganz allein. Hunger und Durst quälten mich, die Hitze setzte mir zu.

Auf der Suche nach den Kameraden kam ich in die Nähe einer Einsiedelei. Inzwischen habe ich erfahren, daß es das Anwesen des Weisen Samika war. Ich ging hinein und rief mehrmals laut, ob jemand da sei, mir ein wenig Wasser zu geben. Aber ich bekam keine Antwort. Niemand war zu sehen.

Ich trat in die Hütte ein. Drinnen saß ein Einsiedler, ohne sich zu rühren. Für ihn mag es Meditation gewesen sein, mir erschien es wie eine grobe Mißachtung meines Standes und meiner Bedürftigkeit als hungriger und durstiger Gast. Mein Verstand muß ausgesetzt haben, denn Rachegedanken kamen in mir auf. Plötzlich fiel mir ein, daß ich unweit der Hütte fast über eine tote Schlange gestolpert wäre. Ich holte sie und legte sie dem Alten um den Hals. Der Anblick amüsierte mich, und ich dachte: ‚Das geschieht dir recht!' Irgendwie habe ich dann nach Hause gefunden.

Als der Sohn des Weisen in die Hütte trat und sah, was ich getan hatte, fluchte er mir und sprach: ‚Möge der Übeltäter nach sieben Tagen von einer Schlange gebissen werden und sterben!'

Sieben Tage gab er mir! Wie großmütig! Er hätte mich auch dazu verfluchen können, noch im gleichen Augenblick zu sterben! Diese sieben Tage kann ich nun dazu nutzen, mich Gott zuzuwenden und mich vorzubereiten auf den Übergang in die höchste Wirklichkeit. Was für eine Gnade! Nur wenige sind es, denen der Tod eine Woche Vorbereitungszeit gibt."

46 Der eigene *Weg*

Wenn dein Kind stirbt, sollst du dich fragen, ob es um *deinetwillen* auf die Erde gekommen ist. Dein Kind mußte seine eigene Bestimmung erfüllen, es hatte seine eigene Geschichte, die auszuleben es gekommen war.

Der Vater von Siddhārtha Gautama, dem Buddha, war entsetzt über den Anblick seines Sohnes, als jener mit der

Bettelschale in der Hand durch die Straßen wanderte. Er sprach zu ihm: „Alle unsere Ahnen waren Könige. Was für ein Unglück, daß in dieser stolzen Reihe nun ein Bettler geboren wurde!" Da entgegnete Siddhārtha: „Jeder meiner Ahnen hatte eine Bettelschale in der Hand. Ich weiß von keinem König in meiner Ahnenreihe." Die Wege von Vater und Sohn waren verschieden. Jeder hatte seinen *eigenen* zu gehen!

47 Wer mitspielt, muß sich den Spielregeln fügen

In Puttaparthi sollte einst eine Szene aus dem Rāmāyana-Epos aufgeführt werden. Die Rolle des Affen-Königs Vāli spielte der Sohn eines wohlhabenden Dorfbewohners, die Rolle des Sugrīva, der mit seinem Halbbruder Vāli verfeindet war und ein Verbündeter Rāmas wurde, übernahm der Sohn eines Armen. In der Geschichte kämpfen die beiden gegeneinander, und mit Rāmas Hilfe gelingt es Sugrīva, Vāli zu bezwingen und zu töten.

Der Junge, der Vāli darstellte, protestierte gegen die Dramaturgie: Er wollte im Kampf gegen den Sohn des Dorfarmen nicht der Unterlegene sein und verlangte, man solle das Stück umschreiben. Nach seiner Vorstellung sollte Rāma sich mit *ihm* verbünden und an seiner Statt lieber Sugrīva töten.

Aber das ‚Stück' kann nicht nach eurem Belieben umgeschrieben werden: Wenn vorgesehen ist, daß Vāli zu sterben hat und einer bestimmten Person diese Rolle zugeteilt worden ist, muß der Betreffende dem Plan entsprechend sterben, wie Er, der Stückeschreiber, es beschlossen hat.

48 Der Frosch

Rāma, Sītā und Lakshmana wanderten durch die Hügellandschaft des Dandaka-Waldes und kamen an das Ufer eines

Sees. Da trat Rāma aus Versehen auf einen Frosch. Der Frosch litt große Schmerzen, gab aber keinen Laut von sich. Als Rāma merkte, was er getan hatte, beugte er sich mitleidig über das Tierchen: „Warum hast du nur nicht geschrien?" Da sagte der Frosch: „Immer, wenn ich in Not bin oder mich fürchte, rufe ich ‚Rāma! Rāma!' Aber wenn Rāma selbst mir wehtut, wen soll ich da rufen?"

49 Tödliche Angst

Ein Mönch begegnete auf seiner Wanderschaft dem Cholera-Engel, der soeben aus einem Dorf kam, wo er einen Großteil der Bevölkerung dahingerafft hatte. „Wieviele hast du getötet?", fragte der Mönch. „Nur zehn!", gab der Engel zur Antwort. Nun wußte aber jeder, daß es in jenem Dorf mehr als hundert Todesopfer gegeben hatte. Erklärend fügte der Cholera-Engel hinzu: „Ich selbst habe nur zehn getötet. Die anderen starben vor Angst."

Der Mensch ist in Wahrheit die Verkörperung des unsterblichen Selbst, *Ātma-Svarūpa*! Wovor sollte er sich fürchten? Wer seine wahre Natur erkannt hat, wird keine Verzagtheit und Schwäche in sich aufkommen lassen.

50 Der Besen

Ein alter Mann lag im Sterben. Es muß in dem Teil Indiens gewesen sein, wo man Kannada spricht. In den letzten Stunden seines Erdenlebens war er nicht mehr Herr über seine Zunge und brachte nur noch ein paar undeutliche Worte hervor, die seine Kinder nicht verstehen konnten. Sie riefen den Arzt und baten ihn, er möge ihrem Vater doch Sauerstoff geben, so daß er noch einmal einen klaren Verstand bekäme und ihnen sagen könne, was er ihnen als Letztes mitzuteilen habe. Sie vermuteten nämlich, er wolle ihnen beschreiben, wo er seine Ersparnisse versteckt hatte!

Sie gaben sich die größte Mühe, herauszubekommen, was er sagen wollte. Aber alles was sie verstehen konnten, war nur eine Silbe: 'Ka'! Sie fragten ihn eindringlich, ob er vielleicht Kanaka (Gold) meine oder Karu (Kalb) oder vielleicht Kanaja (Speicher) oder etwa Kasabarke (Besen). Als sie ihm einen Besen zeigten, nickte er und starb. In seinem nächsten Leben kam er als dasjenige auf die Welt, dem sein letzter Gedanke gegolten hatte: als Besen.

51 Zerbrochene Töpfe

Ein Vater mietete für den Hochzeitszug seiner Tochter einen Elefanten. Es war ein altes Tier, und als der Umzug vorüber war und die Braut vor ihrem Haus von seinem Rücken abstieg, brach er zusammen und war tot. Der Eigentümer des Elefanten reagierte auf die Nachricht vom Tode seines Tieres mit heller Aufregung. Er ließ sich nicht davon abbringen, daß der Mieter Schuld an dem Unglück sei. Er wollte nicht einsehen, daß der Elefant eines natürlichen Todes gestorben war und daß der Tod nun einmal ein unvermeidliches Übel ist. Vielmehr bestand er darauf, man müsse ihm Ersatz schaffen in Form eines gleichwertigen lebenden Tieres.

Der Streit kam vor Gericht. Für den Richter war die Sache eindeutig, und er sann darüber nach, wie man dem Eigentümer des Elefanten die Sinnwidrigkeit seiner Forderung vor Augen führen konnte. Da kam ihm eine Idee: Hinter der Tür, durch die man in den Gerichtshof gelangte, ließ er einen großen Stapel Tontöpfe auftürmen. Als der Eigentümer des toten Elefanten die Tür öffnete, fiel der ganze Stapel um, und alle Töpfe zerbrachen. Nun spielte der Richter die Rolle des Geschädigten, beschuldigte ihn, das Zerbrechen der Töpfe absichtlich herbeigeführt zu haben und verlangte, er müsse sie vollständig ersetzen. Da begriff der Mann, daß seine Forderung ebenso widersinnig war wie die des Richters und zog seine Anzeige zurück.

52 Todessehnsucht

Es war einmal ein armer Holzfäller, der ging Tag für Tag in den Wald, um Brennholz zu sammeln. Das verkaufte er dann im nahen Dorf für kargen Lohn. Sein Gewinn reichte gerade aus, um seine Frau und seine Kinder vor dem Hungertod zu bewahren.

Eines Morgens, als er soeben seine Hütte verlassen wollte, sagte seine Frau: „Vergiß bitte nicht, daß morgen Neujahrsfest (*yugadī*) ist. Sieh zu, daß du etwas mehr Holz sammelst, damit wir den Kindern zum Fest ein wenig süßen Reis kaufen können." Der Holzfäller versprach es und machte sich auf den Weg.

Wirklich schaffte er es an jenem Tag, ein besonders großes Bündel Holz zu sammeln. Aber die Last war für seinen ausgemergelten Körper viel zu schwer. Er mußte das Bündel absetzen, lange noch bevor er das Dorf erreicht hatte.

Während er dasaß und ausruhte, wurde ihm sein ganzes Elend so recht bewußt. Wie mußte er sich plagen, und wie wenig Freude hatte er doch eigentlich am Leben! Wenn er es recht bedachte, war er seines Lebens eigentlich überdrüssig! Er betete zum Todesengel, Mrityudevatā: „Komm, ach komm, Engel des Todes! Willst du dich meiner denn nie erbarmen? Warum hast du mich vergessen? Wie gerne würde ich sterben und diese ganze Plackerei hinter mir lassen!"

Der Engel des Todes hatte Mitleid mit ihm und erschien auf der Stelle, um seinen Wunsch zu erfüllen. Aber da bereute der Holzfäller, was er gesagt hatte. Er beeilte sich, einen anderen Grund für sein Gebet zu erfinden: „Nein, nein, nicht diese Art von Hilfe meinte ich! Du siehst ja, hier kommt niemand vorbei, den ich bitten könnte, das Holz auf meine Schultern zu heben, und deshalb habe ich nach dir gerufen, denn du bist der einzige, der mich hier hört! Das war wirklich alles, was ich von dir wollte! Bitte, komm und hilf mir, damit ich schnell zum Dorf hinuntergehen und das Holz verkaufen kann!"

Der Mensch ist in seinem wahren Wesen unsterblich. Deshalb schreckt er vor dem Zugriff des Todes zurück. Der Wille zu leben ist sehr stark: viel stärker und dauerhafter als der Wunsch zu sterben!

53 Nicht einmal sterben darf man!

Einer wollte ein spirituelles Leben beginnen. Er fand einen Yogī, der ihm ein heiliges Wort (*mantra*) ins Ohr flüsterte, welches er immerfort innerlich wiederholen und zum Gegenstand seiner Meditation machen sollte. Aber bei ihm zu Hause wollte es nicht glücken, denn ständig wurde er von seiner Familie gestört und abgelenkt.

Auf seiner Suche nach einem ruhigen Ort kam er in den Wald. Er wählte einen passenden Baum aus und setzte sich darunter, um zu meditieren. Aber die Stille war von kurzer Dauer. Vögel kamen herbeigeflogen, um zur Nacht ihre Schlafplätze aufzusuchen. Sie kreischten und lärmten, und ihr Kot fiel auf seinen Kopf. Da wurde er wütend: „Gibt es denn keinen Platz, wo man in Ruhe meditieren kann?“ schrie er, „zu Hause die Kinder und im Wald die Vögel! Wie soll ich da jemals Gott verwirklichen?“

Da kam ihm eine Idee: ‚Das Beste ist, ich verbrenne mich selbst. Dann werde ich unter günstigeren Umständen wiedergeboren und fange noch einmal von vorne an!‘

Wild entschlossen sammelte er Brennholz, schichtete es zu einem großen Stoß auf, zündete ihn an und wollte hinaufklettern. Da kam ein alter Mann herbeigelaufen: „Guter Mann,“ rief er, „ich will dich nicht davon abhalten, dich zu verbrennen. Aber gerade heute bläst der Wind in unsere Richtung, und das heißt, daß wir den ganzen Gestank von verbranntem Menschenfleisch abbekommen, wenn du dich jetzt verbrennst. Bitte, sei so rücksichtsvoll und warte, bis der Wind sich gedreht hat! Wenn du es aber sehr eilig hast, könntest du deinen Scheiterhaufen ja an einem anderen Ort errichten, wo du uns nicht belästigst!“

Ihm wurde klar, daß er nicht einmal die Freiheit besaß, den Tod zu wählen. Er ging nach Hause und beschloß, das Leben dort auszuhalten und das Beste daraus zu machen, denn er hatte begriffen, daß man sein Geschick (*karma*) unter den gegebenen Umständen zu durchleben hat.

Jeder Versuch, sich dagegen aufzubäumen und es gewaltsam abzuschütteln, muß scheitern.

54 Der größere Schmerz läßt dich den kleineren vergessen

Als König Dasharatha starb, war sein ältester Sohn, Rāma, in der Verbannung und konnte das Begräbnisritual nicht durchführen. Daher sandte man nach den beiden jüngeren Söhnen, Bharata und Shatrughna, die sich bei ihren Verwandten mütterlicherseits in einer anderen Stadt aufhielten.

Niemand sagte ihnen, daß ihr Vater gestorben war. Als sie an sein Lager traten, erschraken sie über die leblose Stille, die ihn umgab, denn sie hatten noch nie einen Toten gesehen. Verstört eilten sie zu Königin Kausalyā, ihrer Stiefmutter. Als diese die beiden kommen sah, brach sie in Tränen aus. Sie fragten: „Warum weinst du, was ist geschehen?“ Da erst erfuhren sie, daß ihr geliebter Vater tot war.

Die traurige Nachricht traf Bharata tief. Er schlug sich an die Brust und weinte laut. Solchen Schmerz hatte er noch nie gespürt, und er glaubte, ihn nicht ertragen zu können: „Mutter, ich Unglücklicher! Ich war fern und konnte ihn während seiner letzten Tage nicht mehr pflegen!“, klagte er. Dann wandte er sich Shatrughna zu und strich ihm mitleidig über den Kopf: „Auch du, Bruder, hattest nicht mehr die kostbare Gelegenheit, ihm zu dienen!“ Und nach einer kurzen Pause sagte er: „Mutter, wie gut haben es doch Rāma und Lakshmana, daß sie bei Vater sein konnten! Sie waren um ihn, konnten ihn pflegen und ihm letzte Liebesdienste erweisen; sie waren dabei, als er sein Leben aushauchte, nicht wahr? Hat Vater uns, die wir ihm nicht nahe sein konnten, noch irgendeine Nachricht hinterlassen? Was war sein letzter

Wunsch? Hat er an uns gedacht, hat er verlangt, man möge uns herbeirufen?“

Mit leiser Stimme antwortete Kausalyā: „Mein Sohn, er hatte nur *ein* Wort auf den Lippen und nur *eine* Form vor seinem inneren Auge, und das war *Rāma*!“ Bharata schaute sie verwundert an: „Das verstehe ich nicht. Warum sollte er Rāmas Namen aussprechen und sich seine Gestalt in Erinnerung rufen, wenn Rāma doch leibhaftig bei ihm war? Viel eher hätte er doch nach mir rufen sollen, der ich ihm nicht nahe sein konnte! O ich Unglücklicher! Ich habe die Zuneigung meines geliebten Vaters verscherzt!“

Kausalyā senkte den Blick: „Ach, wenn Rāma bei ihm gewesen wäre, wäre er nicht gestorben!“ Da schrie Bharata auf: „Mutter, wo ist Rāma? Warum ist er nicht hier? Wo ist er? Ist er auf die Jagd gegangen, oder macht er eine Bootsfahrt auf der Sarayū?“ Da konnte sie ihm die Wahrheit nicht länger verbergen: „Nein, nein! Er ist in die Wildnis gegangen, denn man hat ihn für vierzehn Jahre verbannt!“

Bharata war fassungslos: „Was ist das für eine entsetzliche Tragödie? Was für ein Verbrechen, was für eine Sünde hat Rāma begangen, um in die Verbannung geschickt zu werden? Warum mußte er gehen?“ „Deine Mutter wollte es, und so ging er,“ sagte die Königin leise.

Als Bharata dies hörte, wich sein Schmerz über den Tod seines Vaters einem noch viel größeren Schmerz, nämlich dem, daß seine eigene Mutter Rāma in die Verbannung geschickt hatte, um ihm, Bharata, den Thron frei zu machen.

55 Wer ist dein bester Freund?

Es gibt verschieden Arten von Freundschaft. Am besten kann man sie durch folgendes Beispiel beschreiben:

Ein Mensch hatte drei Freunde. Leider war er vom rechten Weg abgekommen und wurde wegen eines Vergehens vor Gericht gebracht. Da bat er einen Freund um Beistand.

Der aber sagte ihm ohne Umschweife, er wolle mit ihm und seinen Problemen nichts zu tun haben und weigerte sich, vor Gericht für ihn auszusagen. Als er nun zum zweiten Freund ging, um ihn um Unterstützung zu bitten, sagte der: „Gut, ich begleite dich ins Gericht, aber in den Zeugenstand trete ich nicht!“ Da wandte er sich in seiner Not an seinen dritten Freund. Der sagte spontan: „Deine Probleme sind meine Probleme, und meine sind deine. Ich werde dir helfen, wie immer ich kann!“

Es ist wohl ganz klar, daß unter diesen Freunden der dritte der beste ist. In deinem Leben begegnen dir auch drei Freunde. Wenn der Tod kommt, mußt du alles zurücklassen, was du besessen hast. Reichtum und Ansehen haben dir im Alter meist schon den Rücken gekehrt. Deine Freunde und Verwandten kommen bis zum Friedhof, um deiner Beisetzung beizuwohnen, aber anschließend gehen sie alle nach Hause. Einzig und allein deine guten und schlechten Taten werden dich ins Jenseits begleiten.

Dein nächstes Erdenleben wird sich danach gestalten, was du in diesem Leben getan hast. Damit du ein guter Mensch bleibst, mußt du die Wahrheit ehren, denn sie ist zeitlos. Alles andere, besonders dein physischer Leib, ist dem Wandel, dem Verfall und dem Tod unterworfen.

56 Der nicht vorhandene Feind

Dem Sonnengott gefiel die Verehrung, die ihm einer seiner Anbeter darbrachte. Angenehm berührt und aufmerksam lauschte er den eintausendundacht Namen, die der Gläubige voll Hingabe rezitierte. Ein Name jedoch versetzte ihn in größte Erregung: ‚Feind der Dunkelheit (*andhakāradveshin*)‘. ‚Sollte ich einen Feind haben, der noch am Leben ist?‘ dachte der Sonnengott, ‚das dulde ich nicht!‘

Er erklärte diesem ihm unbekannten Dämonen namens ‚Dunkelheit‘ den Krieg. Unverzüglich machte er sich auf und begab sich an alle Orte, an denen ‚Dunkelheit‘ sich angeblich verborgen hielt. Aber kaum glaubte der Sonnengott, ‚Dunkelheit‘ erspäht zu haben, war dieser Kerl auch schon wieder verschwunden! Es wollte ihm einfach nicht gelingen, ihn zu fassen. Schließlich gab der Sonnengott die Jagd auf. Er war nämlich zu der Überzeugung gelangt, daß es ‚Dunkelheit‘ gar nicht gab. Es mußte sich um eine Einbildung, eine fixe Idee seiner Anbeter handeln!

Vor dem Glanz der Unsterblichkeit flieht das Dunkel des Todes. Der Bewohner des Körpers, das Göttliche Selbst, *Ātman*, wird nicht geboren und kennt daher auch keinen Tod. Aber der Mensch klammert sich an die Täuschung, er sei identisch mit seinem Körper und somit ein Opfer des Kreislaufs von Tod und Geburt. Ein Becher aus Silber kann von einem Silberschmied in einen silbernen Teller umgewandelt werden und später vielleicht in eine Dose. Aber obwohl die Gestalt des Silbers, seine jeweilige Funktion und seine Bezeichnung sich wandeln, bleibt das Silber doch das gleiche.

57 Alexander der Große und der Weise

Als Alexander der Große bei einem seiner Feldzüge in den Punjab kam, war er sehr darauf erpicht, mit einem berühmten Weisen zusammenzutreffen. Er begab sich zu der Höhle, welche der Weise bewohnte. Als großer Feldherr war er es gewohnt, daß man sich durch seinen Besuch geehrt fühlte. Deshalb erwartete er, daß der Weise ihm entgegenkommen und ihn freudig begrüßen würde. Aber dieser bat ihn nur, ihm nicht im Wege zu stehen und fortzugehen. Er war nicht daran interessiert, den griechischen Helden und Welteneroberer kennenzulernen.

Alexander packte die Wut. Er zog sein Schwert und bedrohte den Weisen. Aber der lächelte nur und sagte: „Es ist vergebens, du kannst mich nicht töten. Ich bin der Ātman, das unsterbliche Selbst, welches alle Wesen beseelt. Ich sterbe nicht.“ Da besann Alexander sich und steckte sein Schwert ein.

58 Was hilft die Sprachlehre?

Als Shankara mit seinen Schülern in Vārānasī (Benares) am Ganges wohnte, besuchte er oft die Pandits, die in der Umgebung lebten und unterhielt sich mit ihnen über philosophische und religiöse Fragen.

Eines Tages besuchte er einen Pandit, der mit dem Studium der Sprachlehre begonnen hatte und über den komplizierten Regeln der Grammatik brütete. Shankara fragte ihn, wozu er sich so intensiv mit der Sprachlehre befasse, worauf der Pandit antwortete, daß er mit Unterricht in Grammatik viel Geld verdienen könne. „Wenn ich erst einmal ein anerkannter Sprachlehrer bin, kann ich am Hof unterrichten und genug verdienen, um meine Familie zu ernähren." Da gab ihm Shankara gute Ratschläge und stärkte sein Selbstvertrauen und seinen Mut.

Als er wieder in seiner Hütte angekommen war, schrieb er einen Vers, in welchem er zusammenfaßte, was er dem Pandit gesagt hatte, der sich solche Sorgen um den Unterhalt seiner Familie machte:

Bhaja govindam, bhaja govindam,
bhaja govindam, mūdha mati,
samprāpte samnihite kāle
nahim nahim rakshati duhkhakarane

Lobe und preise Gott, lobe und preise Gott,
lobe und preise Gott, du Narr.
Wenn der Tod an deine Tür klopft,
können dich, der du Leid verursacht hast,
die Regeln der Sprachlehre nicht retten!

Shankara bat seine Schüler, sich über die Weisheit dieses Satzes ihre eigenen Gedanken zu machen. Sie antworteten darauf mit weiteren Versen über das gleiche Thema. Jeder der vierzehn Schüler fügte einen Vers hinzu, und Shankara selbst schrieb zwölf zusätzliche Verse. Dann fügte er noch weitere vier Verse hinzu, in denen er besingt, wie segensreich die Sinneswandlung eines Menschen sich auswirkt, wenn er diese Einsicht auch praktisch umsetzt. So ergaben sich einunddreißig Verse des Liedes, genannt ‚*bhaja govindam*' oder ‚*mohamudgara*'. Die letztere Bezeichnung bedeutet ‚Waffe, mit der sich die Täuschung zerstören läßt'. Jeder einzelne Vers ist eine Sprosse auf der Leiter, die den Menschen zu Gott führt.

Shankara spricht mit diesen Versen ‚*mūdha mati*' an, den Narren. Wer sind die Narren? Er gibt die Antwort in einem anderen Zusammenhang: ‚*nāstiko mūdha ucyate*', das sind diejenigen, welche die Existenz Gottes leugnen. Die anderen, die von sich sagen können: ‚Ich bin nicht dieser vergängliche Körper. Ich bin nicht dieser schwache Verstand. Ich bin der unsterbliche, ewige, allwissende, alles umfassende Eine', sind leider in der Minderheit. Die meisten halten fest an der Meinung, sie hätten ihr Schicksal selbst in der Gewalt: ‚Ich bin der Kapitän meines Schiffes. Ich treffe selbst die Wahl, ob ich etwas mag oder nicht mag. Ich erfülle mir meine Wünsche durch eigene Anstrengung.' Solche sind Narren.

59 Woran festhalten?

Ein Mann pilgerte zu einem Waldheiligtum. Da geriet er in die Dunkelheit und kam vom Weg ab. Neben dem Weg klaffte ein tiefes Wasserloch. Er rutschte ab und fiel hinein, konnte sich aber an einer Wurzel über Wasser halten.

Bei Morgengrauen kam ein Mönch in der Nähe vorbei. Der Mann im Wasserloch hörte ihn, denn er sang ein Lied zum Lobe Gottes. Da rief er laut um Hilfe. Der Mönch eilte herbei und ließ ein starkes Seil hinab. Er rief ihm zu: „Halt dich am Seil fest, ich ziehe dich herauf!"

Einen Augenblick lang zweifelte der Pilger: Sollte er die Wurzel, die ihn so lange gehalten hatte, loslassen, um das Seil zu ergreifen? Welches von beiden war sicherer? Natürlich gab es nur *eine* Antwort.

Man soll sich nur so lange an der Wurzel festhalten, bis das Seil da ist. Wenn Gott erkannt ist, muß Karma wegfallen.

60 Habe für ein weiteres ‚Lebenslänglich'

Der Direktor eines Gefängnisses ließ einen der Gefangenen zu sich rufen und las ihm den Entlassungsbescheid vor. Dann sagte er ihm, er sei nun frei und müsse das Gefängnis innerhalb einer halben Stunde verlassen. „Nimm alles mit, was dir gehört, Bettzeug und Eßgeschirr und alle persönliche Habe." Da erwiderte der Häftling: „Meine Sachen lasse ich lieber hier. Ich komme doch bald wieder!"

So sind die meisten Menschen eingestellt: Sie zögern, das Gefängnis ‚irdisches Leben' endgültig zu verlassen, häufen in diesem Leben genügend frische karmische ‚Habe' an, um sich noch einmal ‚Lebenslänglich' einzuhandeln, und kommen bald zurück, um ihren Urteilsspruch abzusitzen.

61 Hausaufgabe

Ein Lehrer unterrichtete seine Schüler in Sprachlehre und Redekunst. Nach etlichen Stunden Unterricht sollten sie als Hausaufgabe selbst ein vierzeiliges Gedicht schreiben. Einem der Jungen fiel es besonders schwer, einen Reim zu finden. Schließlich hatte er die ersten beiden Zeilen zustande gebracht:

Der Mond verbreitet hell sein Licht.
Der Wurm den reifen Apfel sticht.

In seiner Verlegenheit schrieb er auch noch die beiden letzten Zeilen, die noch sinnloser waren als die ersten:

Das Essen schmeckt mir heute nicht!
Der Nachbar macht ein dumm's Gesicht!

Die Hausaufgabe hatte er erledigt, aber was für ein sinnloses, wertloses Ergebnis war dabei herausgekommen! Die meisten von euch gehen ihre Lebensaufgabe auf ebenso sinnlose Weise an!

62 Was hast du gelernt?

Ein gutgekleideter junger Herr war auf der Reise in sein Heimatdorf. An der Hochwasser führenden Godāvarī mußte er ein Fährboot besteigen.

Als das Boot abgelegt hatte, begann er eine lebhafte Unterhaltung mit dem Fährmann. Er fragte ihn, ob er eine Schulbildung genossen habe. Als der Fährmann verneinte, sagte er: „Wie schade! Dann ist ein Viertel deines Lebens schon vergeudet. Deine Jugend ist buchstäblich im Fluß baden gegangen!“ Beide schwiegen.

Nach einer Weile sprach der junge Mann den Fährmann wieder an: „Kannst du mir bitte sagen, wie spät es ist?“ Der Fährmann besaß keine Uhr und vermißte auch keine. Da stöhnte der junge Mann und meinte: „Wenn du die Zeit nicht kennst, ist nicht nur ein Viertel, sondern die Hälfte deines Lebens baden gegangen!“

Als nächstes wollte er wissen, ob der Fährmann die Nachrichten gelesen habe. Gab es vielleicht eine Zeitung, die er bevorzugte? Der antwortete, erstens könne er nicht lesen und zweitens sei er nicht an den Nachrichten interessiert. Seine eigenen Sorgen reichten ihm. „Was ist das für ein Leben?“ rief da der junge Mann. „Nicht nur das halbe, nein, drei Viertel deines Lebens hast du vergeudet!“ Wieder gab es eine längere Gesprächspause.

Inzwischen hatte sich der Himmel bezogen. Nun erhob sich ein Sturm. Die Wellen schlugen höher und höher. Da drehte der Fährmann sich besorgt zu dem jungen Mann um: „Kannst du schwimmen?“ Der war sehr verzweifelt: „Nein, schwimmen hab‘ ich nie gelernt!“ Der Fährmann wiegte bedauernd den Kopf: „Dann, fürchte ich, wird wohl dein ganzes Leben in die Godāvarī gehen!"

Das ist die Lage des gebildeten Indien. Das Wissen, welches den Menschen in Zeiten der Not hilft, ihr inneres Gleichgewicht zu bewahren und sich zu retten, hat man ihnen nicht vermittelt.

63 Katzen und Menschen

Eine Katzenmutter, so weiß man, trägt ihre neugeborenen Kätzchen, so lange ihre Augen noch geschlossen sind, siebenmal von einem Unterschlupf zum anderen. Wenn sie den siebenten erreicht haben, sind die Kätzchen meist so weit, daß sie ihre Augen öffnen und klar sehen.

Der Mensch wechselt sein Heim mit jeder Geburt. Aber seine Augen scheinen sich nicht der Wahrheit zu öffnen, auch wenn er noch so oft von einem Leben oder ‚Haus' in das nächste ‚umgezogen' ist.

64 Wie der Mensch reift

Eine grüne Mango, die erst wenige Wochen alt ist, essen wir nicht, weil sie einen unangenehm ätzenden Geschmack auf der Zunge hinterläßt. Nach einigen weiteren Wochen ist sie gewachsen, schmeckt aber noch sehr sauer. Doch sobald sie vollreif und leicht zu pflücken ist, verzehrt man sie mit Genuß, denn ihr Fleisch ist süß und von köstlichem Aroma.

Der Mensch hat viel Ähnlichkeit mit einer Mango: Der ätzende, unangenehme Geschmack der grünen Frucht entspricht dem frühen Entwicklungsstadium des Menschen, welches von Trägheit, Passivität und geistiger Dumpfheit gekennzeichnet ist. Er muß aber wachsam sein und sich nicht zufriedengeben mit diesem Zustand, sondern schon davon träumen und sich ausmalen, wie die Erfüllung des Lebens aussehen wird.

Danach schließt sich die Zeit der Leidenschaftlichkeit an, die der noch unreifen, sauren Mangofrucht entspricht. Auf dieser Entwicklungsstufe genießt der Mensch seine Macht über andere, verfolgt wie besessen die Befriedigung seiner Wünsche und brüstet sich seiner Gier und seines Hasses. Aber auch in diesem Stadium muß er wachsam sein, im richtigen Augenblick die Zügel straffen und seine Leidenschaften und falschen Vorstellungen unter Kontrolle bringen.

Durch Selbstbeherrschung reift er heran zu einem Zustand der Ausgeglichenheit und Gelassenheit und ähnelt dann der süßen, ausgereiften, gern genossenen Mango.

65 Die drei Fische

In einem Teich lebten einmal drei Fische. Der eine Fisch sprach zu den beiden anderen: „Der Wasserstand unseres Teiches sinkt immer mehr! Wahrscheinlich ist er bald ganz ausgetrocknet! Laßt uns, bevor es zu spät ist, in einen anderen Teich auswandern, in dem das Wasser nie zu Ende geht, denn es könnte sein, daß bald der Fischer kommt und uns fängt!"

Der zweite Fisch antwortete: „Ach was, wir haben noch viel Zeit! Sicher regnet es bald, und überhaupt – unser Teich trocknet sicher nie aus." Der dritte sagte: „Du machst dir mal wieder unnötig Sorgen! So bist du immer schon gewesen! Kein Fischer ahnt etwas davon, daß wir hier sind. Freu dich doch deines Lebens!"

Nun begann der erste Fisch an sich selbst zu zweifeln: Sollten die beiden anderen vielleicht doch recht haben? Und so kam es, daß er ihr Schicksal teilen mußte: Wie vorauszusehen gewesen war, kam der Fischer, fing die drei, briet und aß sie.

Unser Leben ist der Fischteich, unsere Lebensspanne das Wasser. Die drei Fische sind die drei Grundeigenschaften (*gunas*) der menschlichen Natur: Trägheit (*tamas*), Leidenschaftlichkeit (*rajas*) und Ausgewogenheit (*sattva*). Die Neigung zur Reinheit und zur Harmonie (*sattva*) führt immer auf den Weg zum Guten und hilft, sich auf das Ewige, Dauerhafte zu konzentrieren. Der Fisch ‚*Sattvaguna*' hat den Drang, sich zu retten, noch ehe der Wasserstand auf den Nullpunkt gesunken ist. Er hat stets das Gute und Erhebende im Sinn.

Das Wasser haben wir mit der Länge des Lebens verglichen: Tag für Tag wird es weniger, und der Tod kann jederzeit eintreten. Der Fischer in unserer Geschichte steht für den Tod. Trägheit und Leidenschaftlichkeit sind die Gegenspieler der Ausgewogenheit und Güte und bewirken, daß ihre Verdienste zunichte gemacht werden. Leidenschaftlichkeit und Trägheit verleiten unsere Sinne und führen uns zu verhängnisvollem Verhalten.

Daher müssen wir zunächst versuchen, unsere Impulse, die uns in Trägheit verharren oder in Leidenschaft ausbrechen lassen wollen, unter Kontrolle zu bringen, das heißt, wir müssen unsere Sinne beherrschen. Es gibt geeignete Methoden, mit deren Hilfe sie sich meistern lassen. Haltet euch stets an eure Neigung zu Ausgeglichenheit und Güte!

66 Die letzte Zuflucht

Einer, der nach spiritueller Selbstverwirklichung strebte, zog in den Urwald. Munter marschierte er aufs Geratewohl durch die Gegend, in der es von wilden Tieren wimmelte. Im dichtesten Gestrüpp vernahm er plötzlich drohendes Fauchen. Offensichtlich war er einem Löwen zu nahe gekommen! Geschwind kletterte er auf einen Baum, um sich in Sicherheit zu bringen. Der Löwe verfolgte ihn und strich erregt um den Stamm herum.

Aber was sah er zu seinem Schrecken? Oben im Baum saß ein Bär, der drohend knurrte und sich anschickte, ihn anzugreifen. Glücklicherweise war der Baum ein Banyanbaum mit starken Luftwurzeln. Unser Aspirant ergriff zwei davon und ließ sich ein Stück hinabgleiten. So hing er nun zwischen Himmel und Erde, mit beiden Händen fest an die Luftwurzeln geklammert.

Wie er aber hinaufschaute, sah er zu seinem Entsetzen zwei Ratten, eine schwarze und eine weiße, die an den Seilen nagten, an welchen sein Leben hing.

In dieser gefährlichen Lage bemerkte er oben im Geäst eine Honigwabe, von der einige Tropfen Nektar ganz in seiner Nähe heruntertropften. Er streckte seine Zunge aus, um ein paar Tropfen zu erhaschen, aber die Entfernung war zu groß.

Verzweiflung packte ihn, und er rief nach dem Meister: „Ach, komm geliebter Meister, komm und rette mich!“ Der Meister hörte seinen Ruf und eilte mit Pfeil und Bogen herbei, um ihn zu retten. Er erlegte Löwe und Bär, jagte die Ratten davon und erlöste seinen Jünger von Furcht und drohendem Tod. Dann führte er ihn in sein Haus und lehrte ihn den Pfad der Befreiung.

Diese Geschichte ist deine Geschichte! Die Welt ist der Urwald. Dein Gefühl der Unsicherheit ist der Löwe, welcher dich auf den Baum der irdischen Bindungen (*samsāra*) treibt, denn deine Furcht vor Unsicherheit macht, daß du dich in Abhängigkeiten stürzt. Die Sorge ist der Bär, der dich zurückschrecken und zaudern läßt und dir den Mut nimmt, weiterzugehen. Darum gleitest du über die beiden Seile Hoffnung und Enttäuschung ab in unlösbare Verstrickung.

Die beiden Ratten sind Tag und Nacht, die deinen Lebensfaden ständig kürzer werden lassen. Mitten in Bedrängnis und Not versuchst du, doch ein wenig Freude zu kosten in Gestalt der süßen Tropfen, die Ich-sucht und Zugehörigkeitsgefühl zu Menschen und Dingen dir bereiten. Da du aber merkst, daß diese Tropfen eine Illusion sind, die sich nicht verwirklichen läßt, gibst du den aussichtslosen Kampf schließlich auf und rufst nach dem Meister. Daraufhin tritt der Meister in dein Leben, entweder von innen oder von außen kommend, und erlöst dich aus Angst und Not.

67 Deine Gaben

Dein Leben ist dir gegeben, damit du nach Gott suchst und nicht aufhörst, Ihn zu suchen. Wozu sind deine Augen da? Damit du den Höchsten siehst, den allgegenwärtigen Gott. Deine Beine sollen dir dazu dienen, zur Wohnung Gottes zu gehen. Deine Hände sollen Gott die Blüten deiner Anbetung darbringen. Du bist mit Verstand gesegnet, damit du erkennst, daß alles, was du um dich herum siehst, zeitliche, vergängliche Erscheinung ist. Dein Mund soll den Lobpreis Gottes singen. Mit deinen Ohren sollst du das Lob von der Größe Gottes vernehmen. Du hast einen menschlicher Körper erhalten, damit du anderen Gutes tust. Solltest du so ausgestattet nicht alle göttliche Lehren und Gebote in die Tat umsetzen können? Lege deinen Eigensinn Gott zu Füßen, der in deinem Herzen zu Hause ist.

68 Der wahre Wert ist unbekannt

Einem Mann war die Uhr stehengeblieben, also brachte er sie zum Uhrmacher, aber der sagte, sie sei ein altes Stück, und sie in Ordnung zu bringen würde mindestens doppelt soviel kosten wie ihr Anschaffungspreis betragen habe. Der Kunde erklärte sich bereit, soviel dafür auszugeben.

Der Uhrmacher dachte sich, diese alte Uhr müsse ihrem Besitzer wohl viel bedeuten; sicher sei es ein Erbstück von ideellem Wert. Er ersetzte ihre schadhaften Teile, reinigte sie und brachte sie wieder zum Gehen. Als der Kunde wiederkam, verlangte der Uhrmacher die Reparaturkosten: „Wie wir vereinbart haben: zweimal den Anschaffungspreis, bitte!“ Da holte der andere aus und gab ihm zwei Ohrfeigen.

Die Leute, die die Szene beobachtet hatten, riefen den nächsten Polizisten herbei. Der packte ihn und rief: „Warum haben Sie den Uhrmacher geschlagen?“ Der Mann antwortete ganz ruhig: „Lassen Sie mich los! Der Uhrmacher verlangte von mir das Doppelte des Anschaffungspreises. Ich habe die

Uhr aber gar nicht gekauft, sondern sie jemandem weggenommen. Der hat dafür einen Schlag ins Gesicht bekommen. Also hat der Uhrmacher den korrekten Lohn erhalten!"

Hätte der Kunde den wahren Wert seiner Uhr gekannt, hätte er sie vermutlich nicht so leichtfertig in Reparatur gegeben. Ähnlich geht es heute den meisten Menschen mit ihrem Körper: man unterschätzt seinen Wert und mißbraucht ihn ohne Sinn und Verstand.

Wer glaubt, er hätte seinen menschlichen Körper eher durch eine Art Versehen als zu einem bestimmten Zweck bekommen, wer meint, sein Körper sei dazu da, mit Essen und Trinken und anderen Vergnügungen gefüttert zu werden bis er dahinschwindet und stirbt, befindet sich in einem tragischen Irrtum.

Es ist grundverkehrt, das Leben auf solch gedankenlose Weise zu vergeuden. Unter all den verschiedenen Kreaturen, welche die Erde bevölkern, als Mensch geboren zu werden, ist sehr schwer. Hat man die heilige Geburt als Mensch erlangt, sollte man sich nicht mehr wie ein Tier verhalten, denn damit vergeudet man das kostbare Geschenk Gottes. Jeder muß letztlich die Höchste Wahrheit erkennen, daß das göttliche Selbst in allen wohnt. Erst durch diese Erkenntnis kann man seiner menschlichen Geburt gerecht werden und die Unwissenheit vertreiben. (Ch.K.I)

69 Licht und Finsternis

Über den Ursprung des Dīpāvali-Festes gibt es viele Legenden. Die am weitesten verbreitete handelt von dem Dämonen Naraka, der an diesem Tag von Lord Krishna in Begleitung Seiner Gefährtin Satyabhāmā (oder Satya) in der Schlacht getötet wurde.

Naraka war der Sohn der Mutter Erde, *Bhūmāta*. Sie war es, die sich vom Herrn die Gunst erbat, diesen Tag feierlich begehen zu dürfen zum Andenken an ihren Sohn. Dieser Tag sollte als ein Tag des Lichtes und der Freude gefeiert werden, welche alle miteinander teilen sollen. Deshalb werden heute abend in ganz Indien Tausende von kleinen Lampen angezündet. Leider werden aber nur wenige Lampen in den Herzen angezündet, um die Dunkelheit zu verteiben, die im Innern noch schwerer lastet als im Äußeren.

Laßt uns darüber nachdenken, wer eigentlich mit diesem Dämonen Naraka gemeint ist. Er wird als Tyrann beschrieben, der weder die Ältesten noch die Heiligen ehrte. Besessen von Gier und wildem Landhunger fiel er ohne jede Vorwarnung raubend und plündernd in die Nachbarländer ein, entführte Prinzessinnen und andere Frauen zu Hunderten und warf sie skrupellos in finstere Verliese. Niemals bereute er auch nur eines seiner vielen Verbrechen, die er vorwiegend an Frauen beging.

Als die guten Menschen sich keinen Rat mehr wußten, wandten sie sich an Krishna, Er möge ihnen gegen Naraka beistehen. Da fiel Krishna in sein Königreich ein und belagerte seine Hauptstadt. Als Er Narakas Heer geschlagen hatte, erlaubte Krishna Seiner Gefährtin Satya, Naraka auf dem Schlachtfeld zu töten.

Diese Legende hat eine tiefe Bedeutung, die ihr kennen lernen sollt. Naraka ist ein Dämon, ein *Asura*. Seine Hauptstadt heißt *Prāg-jyoti-sha-pura*. ‚*Prāg*' bedeutet ‚das Erste,

Ursprüngliche', *,jyoti'* heißt ,Licht', *,sha'* heißt ,vergessen' oder ,nicht beachten' und *,pura'* bedeutet ,Stadt'. Der Name der Stadt bedeutet demnach: ,Wohnstätte derer, welche das ursprüngliche Licht vergessen haben'. Es handelt sich also um die Stätte derjenigen, die nichts vom Licht des innewohnenden Gottes (*ātman*) wissen oder wissen wollen. Kein Wunder, daß es lüsterne, haßerfüllte, habgierige, neidische und selbstsüchtige Dämonen sind!

Die Bewohner von Prāgjyotishapura waren so sehr ihren Sünden verfallen, daß Krishna ihnen nicht die Ehre geben wollte, von Seiner eigenen Hand zu fallen. Er ließ sie durch Seine Gefährtin töten. Solch abgrundtiefe Unwissenheit kann nur durch das Schwert der Wahrheit (*satya*) zerstört werden.

Selbstsucht stammt aus der Materie, der Erde. Sie gehört dem irdischen Reich an, nicht dem himmlischen. Deshalb ist Naraka der Sohn der Erde. Er heißt *,Nara-ka'*. *,Nara'* bedeutet ,Mensch'. Nara, Mensch (man) ist einer, der das Wesen seines Gemütes (*manas*) erkannt hat. Er praktiziert *,manana'* (d.h. er überdenkt kritisch, was er gehört und gelernt hat). *,Naraka'* dagegen heißt ,Hölle' und ist daher der angemessene Name für einen, der sich mit seinem Körper identifiziert und nur darauf bedacht ist, die Bedürfnisse und Begierden seines Körpers zu befriedigen.

Wenn jemand zunimmt an körperlicher Stärke, an finanzieller Kraft, an intellektuellem Wissen und Schärfe des Verstandes, wenn er dazu noch an politischer Macht gewinnt, dabei aber nicht in spiritueller Hinsicht wächst, wird er zu einer Gefahr für die Gesellschaft und für sich selbst. Er wird zu einem ,Naraka', wird sich selbst, seinen Nachbarn und seiner Familie zur Hölle. Er nimmt nur die Unterschiede, die Vielfalt wahr, aber nicht das Gemeinsame, das Eine, alles Vereinende. Das verlockende Schillern der Vielfalt zieht ihn ins Verderben.

Asuras haben im Sanskrit noch einen anderen Namen: *,Naktamcaras'*. Das sind diejenigen, welche im Dunkeln leben. Diese Bezeichnung trifft auf ihren bedauernswerten Zustand zu, denn sie sehen kein Licht, das sie leiten könnte.

Dabei merken sie nicht einmal, daß sie im Dunkeln sind, denn das Licht ist ihnen unbekannt, und darum bitten sie auch gar nicht darum. Ihr Verstand ist zum Sklaven ihrer Leidenschaften und ihrer Sinne geworden, obwohl er doch eigentlich ihr Herr und Gebieter sein sollte.

Wenn dann aber die Wahrheit vor ihnen auftaucht und sie überwältigt, erkennen sie schlagartig das Eine und verschmelzen selig mit Ihm!

Die Lampe ist nicht nur Symbol des Wissens und der Wahrheit, sondern auch des innewohnenden Göttlichen Selbst, des Ātman. Der Ātman leuchtet in den vielfältigen Objekten der Erscheinungswelt und durch sie hindurch. Mit einer Lampe kann man tausend andere anzünden, ohne daß sie deswegen weniger hell leuchtet. Ebenso erleuchtet der Ātman auch die Menschenseele (*jīva*) und scheint in ihr und durch sie hindurch, ohne auch nur eine Spur seiner Leuchtkraft einzubüßen. Ātman ist die Ursache, alles andere ist Wirkung.

Naraka wähnte frei zu sein in allem was er tat, aber er folgte dabei dem Diktat seiner Emotionen und Leidenschaften. Die Upanischaden appellieren an den Menschen, den Urwald des Lebens mutig und königlich wie der Löwe zu durchwandern und nicht wie ein in Panik geratendes, ängstliches Schaf, das es kaum wagt, seinen Kopf zu heben.

Tretet mutig und entschlossen den sechs Feinden entgegen, die wütend am Herzen des Menschen nagen: Lust, Zorn, Verhaftung, Stolz, Haß und Habsucht – und seid Mensch, Nara, und nicht Naraka, welcher sich vor diesen Feinden beugt und sie zu besänftigen sucht, indem er ihrem Begehren nachgibt.

70 Wenn die Wahrheit auszieht

Vor langer Zeit lebte ein König namens Satyavrata. Er hieß so, weil *Satya*, die Wahrheit, seine Lebensart, sein Ziel und seine ständige Gefährtin war. Es erfüllte ihn mit größter Freude, sich immer an die Wahrheit zu halten.

Eines Tages schritt er während der heiligen Stunde vor Sonnenaufgang allein durch das Löwentor seiner Stadt, um ein Bad im heiligen Fluß zu nehmen, denn der Tag war nach dem Kalender glückverheißend und besonders geeignet für ein solches Unterfangen.

Im Torgang bemerkte er eine helle, von einem strahlenden Lichterkranz umgebene weibliche Gestalt, die wie er zur Stadt hinausging. Sie war eine so ungewöhnliche Erscheinung, daß er fragte, wer sie sei. Sie stellte sich vor als die Göttin des Wohlstands, *Dhanalakshmī*. „Ich habe nun schon lange in diesen Gemäuern gewohnt und möchte mich gerne verändern. Überdies ist es meine Gewohnheit, nie sehr lange an ein und demselben Ort zu bleiben." Satyavrata sagte: „Wie schade! Aber geh nur! Ich kann dich nicht daran hindern. Laß dich nicht aufhalten."

Gleich darauf sah er eine strahlende männliche Gestalt das Tor durchschreiten und hielt ihn an: „Wer bist du, und warum verläßt du die Stadt?" „Ich bin der Gott der Mildtätigkeit", entgegnete jener, „wenn Dhanalakshmī gegangen ist, wird niemand mir mehr huldigen können. Was für einen Sinn hat es dann für mich zu bleiben?" Der König erlaubte auch ihm zu gehen, und er zog seines Weges.

Nach wenigen Minuten verließ ein anderer, zauberhaft schöner Jüngling die Stadt. Der König erfuhr von ihm, er sei *Sadācāra*, die Gottheit, die für die gute Ordnung in den zwischenmenschlichen Beziehungen sorgt. „Wie können die Menschen sich untereinander richtig verhalten, wenn es ihnen an Wohlstand mangelt und sie keine Mildtätigkeit üben können?" fragte er. „Wenn diese beiden die Stadt verlassen haben, kann auch ich gehen." Der König mußte ihm recht geben, und so ging auch Sadācāra seines Weges.

Der nächste, der aus der Königsstadt auszog, war der Ruhm. Er beklagte den Weggang der anderen drei und sagte: „Wie sollen der gute Ruf einer Stadt und ihr Ruhm bestehen bleiben, wenn es weder Wohlstand noch Mildtätigkeit noch gute soziale Beziehungen gibt?“ Der König ließ auch ihn widerspruchslos gehen.

Inzwischen hatte sich eine Gestalt dem Tor genähert, die einen unvergleichlich starken Glanz ausstrahlte. Auch sie wollte die Stadt verlassen. Auf die Frage des Königs antwortete sie: „Ich bin *Satya*, die Wahrheit.“ Da warf sich der König zu Boden und flehte sie an zu bleiben: „Dein Verlust wäre nicht zu verschmerzen! Ohne dich ist das Leben nicht mehr lebenswert! Ich bitte dich, geh nicht fort! Bleib in der Stadt, im Reich, im Herrscherhaus und in den Familien!“

Auf das inständige Bitten und Flehen des Königs hin beschloß die Wahrheit zu bleiben. Und so geschah es, daß auch der Ruhm sehr bald wieder zurückkehrte, denn Wahrheit ist Grund genug, um den Ruhm aufblühen zu lassen. Auch die gute Gesellschaftsordnung kam zurück und gedieh. Daraufhin kamen auch die Mildtätigkeit und der Wohlstand wieder und ließen sich fest im Königreich nieder. Ihnen allen gefiel es, im Glanz der Wahrheit zu wohnen.

71 Wahrheit war der Grundsatz des Sai Baba von Shirdi

Ich denke an vergangene Ereignisse: Ereignisse, die sich in meiner früheren Inkarnation abspielten. Schon damals, als Sai Baba von Shirdi, war die Wahrheit, die Übereinstimmung von Wort und Tat, mein Grundsatz.

Eines Tages forderte mich ein Ringkämpfer zum Kampf heraus. Vor versammelter Menge erlitt er eine Niederlage. Diese Schmach wollte er nicht auf sich sitzen lassen, darum forderte er Baba zu einem Wiederholungskampf heraus, der am nächsten Tag stattfinden sollte. Damit wollte er seinen verlorenen Ruf wiederherstellen. Der Ringer gelobte, daß er im Falle einer erneuten Niederlage fortan einen langen, groben Kaftan tragen und seinen Kopf mit einem Tuch umwickeln würde. Er bestand darauf, Baba müsse das gleiche geloben.

Baba aber verspürte keinerlei Neigung, sich noch einmal in den Ring zu begeben. Er war bereit, dem Burschen den Sieg zu schenken, den er so heiß begehrte. Und so erklärte er sich als besiegt und legte selbst Kaftan und Kopfwickel an.

Nun überkam den Ringer die Reue, und seine Wichtigtuerei war mit einem Mal wie weggeblasen. Er bat Baba inständig, er möge doch wieder seine gewohnte Kleidung anlegen, und entband ihn seines Gelübdes. Aber Baba hielt an seinem einmal gegebenen Wort fest. Er war die Wahrheit selbst. Von da an trug er die neue Tracht.

72 Gott ist immer hinter dir

Zu einem Menschen, der Ihn liebte, sprach der Herr: „Sei unbesorgt! Ich bin immer hinter dir!" Einmal wollte dieser Mensch prüfen, ob der Herr auch die Wahrheit gesagt habe. Ungläubig drehte er sich blitzschnell um. Natürlich konnte er Ihn nicht erblicken! Da fragte er Ihn, warum Er nicht dagewesen sei, wie Er es doch eigentlich versprochen hatte. Der Herr antwortete: „Als du dich umdrehtest, drehte auch Ich mich gleichzeitig mit dir und blieb ständig hinter dir, wie ich es dir zugesagt hatte! Du konntest mich unmöglich sehen!"

Gott ist die Wahrheit, Wahrheit ist Sein Wesen, Sein Erkennungszeichen, Sein Atem.

73 Ayodhyā für Rāvana

Während des Krieges zwischen Rāma und Rāvana geschah es, daß Vibhīshana, ein Dämonenprinz und leiblicher Bruder des Erzfeindes Rāvana, als Flüchtling in Rāmas Heereslager kam und um Schutz bat. Rāma war sofort bereit, ihn aufzunehmen, obwohl Seine Gefolgsleute dagegen protestierten. Er sagte: „Meinen Eid breche ich nicht. Ich habe geschworen, alle, die bei mir Zuflucht suchen, aufzunehmen." Dann segnete Er Vibhīshana und sagte ihm noch eine weitere Gnade zu: Er versprach ihm die Krone von Lankā, womit Er aber voraussetzte, daß Rāvana, der ältere Bruder Vibhīshanas, in dem unvermeidbaren Kampf Thron und Leben verlieren würde.

Das verwunderte Sugrīva: „Herr!", sagte er, „wenn nun morgen Rāvana kommt, sich ergibt und Dich um Vergebung seiner Schandtaten bittet, kannst Du ihn unmöglich von Lankās Thron stoßen!" Rāma lächelte und zerstreute seine Bedenken: „Mein Wort gilt. Was immer auch geschehen mag, Vibhīshana wird Herrscher von Lankā sein! Wenn Rāvana sich ergeben sollte, werden Bharatha und ich ihm den Thron von Ayodhyā überlassen."

74 Das Gelübde

Es war einmal ein frommer Mann, der ein Asket werden wollte. Er nahm sich vor, zwei Grundsätzen unter allen Umständen treu zu bleiben: Erstens: niemals würde er je einem Lebewesen Leid zufügen. Zweitens: niemals würde er je eine Lüge aussprechen.

Er zog sich in den Wald zurück und übte sich in Askese. Als er eines Nachmittags vor seiner Hütte saß und betete, der Herr möge ihm helfen, seine Gelübde einzuhalten, sprang ein Reh in großen Sätzen an ihm vorbei und schlüpfte in das Gebüsch hinter seiner Hütte. Anscheinend suchte es Deckung vor seinen Verfolgern.

Wirklich kamen nach wenigen Minuten Jäger. Sie sprachen den Asketen an: „Sag, ist hier nicht gerade ein Reh vorbeigekommen? Hast du gesehen, wo es sich versteckt hat?"

Nun saß er in der Klemme: Sagte er die Wahrheit und verriete ihnen, daß es sich im Gebüsch versteckt hatte, würden sie es töten. Damit hätte er gegen sein erstes Gelübde verstoßen. Schützte er das Reh und sagte, er habe es nicht gesehen, würde er gegen sein zweites Gelübde verstoßen.

Da verfiel er auf eine List: Langsam und bedächtig sagte er: „Das Auge, das sieht, kann nicht sprechen. Die Zunge, die sprechen kann, sieht nichts. Ich kann das Auge nicht zum Sprechen bringen und die Zunge nicht zum Sehen.“ Achselzuckend gingen die Jäger weiter. Das Reh war gerettet, und der fromme Mann hatte nicht gegen seine Gelübde verstoßen.

MACHT DER TÄUSCHUNGSKRAFT

75 Einbildung

Ein frommer Pilger steigt in die Fluten des heiligen Flusses, taucht ein in das Leib und Seele reinigende Wasser, schöpft davon mit der hohlen Hand und trinkt voll Andacht. Plötzlich durchfährt ihn ein Schrecken: ‚Hat sich da nicht gerade etwas bewegt? Sah es nicht aus wie eine Kaulquappe? Oh weh, jetzt habe ich eine Kaulquappe bei lebendigem Leibe verschluckt!‘, denkt er, und Angst befällt ihn.

Tatsächlich entwickelt er im Laufe des Tages Symptome einer Vergiftung. Da kommt eine kluge Frau und verspricht ihn zu heilen. Sie läßt heimlich eine Kaulquappe herbeischaffen, bringt den Mann dazu, sich zu erbrechen und schmuggelt das Tierchen in das Erbrochene hinein. Als der Mann die Kaulquappe erblickt, die angeblich aus seinem Magen herauskam, atmet er erleichtert auf, ist zufrieden und wird gesund.

Die Menschen leben in einer ähnlichen Täuschung. Sie leiden an vielem, was in Wirklichkeit nur die Folge der Einbildung ist.

76 Die Decken von Māyā und der Bär

Zur Regenzeit weidete eine Gruppe von Jungen am Flußufer ihre Kühe. Es hatte stark geregnet, und im oberen Flußlauf bildete sich eine Flutwelle. Ein Bär, der dort im seichten Wasser gespielt hatte, wurde von der Welle erfaßt und mitgerissen.

Einer der Jungen erspähte die haarige Masse mitten im Fluß: „Da treiben ja Decken im Fluß! Ich hole sie heraus!" rief er freudig und sprang mit einem Satz hinein. In der Annahme, er habe es mit einem Bündel Bettdecken zu tun, umarmte er den Bär. Auch der Bär umschlang den Jungen mit beiden Armen. Wie sehr der Junge auch kämpfte, um sich aus der Umklammerung zu befreien – es wollte ihm nicht gelingen: Der Bär war zu stark. Die anderen Jungen riefen ungeduldig: „Laß doch die Decken los und komm heraus!" Der Junge schrie zurück: „Ich will sie ja loslassen, aber sie lassen mich nicht!"

Im Fluß des Lebens treibt *Māyā*, die Illusion, wie der Bär in der Geschichte. Wir halten sie fälschlicherweise für eine wärmende, schützende Hülle. In der Hoffnung, sie würde uns Geborgenheit, Trost und Zufriedenheit spenden, springen wir ins Wasser, um ihrer habhaft zu werden. Später dann, wenn wir versuchen, uns aus ihrer Umklammerung zu lösen, merken wir, daß es nicht mehr geht.

Māyā ist der Schein der bunten Vielfalt, aber das Göttliche Prinzip ist das unveränderliche Eine. Die Lehre vom ‚eigenschaftsbehafteten Nicht-Dualismus' (*vishisht-advaita*) verkündet seit undenklichen Zeiten, daß es nur eine Schöpferkraft (*purusha*) gibt, und die ist das Eine hinter der Vielfalt und Verschiedenheit der Formen.

77 Zauberei

Im Kampf gegen Seinen ruchlosen Oheim Kansa tauchte Krishna, der damals ein kleiner Junge von sieben Jahren war, einmal auf der einen Seite, im nächsten Augenblick auf der anderen, zuweilen sogar überall gleichzeitig auf. Das verwirrte Kansa vollends: „Krishna! Du Flegel!“ schrie er wütend, „hör sofort auf mit diesen unfairen Zaubertricks!“ Und in seiner Vermessenheit prahlte er: „Was vermagst du schon mit deiner lächerlichen Zauberkraft auszurichten? Verglichen mit der Kraft meiner Schultern ist sie ein Nichts, ein winziger Tropfen gegen einen heißen Stein!“ Als Krishna dann über ihn kam, ihn zu Boden zwang, sich auf seine Brust setzte und seine Kehle im tödlichen Griff hatte, jammerte Kansa: „Oh, ich sterbe!“ Da entgegnete Krishna: „Oheim, dies ist doch nur ein Zaubertrick, nichts als Zauberei!“

78 Die erstaunlichste Sache der Welt

Einst fragte Brahmā den weisen Götterboten Nārada, was ihm bei seinen vielen Begegnungen mit den Menschen als besonders merkwürdig aufgefallen sei. Da antwortete Nārada: „Am meisten verwundert mich, daß die Sterbenden die Gestorbenen beweinen. Diejenigen, die selbst mit jedem Atemzug dem Tod näherkommen, trauern um jene, welche schon hinübergegangen sind. Als ob ihre Tränen irgendetwas verändern könnten, sei es nun, daß sie die Toten wiederbelebten oder daß sie das eigene Sterben verhinderten!“

Aber damit war Brahmā noch nicht zufrieden. Er bat Nārada, noch eine weitere Tatsache zu nennen, die ihn überrascht hätte. Nach kurzem Nachdenken sagte dieser: „Etwas anderes, was mich sehr verwundert, ist die Tatsache, daß jeder Mensch die Folgen der bösen Tat fürchtet, daß aber dennoch alle damit fortfahren, Böses zu tun! Aber nicht genug damit: Jeder möchte gerne die Früchte der guten Tat genießen, und doch entschließt sich fast niemand dazu, Gutes zu tun!“

79 Wo ist der Schatz versteckt?

Einst pilgerte ein reicher Kaufmann zu einem Heiligtum, um dort an einem Fest teilzunehmen. Ein Dieb, der es auf seine Geldbörse abgesehen hatte, heftete sich an seine Fersen, gab aber vor, auch ein Pilger zu sein.

Zur Nacht fanden sie Herberge in einem großen Schlafsaal. Als alles schlief, erhob sich der Dieb und fing an, nach der Geldbörse zu suchen, aber so gründlich er auch alle Kleider und Taschen durchwühlte – er fand sie nicht.

Als die Schläfer bei Tagesanbruch allmählich wach wurden, flüsterte er dem Kaufmann hinter vorgehaltener Hand ins Ohr: „Hast du es gemerkt? Die Nacht war unruhig. Es gibt anscheinend Diebe hier im Saal. Ich hoffe, du hast dein Geld gut versteckt, damit es dir niemand stehlen kann!" „Natürlich habe ich es gut versteckt", wisperte der Kaufmann, „es liegt unter deinem Kopfkissen. Schau, wie sicher es dort war!" Mit diesen Worten zog er die Börse unter dem Kissen des Diebes hervor und steckte sie ein.

Gott ist wie dieser Kaufmann. Er hat die Börse, die das ganze Glück der Welt enthält, im Kopf des Menschen versteckt. Aber der Mensch ist sich dessen nicht bewußt und sucht es außen.

80 Das Ego hat leichtes Spiel

Der Weise Vishvāmitra zweifelte nicht daran, daß Rāma eine Inkarnation Gottes war. Er wußte, daß Gott in Rāma menschliche Gestalt angenommen hatte, um dämonische Mächte und Individuen zu vernichten. Er war überzeugt, daß Rāma es war, der die Dämonen fernhielt, wenn er, Vishvāmitra, ein heiliges Opferfest vollzog. Er war sicher, daß Rāma auf dem Schlachtfeld unbesiegbar war. Rāmas Göttlichkeit war in Vishvāmitras Augen vollkommen und uneingeschränkt.

Trotz seiner großen Weisheit aber war er ein Opfer seines Egos! Sein Ego wurde nämlich dadurch groß gehalten, daß er einige Waffen besaß, die er dadurch aktivieren konnte, daß er bestimmte geheime Formeln aussprach. Er war außerdem stolz auf seine Kenntnisse von Zauberformeln, die absoluten Schutz verliehen. Aus diesem Stolz heraus bot er Rāma eines Tages an, Ihn den Gebrauch seiner Waffen und Formeln zu lehren!

Māyā, die göttliche Täuschungskraft, hatte leichtes Spiel mit seinem Ego. Aber Rāma spielte mit und störte sich nicht an den Schrullen des alten Weisen. Schließlich war Er selbst der Urheber der Verblendung Vishvāmitras!

Sicher hat Er die Zauberformeln, welche Vishvāmitra Ihm vorsprach, mit einem leichten Glucksen nachgesprochen!

VERBLENDUNG

81 Alles, was der Herr tut, hat eine tiefere Bedeutung

Während der Schlacht auf dem Kurukshetra Feld verletzte Krishna einmal Arjunas Stolz.

Es war an einem Abend gegen Ende des Krieges. Alles sprach dafür, daß die Pāndavas siegen würden. Arjuna war in Hochstimmung. Da schlich sich in seine Freude über den nahen Triumph auch so etwas wie Stolz darüber ein, daß Krishna, der Herr, sein Wagenlenker war und sich somit zu seinem ‚Bediensteten‘ erniedrigt hatte.

Als der Streitwagen zum Stehen gekommen war, meinte Arjuna: „Krishna, du als Wagenlenker und Diener mußt zuerst abspringen. Ich als waffenführender Krieger bin dir rangmäßig übergeordnet und werde dir folgen." Aber Krishna entgegnete: „Nein, Arjuna, du springst als erster ab!"

Arjuna wandte ein: „Sollten wir uns nicht besser der Sitte fügen und die Rangordnung einhalten?" Aber Krishna blieb hartnäckig. Alles Protestieren, Bitten und Betteln half nichts. Schließlich schluckte Arjuna seinen Stolz hinunter und stieg als erster ab. Als er sich ein paar Schritte vom Wagen entfernt hatte, sprang auch Krishna ab. Augenblicklich ging der ganze Wagen in Flammen auf!

Nun konnte Krishna ihm den Grund seines Verhaltens erklären: „Alle Flammenpfeile und brennenden Geschosse, die unseren Wagen trafen, blieben unwirksam, solange Ich darauf saß. Als Ich aber abstieg, konnten sie den Wagen sofort in Brand setzen. Siehst du nun, daß es mit allem, was Ich tue und sage, eine besondere Bewandtnis hat, die ihr Sterblichen nicht ahnen könnt?"

Das Ego ist ein starker Gegner. Es bedarf großer und stetiger Wachsamkeit, es zu besiegen.

82 Onam

Am Onam-Fest wird des Tages gedacht, an dem König Bali gedemütigt und gleichzeitig gesegnet wurde von Gott in der Gestalt des Avatars Vāmana.

Bali nannte sich Herrscher der drei Welten, denn keiner konnte ihn an Kraft (*bala*) übertreffen. Sein Stolz und seine Selbstherrlichkeit kannten keine Grenzen.

Während Bali ein großes Opferfest abhielt, kam Gott in der Gestalt Vāmanas, des Zwerges, zu ihm. König Bali hielt ihn für einen Brahmanenjungen und fragte ihn, der Sitte entsprechend, ob er sich etwas von ihm wünsche. Vāmana bat ihn um soviel Land, wie er mit drei Schritten abmessen könne. Da lachte Bali und sagte, er dürfe sich viel mehr wünschen, denn er habe mehr als genug von allem! Aber der kleine Brahmane wollte nicht mehr.

Inzwischen hatte der Lehrer und Meister des Königs den

Zwerg erkannt und warnte seinen Herrn, er möge nicht so leichtsinnig sein, denn höchstwahrscheinlich habe er es mit Gott selbst zu tun. Das ließ Balis Stolz noch mehr anschwellen: Wenn Gott selbst zu ihm gekommen war, um sich beschenken zu lassen, besagte das nicht, daß Bali sogar Gott an Macht und Herrschaft übertraf?

Sein Stolz war schnell gebrochen: Vāmana nahm Seine kosmische Gestalt an, und mit dem ersten Schritt dehnte Er sich aus über die ganze Erde. Mit dem zweiten Schritt bedeckte Er das Weltall und die Universen mit allem, was darinnen war. Wohin hätte Er den dritten Schritt setzen sollen? Da bot Ihm Bali sein eigenes Haupt dar: „Setze Deinen Fuß auf mich. Ich bin Dein.“

Fortan mußte Bali in der Unterwelt leben. Onam ist der Tag, an dem Vāmana als göttliche Inkarnation auftrat, um der Menschheit die Lehre zu erteilen, daß Stolz zum Untergang führt. Als Balis Selbstherrlichkeit auf diese Weise gebrochen war, war er geläutert. Da segnete Gott ihn und erfüllte ihm seine Wünsche. Er versprach ihm, Er werde stets seine Zuflucht und sein Schutz sein. Einmal im Jahr, am Onam-Tag, ist es ihm gestattet, aus der Unterwelt aufzusteigen, sein Reich zu betrachten und die Verehrung seiner Untertanen entgegenzunehmen. Dieses Fest ist Erinnerung an beides: Vāmanas Erscheinen und Balis Wandlung.

83 Er bekommt den Titel

Vishvāmitra war zornig: Trotz seiner jahrelangen strengen Askese redete ihn sein großer Gegenspieler, Vasishtha, immer noch als ‚*Rājarshi*‘ an. Er meinte aber, ihm stünde längst der Titel ‚*Brahmarshi*‘ zu.

Eines Nachts schlich er sich bei fahlem Mondlicht an den Platz, wo Vasishtha saß und seine Schüler unterrichtete. In der Faust hielt er den Säbel, mit dem er seinen Widersacher töten wollte. Er kauerte sich unbemerkt im Gebüsch nieder und lauschte.

Wie groß war aber seine Überraschung, als er hörte, wie Vasishtha über das Mondlicht sprach: „In seiner Wirkung auf das Gemüt des Menschen gleicht es dem Herzen Vishvāmitras: es kühlt, erhellt, tut wohl, heilt. Es ist himmlisch, allumfassend, allergötzend!“

Dem Lauscher im Gebüsch fiel der Säbel aus der Hand. Er rannte los, warf sich vor Vasishtha zu Boden und umschlang seine Füße. Der erkannte ihn und redete ihn an: „O Brahmarshi, steh auf.“ Dann zog er ihn hoch und setzte ihn auf seinen eigenen Platz.

So lange die Ehrsucht in Vishvāmitra vorherrschte, konnte er nicht *Brahmarshi* genannt werden. Als sein Stolz abgeklungen war und er sich seinem Rivalen zu Füßen geworfen hatte, war er reif dafür, die Ehre zu bekommen, die er nicht mehr begehrte.

84 Er spricht mit den Dienern und übergeht den Herrn

Es war einmal ein mächtiger Herrscher, der meinte, es müsse doch jemanden geben, der ihm helfen könne, mühelos in den Himmel einzugehen. Er war nämlich so eitel und vermessen zu glauben, er hätte es verdient!

Allen gebildeten Leuten, die in seine Nähe kamen, stellte er so aberwitzige Fragen, daß es ihnen die Sprache verschlug. Aber er trieb es noch ärger: Wenn ihnen keine Antwort einfiel, ließ er sie ins Gefängnis werfen!

Eines Tages kam ein Mann, der behauptete, es werde ihm ein Leichtes sein, dem König den Weg in den Himmel zu zeigen. Man brachte ihn in den Palast und hieß ihn, vor dem König Platz zu nehmen. Sein Benehmen war sehr merkwürdig: Er nahm keinerlei Notiz vom König, sondern fing an, sich mit den Höflingen, den Pagen und Dienern zu unterhalten. Er erkundigte sich eingehend nach ihrem Befinden und dem ihrer Familien und überhäufte sie mit guten Wünschen.

Das ging so eine ganze Weile. Schließlich wurde es dem König zu bunt. Wie kam dieser Mensch dazu, ihn, den König, einfach zu übergehen und in seiner Gegenwart das Wort an andere zu richten? Bebend vor Zorn befahl er seinen Soldaten, den Kerl hinauszuwerfen und ihm eine gehörige Tracht Prügel zu verabreichen.

Doch da drehte sich der Mann zu ihm um und sprach: „Ehe Ihr mich hinauswerft, laßt mich Euch noch eines sagen. Ihr wollt mich auspeitschen lassen, weil ich Euch überging und, anstatt Euch die Ehre zu geben, mit Euren Dienern sprach. Seht, Gott ist der König aller Könige, der Herrscher aller Welten. Ihr mißachtet Ihn ständig. Ihr übergeht Ihn, indem Ihr nur mit Seinen Dienern sprecht. Denkt einmal darüber nach, was für eine Strafe *Ihr* verdient hättet!"

Da erkannte der König, wie falsch er gedacht und gehandelt hatte, und dankte dem Mann, daß er den Schleier der Verblendung von seinem inneren Auge entfernt hatte.

85 Das Wasser des Lebens in dir

Es war einmal eine Frau, die besuchte eine Serie von Vorträgen über die Bhagavad-Gītā. Einige Sätze blieben in ihrem Gedächtnis haften.

Ihr neues Interesse machte, daß sie wenig Lust zur Hausarbeit empfand. Sie wurde nachlässig und bequem, schlief bis spät in den Vormittag hinein und versäumte es, Wasser vom Brunnen zu holen. Als ihr Mann ihr Vorhaltungen machte, antwortete sie mit einem Vers aus der Gītā, der besagt, daß die heiligen Flüsse Gangā, Yamunā und Sarasvatī im Menschen selbst fließen in Gestalt der Energiekanäle Idā, Pingalā und Sushumnā.

Ihr Mann ärgerte sich über ihre Dreistigkeit und Scheinheiligkeit. Heimlich entfernte er alle Wasserbehälter aus dem Haus und gab ihr viel Salzgebäck zu essen. Als sie dann von Durst geplagt nach Wasser suchte, zitierte er den gleichen Vers und forderte sie auf, doch von den heiligen Strömen in ihrem Inneren zu trinken.

86 Nachahmung

Im Bhāgavatam gibt es eine Geschichte von einem gewissen Paundrala. Paundrala wollte gerne ein zweiter Krishna sein. Als erstes fügte er seinem Namen einen der Namen Krishnas hinzu, nämlich *Vāsudeva*. Er nannte sich also ‚Paundrala Vāsudeva'. Dann ließ er ein Muschelhorn und ein Rad aus Holz anfertigen und trug die beiden Insignien Krishnas immer bei sich – wohlgemerkt in den beiden zusätzlichen Händen, die er sich anfertigen ließ. Er studierte sorgfältig, auf welche Art Krishna Sein gelbseidenes Gewand trug und ahmte alles bis ins kleinste Detail nach. Natürlich vergaß er auch nicht, Krishnas Gestik und Mimik und Seine Art, sich zu bewegen, genauestens zu imitieren. Auf diese Weise schaffte er es wahrhaftig, daß einige Toren sich ihm anschlossen, weil sie ihn für den Herrn hielten, den sie immer gesucht hatten. Aber seine geistige Verirrung führte schließlich dazu, daß er entlarvt wurde und unterging.

87 Ein Frommer nimmt reißaus

Ein eitler Dorfbewohner hatte es sich zur Gewohnheit gemacht, frühmorgens in den Tempel zu gehen und dort mit geschlossenen Augen viele Stunden still zu sitzen, in der Hoffnung, die Leute würden ihn als großen Verehrer der Gottheit ansehen und ihm mit Ehrerbietung begegnen. Erst um die Mittagszeit pflegte er sich zu erheben, um seinen täglichen Pflichten nachzugehen.

Der Priester des Dorftempels war gezwungen, so lange auszuharren, bis der Mann gegangen war, denn er mußte anschließend absperren. Ihm war es gar nicht recht, so lange zu warten, denn auch auf ihn warteten häusliche Pflichten. Deshalb sann er auf eine List, diesem Schauspiel ein Ende zu bereiten, zumal er die Absicht des anderen durchschaut hatte.

Eines Tages versteckte er sich hinter der Statue der Gottheit, und als der Mann wieder in seine vorgetäuschte

‚tiefe Meditation‘ versunken war, rief er mit gewaltig tönender Stimme: „Höre, du mein frommer Verehrer! Deine Hingabe und deine Beständigkeit haben mich hoch erfreut! Komm, werde eins mit mir!“ Als der Fromme das hörte, rannte er Hals über Kopf davon und ward nie mehr gesehen!

Die meisten Menschen ähneln in ihrer Frömmigkeit und Hingabe diesem Hochstapler. Ihr Glaube ist schwach; Disziplin ist so gut wie nicht vorhanden; Ernsthaftigkeit ist selten.

88 Eitelkeit

In einem kleinen Dorf lebte eine alte Frau, die verkaufte eines Tages ein Stück Land und ließ sich für den Erlös vier goldene Armreifen machen: zwei für jedes Handgelenk. Es bereitete ihr größtes Vergnügen, damit auf der Dorfstraße auf und ab zu gehen und sie stolz zur Schau zu stellen. Aber wie enttäuscht war sie, als niemand sich nach ihr umdrehte, um die neuen Armreifen zu bewundern! Wozu hatte sie sie eigentlich gekauft? Die Dorfbewohner nahmen von ihrer neuesten Errungenschaft einfach keine Notiz, obwohl sie auf alle erdenkliche Art versuchte, die Aufmerksamkeit der Leute auf ihre Armreifen zu lenken!

Des Nachts fand sie keinen Schlaf mehr. Sollte wirklich alle Mühe umsonst gewesen sein? Niemand beachtete sie! Sie sann darüber nach, was sie noch anstellen konnte, um Aufsehen zu erregen. Plötzlich kam ihr *die* Idee! ‚Ich hab's!‘ dachte sie, ‚da werden sie Augen machen!‘

Früh am Morgen legte sie Feuer an ihr Haus. Als die Flammen um sich gegriffen hatten und alles aufgeregt herbeieilte, fand man sie klagend auf der Straße sitzen. Sie hob ihre Arme hoch und schüttelte sie heftig, so daß die goldenen Reifen klapperten und im roten Schein des Feuers prächtig glänzten. „So helft mir doch, mein Haus steht in Flammen! Ach, ich Arme, Unglückliche! Was soll aus mir werden?

Großer Gott, siehst du denn nicht meine Not?“ So lamentierte sie laut, und bei jedem Ausruf reckte sie die Arme hoch, so daß niemand die goldenen Reifen übersehen konnte. So sehr war sie darauf erpicht, ihren Schmuck zur Schau zu tragen, daß ihr das Haus daneben unwichtig wurde.

Ähnlich ergeht es manchen Gelehrten, die ihre eigene Klugheit nicht genug bewundern können. Sie scheinen uns genauso töricht wie diese alte Frau.

89 Trägheit

Bereitet anderen Freude; führt sie auf den göttlichen Pfad; seid Vorbilder an Aufrichtigkeit und Glaubwürdigkeit! Nehmt teil am Lobsingen zur Ehre Gottes, singt mit, laut und vernehmlich und mit Begeisterung! Einige von euch fragen mich: „Wozu sollten wir laut singen? Ist es nicht genug, wenn wir es fühlen in der Stille unseres Herzens?“ Das ist eine trockene Lehre! Sie bringen es fertig, anderen zu raten, in Gemeinschaft zu singen und tätig zu sein, sind aber nicht bereit, ihren eigenen Rat selbst zu befolgen!

Es waren einmal zwei Freunde, beide von außerordentlicher Trägheit. Der eine wollte verreisen und mußte den Zug um drei Uhr früh erreichen. Er bat seinen Freund, ihn um zwei Uhr dreißig zu wecken, da er sich selbst nicht vertraute. Aber sein Freund übertraf ihn an Trägheit: Er sagte, der andere solle ihn um zwei Uhr fünfzehn wecken, damit er ihn seinerseits um zwei Uhr dreißig wecken könne!

Wie können solche Menschen jemals etwas zustandebringen?

90 Welcher Lederschlauch ist sauberer?

Da euer Blick nach außen gerichtet ist, entdeckt ihr nur die Fehler der anderen, nicht aber, was mit euch selbst nicht in Ordnung ist. Dazu gibt es eine kleine Geschichte:

In der Gegend von Nagpur herrscht im Sommer oft große Wasserknappheit. Heute mag es besser sein, aber früher litt die Bevölkerung sehr darunter.

Einst begab sich eine alte Brahmanin auf eine Pilgerreise. Sie befolgte die Vorschriften ihres Standes so genau, daß sie nichts und niemanden anzufassen pflegte. Umgekehrt erlaubte sie auch niemandem, sie zu berühren.

In dieser Einstellung machte sie sich also auf die Reise. Als sie in Nagpur angekommen war, war sie sehr durstig und wollte sich erfrischen, aber es gab kein Wasser. Von seiten der Regierung hatte man einiges unternommen, um die Bevölkerung mit Wasser zu versorgen: Man hatte Tierhäute genommen, um daraus Wasserschläuche zu nähen, und in diesen Schläuchen schaffte man das Wasser von weit her zu den durstenden Menschen.

Während einige schon aus den Lederschläuchen tranken und ihren Durst löschten, stellte unsere Brahmanin Überlegungen an, ob der Mann, der das Wasser austeilte, wohl einer niederen Kaste angehören mochte, ob der Schlauch vielleicht ‚unrein' oder etwa nicht gut gesäubert worden sei, und so weiter. Sie konnte sich nicht entschließen, von dem Wasser zu trinken.

Nach kurzer Zeit war der Durst aber doch der Stärkere. Sie gab sich einen Ruck und fragte den Mann, der das Wasser ausgab: „Mein Herr, ist dieser Lederschlauch auch rein? Ist er gut gesäubert worden?" Der Mann war nicht auf den Mund gefallen: „Der Lederschlauch, aus dem dieses Wasser kommt, ist bestimmt reiner als der, in den es hineingegossen wird!"

91 Salz oder Kuhdung?

Du magst die Bhagavad-Gītā oder das Bhāgavata-Purāna in- und auswendig kennen. Vielleicht kannst du mit Recht sagen, du habest Jahrzehnte deines Lebens dem Dienste Krishnas geweiht. Aber ohne den Schlüssel der Liebe kannst du dir keinen Eintritt verschaffen zu dem Ort, wo Er wohnt (*goloka*). Vielleicht bist du schon seit vielen Jahren immer wieder in Prashânti Nilayam, sagst, du seist schon seit langem bei Swami oder doch Ihm nahe. Aber ohne Liebe zu entwickeln, die sich in selbstlosem Dienst ausdrückt, kannst du Mich nicht kennen!

Es war einmal ein Student, der mit großem Stolz von seinen Vorfahren und von seinem Meister sprach. Alle waren große Gelehrte, die weit über die Grenzen ihres Landes bekanntgeworden waren. Eines Tages fragte ihn sein Lehrer, ob er jede Frage beantworten könne, die man ihm stelle. Ohne Zögern antwortete der Student: „Aber sicher! Worauf warten Sie noch? Fragen Sie was Sie wollen, ich werde alles beantworten!“

Der Lehrer wollte nur die Bedeutung eines einzigen Wortes von ihm hören: „Was ist ‚*Lavana*‘?“ Da lachte der Student: „Es überrascht mich, daß Sie mir eine so simple Frage stellen. Jeder weiß, was *Lavana* ist: Kuhdung!“ Nun ist *Lavana* wirklich etwas, das in jedem Haus zum alltäglichen Gebrauch gehört: gewöhnliches Salz. Aber diese ‚Kleinigkeit‘ war dem eingebildeten Studenten unbekannt!

Solange ihr nicht euer Wissen durch liebevolle Wahrnehmung der alltäglichen, kleinen Dinge erweitert, könnt ihr die Wirklichkeit nicht erkennen!

92 Blinde Nachahmung führt zu Aberglauben

Früher war es üblich, daß die Reisvorräte in den Häusern aufbewahrt wurden. Die Folge war, daß es in allen Häusern von Ratten wimmelte.

Eine Familie pflegte den Brauch, jede Vollmondnacht ein bestimmtes Ritual abzuhalten, welches ‚*Satyanārāyana Pūjā*‘ hieß. Dieses Ritual erforderte, daß große Mengen Milch und geklärte Butter schon am Vorabend bereitgestellt werden mußten. Nun ergab sich folgendes Problem: Die Ratten zogen in ihrem Gefolge viele Katzen an. Die Katzen wiederum liebten es, ihren etwas eintönigen Speisezettel, auf dem normalerweise nur Nagetiere standen, durch süße Milch und Butter zu bereichern.

So mußte man also Sorge tragen, Milch und Butter vor der Gefräßigkeit der Katzen zu schützen. Am Festtag selbst war es aber nicht zu umgehen, daß die Milch- und Butterschüsseln offen dastanden zum Gebrauch am Altarschrein. Das war *die* Gelegenheit für die räuberischen Katzen!

Wieder einmal war es so weit, das Fest zu feiern. Es gelang, die Katzen dauerhaft fernzuhalten – bis auf eine besonders freche! Kaum daß man sich's versah, hatte sie es schon wieder geschafft, bis an die Milchschüsseln vorzudringen. Da wußte sich der Hausherr keinen anderen Rat mehr. Er packte sie am Nackenfell, stülpte einen großen Korb über sie und legte einen schweren Stein darauf, so daß die heiligen Opfergaben endlich vor ihr sicher waren.

Das tat man fortan jede Vollmondnacht. Es wurde zur festen Gewohnheit, die Katze einzufangen und sie unter den Korb zu sperren. Diese Gewohnheit gehörte bald unverrückbar zum Ritual. Kinder und Kindeskinder übernahmen sie. Nach einigen Generationen verging keine Vollmondnacht – egal, ob *Pūjā* abgehalten wurde oder nicht – ohne daß man eine Katze unter einen Korb gesperrt hätte. War keine Katze vorhanden, mußten die Kinder ausschwärmen und eine suchen, damit das Ritual wie gewohnt zelebriert werden konnte!

Im Lauf der Zeit waren Bedeutung und Zweck der Handlung in Vergessenheit geraten. Die nachfolgenden Generationen trugen schwer an dem Aberglauben, daß es Unglück bringen würde, wenn man nicht nach Vorväter Sitte die Katze mit ins Spiel brächte! Die Katze, einst nichts als eine lästige Störung, bekam den Status der Unverzichtbarkeit. So weit kann blinde Nachahmung führen!

93 Der anhängliche Schwiegersohn

Es war einmal eine arme Frau, die hielt ihren Haushalt nur mit größter Mühe aufrecht, denn sie besaß nur das Nötigste, was man zum Leben braucht. Sie hatte aber einen faulen, habgierigen Schwiegersohn, der kam eines Tages zu Besuch und ließ sich bei ihr häuslich nieder.

Sie hieß ihren Gast willkommen, wie es sich gehört, und lud ihn zum Essen ein. Da sie aber selbst nichts hatte, lief sie zu ihren Nachbarn und borgte sich Zutaten für eine Mahlzeit. Am Abend wartete sie darauf, daß er sich verabschieden würde, doch er machte keine Anstalten zu gehen. Er blieb.

Anzahl und Geschmack der Mahlzeiten, die sie ihm bot, nahmen immer mehr ab, aber er dachte nicht daran, sie wieder allein zu lassen.

Da versuchte sie es mit Philosophie und Religion und sprach davon, wie wichtig es sei, sich von den vergänglichen, irdischen Freuden zu lösen, und wie vergeblich es sei, Zufriedenheit zu finden durch die Genüsse der Sinne.

Aber der dreiste Schwiegersohn durchschaute ihre Absicht und ließ sich dadurch nicht umstimmen. Er entgegnete: „Liebste Schwiegermama, du weißt, ich bin da anderer Meinung. Mit dieser Philosophie kannst du mir die Freuden, die ich bei dir genieße, nicht vergällen! Steht doch in den gleichen Heiligen Schriften, aus denen du zitierst, daß selbst die Götter die Wohnungen der Schwiegereltern bevorzugten vor ihren eigenen! Shiva wohnt im Himalaja. Ist nicht seine Gemahlin, Pārvatī, die Tochter des Himalajas? Vishnu ruht auf den Wellen des Ozeans aus Milch, aus dem Lakshmī geboren wurde."

Schließlich mußte die alte Dame zu drastischen Mitteln greifen: Sie sperrte den aufdringlichen Kerl aus und flüchtete in ein anderes Dorf.

94 Zwei Sirenen

Es gibt zwei Sirenen, die junge Menschen dazu verleiten, sich sinnlosem und oberflächlichem Tun hinzugeben, und so ihren Untergang bereiten. Die eine Sirene heißt ‚Madame Kinofilm', die andere ‚Madame Illustrierte'. Kinofilme haben eine prägende Wirkung. Sie vergiften junge, unschuldige Gemüter, indem sie Verbrechen, Gewalt und sexuelle Zügellosigkeit verherrlichen, die Menschlichkeit zerstören und sie in Bestialität pervertieren. Selbst Ordensleute werden langsam und unmerklich in sündhaftes Verhalten hineingezogen.

Madame Illustrierte übt einen ebenso schlechten Einfluß aus mit ihren abstoßenden Bildern von entstelltem Menschsein. Beide ziehen junge Menschen hinunter in die Wildnis der Sucht und des Lasters. Diese Medien nehmen nicht wahr, was für eine große Verantwortung sie tragen und wollen nichts davon wissen, daß sie mit daran arbeiten könnten, junge Menschen zu stützenden Mitgliedern der Gesellschaft zu erziehen, die sich ihres Wertes, ihrer Fähigkeiten und ihrer Bestimmung bewußt sind!

95 Verkehrte Werte

Es zeugt von einer verkehrten Einstellung den wahren Werten gegenüber, wenn ihr mit dem Transistorradio am Schulterriemen herumlauft, sogar hier, in Prashānti Nilayam!

Ein alter Mann vom Lande besuchte seinen Sohn in der Großstadt. Sie trafen sich am Bahnhof und nahmen eine Autorikscha zum Haus des Sohnes. Der ungewohnte Lärm und die Hektik des Verkehrs verstörten den Alten. Unterwegs sah er einen jungen Mann, der einen kleinen, rechteckigen Kasten am Riemen über der Schulter hängen hatte. Bald entdeckte er unter den Passanten mehrere Männer mit solchen Kästchen. Alle waren sauber und modisch gekleidet und stolzierten leicht blasiert umher.

Er fragte seinen Sohn: „Sag mal, was kostet eine Rasur

eigentlich bei euch in der Stadt?" Der wunderte sich: „Wie kommst du darauf? Eine halbe Rupie kostet das Rasieren, nicht mehr als bei euch." Der Vater: „Das überrascht mich aber! Daß das so billig ist! All diese Barbiere mit ihren Rasierkästchen unter dem Arm sehen aus, als wären sie wohlhabend. Ich dachte schon, eine Rasur müßte mindestens fünf Rupien kosten!"

Es ist tatsächlich so, daß viele von denen, die Radios bei sich haben, um unterwegs Musik und Nachrichten zu hören, nicht einmal das ABC östlicher oder westlicher Musik kennen. Auch von Geographie, Geschichte und Politik verstehen sie so wenig, daß sie mit den Nachrichten gar nichts anfangen können. Sie tragen Uhren an den Handgelenken, und wenn sie wissen möchten, wie spät es ist, strecken sie den Arm betont weit aus, damit die Leute in ihrer Nähe auch sehen, daß sie eine Uhr besitzen. Dabei können sie sie nicht einmal lesen und haben auch keine Verabredung, die sie einhalten müßten. Alle diese Dinge vergrößern nur sinnlos das allgemeine Elend!

UNTERSCHEIDUNG

96 Ātman hat zwei Diener

Buddhi, unsere Intelligenz, verfügt über größere Unterscheidungsfähigkeit als unsere Sinne: das innewohnende Göttliche Selbst aber, der *Ātman*, besitzt noch größere Unterscheidungskraft als *Buddhi*.

In einem Dorf lebten einst zwei Bettler: ein Blinder und ein Lahmer, die waren Freunde geworden. Der Blinde hatte gesunde Beine und der Lahme gute Augen. Sie hatten ein Abkommen geschlossen: Der Lahme pflegte auf die Schultern des Blinden zu klettern und seine Schritte von dort aus zu steuern.

Wie sie so von Dorf zu Dorf wanderten, kamen sie an einem Gurkenfeld vorbei. Der Blinde fragte den Lahmen: „Siehst du irgendwo einen Zaun oder einen Wächter?“ Der Lahme konnte nichts dergleichen sehen. Da schloß der Blinde: „Wenn die Gurken wirklich gut wären, würde kein Bauer sie unbewacht oder nicht eingezäunt lassen. Das bedeutet: sie sind bitter.“

Mit Hilfe seiner Intelligenz war es dem Blinden ein Leichtes, die Wahrheit über die Gurken herauszufinden. Für die rechte Urteilsfähigkeit ist unser *Buddhi*, das Unterscheidungsvermögen, zuständig. Die Tatorgane können nicht zwischen gut und schlecht unterscheiden. *Buddhi* kann unterscheiden, aber selber nichts durchführen, weil es nicht über die Tatorgane verfügt.

97 Hört auf den Erfahrenen

Eine Gruppe von Wanderern war an einem Fluß angekommen. Sie wollten wissen, an welcher Stelle man hindurchgehen konnte, um sicher ans andere Ufer zu gelangen. Da sahen sie einen, der war gelähmt und ging an Krücken. Er sagte: „Hier ist es gefährlich, den Fluß zu durchqueren. Ihr müßt es weiter unten versuchen.“ Aber sie glaubten ihm nicht. Wie konnte er ihnen raten, wenn er selbst nicht hindurchgegangen war?

Da kam ein Blinder und sagte: „Was der Mann eben gesagt hat, stimmt nicht. Ihr könnt hier gut durch den Fluß gehen. Ihr müßt euch nur eine Weile links halten und dann rechts. So kommt ihr sicher hindurch.“ Aber auch ihm glaubten sie nicht, denn er war ja selbst auf einen Führer angewiesen, wenn er ans andere Ufer wollte.

Zu guter Letzt kam ein Bauer, der sich anbot, sie hinüberzuführen. „Ich habe den Fluß schon oft durchquert. Ich lebe nämlich an dieser Seite des Flusses, habe aber Felder auf der anderen Seite." Diesem Mann vertrauten sie und erreichten sicher das andere Ufer.

98 Komm zurück!

Dasharatha, der König von Ayodhyā und Vater von Rāma, hatte einer seiner drei Frauen, der Königin Kaikeyī, sein Wort geben müssen, daß Rāma in die Verbannung geschickt würde. Im Gehorsam gegen das Wort des Königs verließ Rāma die Stadt in Begleitung seiner Gemahlin Sītā und seines Bruders Lakshmana. (Anm. d. Übers.)

Sie fuhren in einem Wagen davon und hatten schon beinahe den Wald erreicht, als sie bemerkten, daß ihnen ein anderer Wagen in rasender Fahrt folgte. Es war Dasharatha selbst, der in größtem Schmerz über die Trennung von seinem geliebten Sohn hinter ihnen herfuhr. Von weitem rief er: „Halt! Halt! Komm zurück!" Rāma aber befahl seinem Fahrer, Sumantra, noch schneller zu fahren.

Sumantra war Minister des Königs und seinem Herrn treu ergeben. Er war selbst zutiefst betroffen von der tragischen Entwicklung der Ereignisse. Wie gerne wäre er mit Rāma nach Ayodhyā zurückgekehrt! Es widerstrebte ihm, Rāmas Befehl zu folgen, und so meldete er seine Bedenken an: Er als Minister habe den Anweisungen seines Herrn zu gehorchen, sonst hätte der ein Recht, ihn zu bestrafen. Aber Rāma erwiderte: „Sag ihm, du hättest seinen Befehl nicht gehört." „Willst du, daß ich ihn belüge?" erregte sich Sumantra. „Nein", sagte Rāma, „als Herrscher befahl er dir, uns in diesem Wagen aus Ayodhyā herauszufahren. Nun bittet er dich, anzuhalten, doch nicht als König, sondern als trauernder Vater. Du aber hast dem Befehl des Königs zu gehorchen; es ist nicht deine Pflicht, auf verzweifelte Väter zu hören, die ihre Söhne nicht gehen lassen können."

So unterwies Rāma ihn im rechten Verhalten. Ein verzweifelter Mensch ist nicht in der Lage, objektiv zu beurteilen, was richtig und was falsch ist.

99 Viele Stimmen, aber nur ein Gesetz

Wenn du in dich hineinhorchst, wirst du dort nicht nur eine, sondern mehrere innere Stimmen hören, die dich unterschiedlich beraten und dich letzten Endes verwirren.

Sobald du zum Beispiel den Vorsatz gefaßt hast, nach Puttaparthi zu fahren, um Swamis Darshan zu erhalten, fangen diese inneren Ratgeber an, ihr Spiel mit dir zu treiben. Eine Stimme rät dir, dich erst einmal zu vergewissern, ob Swami überhaupt zu dem Zeitpunkt da sein wird.

Eine andere macht dir den Vorschlag, doch deinen Bekannten anzurufen, der dir sagen kann, ob Swami in Bangalore oder in Puttaparthi ist. Eine weitere legt dir nahe, für alle Fälle noch andere mögliche Ziele in deine Reiseroute einzuplanen, und bereitet dir damit viel Kopfschmerz.

Dies ist die Gruppe von Stimmen, die dich davon abhalten möchten, das zu tun, was du für richtig hältst. Sobald ein wenig Stille eingetreten ist, hörst du eine weitere Stimme: ‚Schau doch noch einmal genau hin und prüfe deinen Wunsch, zu Swami zu fahren. Stell dir vor, du fährst hin, nimmst die ganze Mühe und auch die Ausgaben auf dich, und dann – auch damit mußt du schließlich rechnen – bekommst du kein Interview!‘

Und diesen Faden greift gleich die nächste auf: ‚Angesichts deines Versagens und all der Fehler, die du immer noch begehst, ist es sehr unwahrscheinlilch, daß Swami dich zu sich hereinrufen wird!‘

Durch alle Stimmen hindurch hörst du dann plötzlich die eine, welche dich stärkt und aufbaut. Sie tröstet dich: ‚Nein! Swami ist das Erbarmen selbst! Er vergibt uns alle unsere Fehler!‘ Dieses innere Gesetz, welches über dir wacht und dich den spirituellen Pfad führt, ist das *Linga* und liegt im Zentrum des Bewußtseins, um welches sich die nach innen und außen gerichteten Sinneswahrnehmungen ranken.

100 Die weinende Stadt

Jeden Schritt in deinem spirituellen oder weltlichen Leben mußt du sorgfältig bedenken, damit du sicher gehen kannst, daß er deinem Fortschritt dient. Wenn du dich auf Dinge einläßt, ohne sie vorher zu überdenken, kann es sein, daß es dir ergeht wie den Bewohnern der weinenden Stadt:

Eines Tages kam eine Dienerin der Königin laut weinend in den Palast. Die Königin hatte ein sehr weiches Herz, und sogleich begannen auch ihre Tränen zu fließen. Als sie die Königin weinen sahen, fingen alle Bewohnerinnen des Frauentraktes an zu schluchzen. Die Trauer setzte sich weiter fort und ergriff auch die männliche Dienerschaft.

Der König fand seine Gemahlin in Tränen aufgelöst und fing aus lauter Mitgefühl auch an zu weinen. Der Anblick des weinenden Königspaars ließ die ganze Stadt in Trauer versinken. Nach kürzester Zeit weinte die ganze Gegend laut und anhaltend.

Schließlich kam jemand auf den Gedanken, doch einmal nachzuforschen, was eigentlich die Ursache der Trauer sei. Man setzte eine Umfrage in Gang, in deren Verlauf auch die Königin gefragt wurde, was ihre Tränen ausgelöst hatte. Sie sagte, eine ihrer Dienerinnen sei so furchtbar traurig gewesen. Es war eine Wäscherin. Als man sie fragte, warum sie so traurig gewesen sei, antwortete sie, ihr Lieblingsesel sei eingegangen. Als sich diese Nachricht verbreitete, hörte das Weinen auf und machte einem Riesengelächter Platz. Ein wenig Scham war auch dabei.

Prüft, wägt ab; fällt nicht vorschnelle Urteile aufgrund von bloßem Hörensagen!

101 Die Folge der Unentschiedenheit

Ein Kaufmann war angezeigt worden und kam vor Gericht, weil er verdorbenes Butterschmalz verkauft hatte, welches die Gesundheit seiner Kunden gefährdete. Das Gericht befand ihn schuldig und verurteilte ihn. Es wurde ihm aber freigestellt, unter den folgenden Strafen zu wählen: die ganze Menge des verdorbenen Butterschmalzes selbst aufzuessen, sich zwanzig Stockhiebe versetzen zu lassen oder eine Geldstrafe von einhundert Goldrupien zu zahlen. Der Kaufmann entschied sich dafür, das Butterschmalz aufzuessen. Aber bald war ihm so übel, daß ihm die Stockhiebe als das geringere Übel erscheinen wollten. Jedoch bereits nach einem Dutzend Hiebe konnte er den Schmerz nicht mehr ertragen und schrie, er wolle lieber die Geldstrafe zahlen.

Hätte er sich von Anfang an dafür entschieden, wären ihm Schmalz und Schmerzen erspart geblieben! Aus Unentschiedenheit mußte er von allen Übeln kosten.

102 Oh weh! Ich bin gestorben!

Ein jungverheirateter Mann war Soldat geworden und wurde ins Ausland versetzt. Leider war es nicht seine Angewohnheit, Briefe zu schreiben. Seine Frau machte sich Sorgen um ihn. Außerdem machte es sie traurig, daß er anscheinend so wenig an sie dachte, denn nie bekam sie Post von ihm! Da wurde ihr Vater ärgerlich und schrieb einen bösen Brief an seinen Schwiegersohn: „Für uns bist du so gut wie gestorben, denn wie es scheint, hast du kein Interesse mehr an deiner Frau. Sie hat sich deshalb die Haare geschoren und trägt Witwentracht.“ Als der Soldat diesen Brief bekam, fing er laut an zu jammern, seine Frau sei Witwe geworden. Er hatte ganz vergessen, daß dieses Unglück sie nicht betreffen konnte, so lange er selbst am Leben war!

Zieht keine voreiligen Schlüsse, ohne die Dinge mit eurer Vernunft geprüft zu haben! Verzichtet nicht auf die Stütze eurer eigenen Erfahrung! Baut auf die Stärke eurer eigenen Vernunft und laßt euch weder durch Lob noch durch Tadel aus dem Gleichgewicht bringen!

Wer zu schwach oder zu unbeständig ist, um sich der Disziplin zu fügen, erfindet ausgeklügelte Ausreden, um sich zu rechtfertigen, wenn man ihm Vorhaltungen macht.

Ein Bauer hatte einen scharfen Wachhund, welcher eines Tages mit gefletschten Zähnen an einem Besucher hochsprang. Der glaubte, er wolle ihn beißen, hob einen mit Dornen bewehrten Stock vom Boden auf und schlug damit auf den Hund ein, der sofort laut aufjaulte und winselnd davonlief.

Der Hundehalter hörte das Jaulen, kam herbeigerannt und beschimpfte den Besucher, wie er dazu käme, seinem Hund weh zu tun. Es entspann sich ein Streit, mit dem sie schließlich vor Gericht landeten.

Der Richter fragte den Besucher, warum er den Hund geschlagen habe, der doch nach Aussage des Besitzers ein recht harmloses Tier sei. Der Besucher entgegnete, er sei an ihm hochgesprungen und habe dabei die Zähne geflescht, was für ihn ein eindeutiges Signal gewesen sei, daß er ihn beißen wollte. Der Bauer rief wütend dazwischen, das sei noch lange kein Grund dafür gewesen, einen dornigen Stock als Waffe zu benutzen, er hätte ja auch einen glatten Stock nehmen können! Der Besucher gab zurück, wenn man in Notwehr handele, habe man keine Zeit, zwischen verschiedenen Waffen zu wählen, man nähme eben das, was gerade da sei. „Und außerdem“, fügte er hinzu, „hätte Ihr Hund mich ja ebensogut mit seinem Schwanz bedrohen können, er schien mich aber mit seinen scharfen Zähnen beißen zu wollen, und so habe ich mich mit einem ähnlich scharfen Gegenstand wehren müssen.“

Diesem Argument konnte man sich nach Meinung des Richters nicht verschließen. Dem Besucher wurde recht gegeben. Der Bauer hatte für seinen Liebling alle Mittel ausschöpfen wollen, und so zwang er den Besucher dazu, seinerseits auch auf Spitzfindigkeiten zu verfallen. Eine offene, ehrliche Aussprache hätte beiden viel Aufwand erspart.

Vier Freunde betrieben gemeinsam eine Baumwollhandlung. Die Ballen lagerten sie in einer Scheune, aber bald bemerkten sie, daß die Scheune zum Tummelplatz der Ratten geworden war. Deshalb beschlossen sie, eine Katze anzuschaffen. Den Preis der Katze teilten sie durch vier und vereinbarten, daß jedem eine Pfote gehören sollte. Jeder schmückte ‚seine' Pfote liebevoll mit einem Glöckchen, um sie voneinander unterscheiden zu können.

Eines Tages sprang die Katze auf der Jagd nach einer Ratte so unglücklich vom obersten Ballen herunter, daß sie sich verletzte und auf einer Pfote lahmte. In der guten Absicht, die Heilung der Pfote zu unterstützen, rieben sie sie mit Heilsalbe ein und umwickelten sie mit einer elastischen Binde.

Aber der Verband lockerte sich unbemerkt. Am Abend saß die Katze nah – zu nah! – an der offenen Kochstelle. Das lose Ende des Verbands fing Feuer, die Katze geriet in Panik und sprang auf ihren drei gesunden Pfoten in langen Sätzen in die Scheune, wo sie im Nu die ganze Baumwolle in Brand gesetzt hatte. Nach wenigen Minuten war vom ganzen Lager nur noch die qualmende Asche übrig.

Nun war es mit der Viererfreundschaft aus, denn die Suche nach dem Schuldigen hatte begonnen! Die drei Besitzer der gesunden Katzenpfoten einigten sich auf dieses Argument: „Die kranke Pfote ist schuld an dem Unglück! Mit ihr kam das Feuer in die Scheune!" Damit wollten sie den vierten zum Ersatz des Schadens verpflichten, der aber weigerte sich und widersprach.

Die Angelegenheit kam vor Gericht. Der Richter war ein weiser Mann, und nachdem er sich alles angehört hatte, sagte er: „Die verletzte Pfote ist nicht verantwortlich zu machen für den Schaden. Im Gegenteil: sie wurde mit dem brennenden Verband von den drei gesunden Pfoten in die Scheune hineingetragen! Die Besitzer der drei gesunden Pfoten müssen dem der kranken eine Entschädigung zahlen!"

Was auf den ersten Blick ‚richtig‘ aussehen mag, erweist sich bei näherem Hinsehen manchmal als ‚falsch‘. Es gibt ein ‚Richtiges‘ aus weltlicher, aber ein anderes ‚Richtiges‘ aus göttlicher Sicht. Versucht herauszufinden, was Gottes Sicht der Dinge ist! Die beste Hilfe bekommt ihr dabei, wenn ihr die Gemeinschaft mit gottesfürchtigen Menschen pflegt. Sie können euch gut beraten. Strebt immer danach, gute Menschen kennenzulernen. Meidet sie nicht!

105 Eine kluge Großmutter

Eine alte Frau hatte zwei Enkelinnen. Die eine war ein vorlautes, liederliches Mädchen, die andere dagegen fleißig und bescheiden. Sie hatten sie besucht, und als sie sich zum Abschied vor ihr verneigten, segnete sie beide mit folgenden Worten:

Zur ersten sagte sie: „Möge die Schwelle deines Hauses immer rein bleiben und die Ornamente vor deiner Haustür unzerstört! Und möge dein Geldbeutel beständig prall gefüllt sein!“ Dieser Segen war natürlich in Wahrheit ein Fluch, denn indirekt wünschte sie ihr damit Unfruchtbarkeit. Zum anderen Mädchen sagte sie: „Möge deine Türschwelle immer schmutzig sein, möge deine Geldbörse immer schnell leerwerden!“ Dieser Segen bedeutete in Wirklichkeit, daß sie ihr eine Menge gesunder, lebhafter Kinder wünschte. Mit diesen Worten segnet meist eine Großmutter ihre Enkelin bei der Hochzeit.

Der letztere Spruch hört sich zunächst wie ein Fluch an, der erstere dagegen wie ein Segen, in Wirklichkeit ist die eigentliche Bedeutung aber gerade umgekehrt!

Diese Großmutter segnete ihre Enkelinnen, ohne daß sie darum gebeten wurde. So kann es vorkommen, daß ein bescheidener, aufrichtiger Mensch die grundlose Gnade Gottes erfährt, vorausgesetzt, er ist beständig in seinen Tugenden.

Māyā, die Täuschung, welche die Wirklichkeit verhüllt, hat die Macht, unser Leben zu zerstören. Haben wir ihr wahres Wesen aber erst einmal verstanden, wird sie augenblicklich verschwinden. Solange wir sie nicht durchschaut haben und ihr großes Gewicht beimessen, behält sie die Oberhand und führt uns an der Nase herum.

In einem Dorf sollte eine Hochzeit gefeiert werden. Dazu reiste die Familie des Bräutigams an und wurde in einem Haus untergebracht. Die Familie der Braut wohnte in einem anderen Haus. Nun gab es in diesem Ort aber einen Mann, der es darauf abgesehen hatte, zwischen beiden Familien Zwietracht zu säen, um dabei Vorteile für sich herauszuschlagen. Deshalb ging er zum Haus des Bräutigams und sagte: „Es tut mir furchtbar leid, aber im Interesse der Freundschaft zwischen beiden Familien muß eins klargestellt werden: Ihr verursacht der Familie der Braut größte Probleme dadurch, daß ihr zu allen Veranstaltungen zu spät kommt!" Der Bräutigam und seine Angehörigen erschraken und bemühten sich, besonders freundlich und zuvorkommend zu ihm zu sein, denn sie glaubten, er sei ein respektiertes Mitglied der Familie der Braut und sage die Wahrheit.

Ein wenig später ging er in das Haus der Braut und sagte dort: „Ich möchte Sie in aller Freundschaft auf etwas aufmerksam machen, was Ihnen wahrscheinlich gar nicht bewußt ist, was aber die Beziehung zwischen beiden Familien beeinträchtigen könnte: Der Bräutigam und seine Familie sind ein wenig betrübt darüber, daß Sie ihm und den Mitgliedern seiner Familie nicht den Respekt zollen, der ihnen eigentlich gebührt!"

So ging er zwischen den Häusern hin und her, sorgte für Mißverständnisse und brachte es fertig, aus der einfachen Angelegenheit ein Drama zu machen. Er verstand es, sich auf beiden Seiten als angesehenes Mitglied der jeweils anderen Familie darzustellen. Erst als er die Dinge auf die Spitze getrieben hatte, fingen beide Familien an, nachzuforschen, wer er eigentlich war. Als sich dabei herausstellte, daß er keiner von beiden angehörte, ward er nicht mehr gesehen.

So wird es auch der Täuschung ergehen, wenn ihr Nachforschungen anstellt über ihren Ursprung und ihr wahres Wesen.

ALLES IST EINS

107 Der Guru muß selbst Gott sein

Ein junger Mann war auf der Suche nach Gott. Mit der Bitte, ihn in das spirituelle Leben einzuweihen, wandte er sich an seinen älteren Bruder: „Bitte gib mir einen *Mantra*, welcher mich von der Unwissenheit befreit!"

Der ältere aber hatte Bedenken: „Es ist schwer genug, einen Bekannten zu unterrichten, aber dem eigenen Bruder etwas beizubringen ist noch viel schwerer. Am sichersten gehst du, wenn du dich unmittelbar an *‚Dakshināmūrti'*, die göttliche Ein-Sicht in Person, wendest, welche Shiva selbst ist in der Gestalt eines Lehrers." „Aber wie soll ich diesen Lehrer finden?" wollte der jüngere wissen. Darauf wußte der andere Rat: „Derjenige, der alle Menschen und alle Dinge als gleichwertig betrachtet, ist der Lehrer, den ich dir empfehle."

Da machte sich der junge Mann auf die Suche. Er steckte sich einen goldenen Ring an den Finger und besuchte nacheinander alle Einsiedeleien im Wald. Er stellte die weisen Männer auf die Probe, indem er ihnen seinen Ring zeigte und fragte, aus welchem Metall er bestehe. Einige erklärten ihm, es sei Gold, andere wiederum behaupteten, es sei Messing oder Kupfer oder Zinn oder auch eine Legierung aus verschiedenen Metallen. So wanderte er von einem zum anderen.

Eines Tages traf er einen jungen Asketen, der ein besonderes Leuchten in den Augen hatte. Er stellte ihm die gleiche Frage: „Ist dieser Ring aus Gold?" Der junge Asket sagte: „Ja, es ist Gold." Darauf fragte er weiter, ob es nicht Messing sei. „Ja, es ist Messing." Der junge Asket sagte zu allem ja, was immer auch der Fragende vorschlagen mochte. Ihm war alles gleich. Er nahm keine Unterschiede wahr.

Daraus schloß der junge Mann, daß dieser der gesuchte ‚Dakshināmūrti' sein mußte. Wahre Gleichmut stellt sich ein als Folge des Gewahrseins, daß alles Eines ist.

108 Einheit mit Gott

Sanatkumāra übte schwere Askese. Da erschien Gott vor ihm und sagte, er dürfe sich wünschen, was sein Herz begehre. Aber Sanatkumāra entgegnete: „Du bist mein Gast, da Du erst jetzt an den Ort gekommen bist, an dem ich mich schon längere Zeit befinde. Als mein Gast darfst Du alles von mir erbitten. Ich werde Dich ehren, indem ich Dir alles gebe, was Du brauchst!"

Dadurch, daß er Brahman erkannt hatte, war er selbst Brahman geworden. Darum konnte er mit Gott reden wie ein Ebenbürtiger. ‚Ich bin Du', das war das Stadium, das Sanatkumāra erreicht hatte. Kein Wunder, daß er so sprechen konnte!

'Er' ist ewig gegenwärtig; das Bewußtsein vom ‚Ich' wird erst dann geboren, wenn sich das Individuum vom ‚Er' getrennt hat. Gleichzeitig mit dem Hervortreten des sich als vereinzelt und getrennt erlebenden menschlichen Bewußtseins (*jīva*) muß auch die Vorstellung von ‚*deva*' oder ‚Gott' im Denken geboren werden. Das ist die Vorbedingung für Sicherheit und Erfolg.

109 Eins im Ursprung, verschieden im Wirken

Die Lektüre zu vieler Bücher überfüllt den Kopf und weckt die Lust am Argumentieren.

Ein junger Mann besuchte einst eine Vorlesung des großen Shankara. Mitten in der Ansprache unterbrach er ihn und fragte: „Sagt, Meister, sollte man nicht alle Menschen in der Welt als gleich betrachten, da doch das gleiche Blut in allen Adern fließt?" Shankara lächelte: „Das Blut, das in deinen Adern fließt, ist heiß. Deshalb bist du geneigt, zu weit zu gehen! Es ist dem Menschen nicht möglich, das Ewige vom Vergänglichen abzuspalten. Man kann den Satz von der Nicht-Zweiheit oder, wie wir es nennen, *'Advaita'*, in sein Denken und in seine innere Einstellung integrieren, aber im Alltag ist es nicht möglich, alle Dinge und alle Menschen einander gleichzusetzen."

Der junge Mann gab sich mit dieser Antwort nicht zufrieden. „Das finde ich nicht richtig. Alle sind doch Gott, und darum sollte man auch alle gleich behandeln!" Shankara merkte, daß der junge Hitzkopf sich verrennen würde, wenn er weiter nach diesem Muster dachte. Er beschloß, ihn auf andere Weise zu lehren. „Hast du eine Mutter?" Der junge Mann antwortete: „Ja, meine Mutter lebt, und ich verehre sie sehr." „Bist du verheiratet?" fragte Shankara weiter. „Ja, ich bin verheiratet. Meine Frau ist auch hier im Ashram." „Dann hast du sicher auch eine Schwiegermutter." „Ja, sie ist gesund und munter!" „Hast du vielleicht auch Schwestern?" forschte Shankara weiter. „Sogar zwei!" war die Antwort.

Da schloß Shankara: „Sind nicht alle, nach denen ich gefragt habe, Frauen?" Der junge Mann: „Ja, natürlich, was sonst?" Darauf Shankara: „Sind etwa alle diese Frauen für dich gleich? Ist dein Verhältnis zu deiner Mutter das gleiche wie zu deiner Frau? Ist deine Beziehung zu deinen Schwestern die gleiche wie zu deiner Mutter?"

In dieser Welt der Vielfalt muß man die qualitativen und die quantitativen Unterschiede berücksichtigen. Jede Glühbirne hat eine bestimmte Leuchtkraft. Die elektrische Spannung ist immer die gleiche, aber die Glühbirnen sind unterschiedlich beschaffen. Gottes Energie ist der elektrische Strom, unsere Körper sind die Glühbirnen.

110 Ein Inhalt, verschiedene Behälter

Man hat dich gelehrt, du würdest Verwirklichung erfahren, wenn du sagen kannst: ‚Du und ich sind eins.' Aber das stimmt nicht, denn ‚Du und ich' sind niemals eins, sondern immer noch zwei. Du bist erst dann ein wahrer Nicht-Dualist (*advaitin*), wenn du dies erkannt hast: nur ‚ich und ich' sind eins, und nur ‚du und du' sind eins. (Ch.K.I)

Ein Lehrer hielt einmal eine Stunde ab über den Satz: *‚guru brahmā, shishyo brahmā, sarvam brahmā*', das heißt übersetzt: ‚Gott ist der Meister, Gott ist der Schüler, Gott ist alles.' Er wollte seinen Schülern vermitteln, daß Gott die Grundlage aller Erscheinungen im Universum ist.

Alle Schüler pflegten sich respektvoll zu erheben, wenn der Lehrer den Klassenraum betrat. Aber nach dieser Unterrichtsstunde änderte einer von ihnen sein Verhalten: Er stand zur Begrüßung nicht auf. „Was ist das für ein Verhalten? Warum stehst du nicht auf, wie es sich gehört?" fragte ihn der Lehrer. „Aber gestern haben Sie doch selbst gesagt, alles sei Gott. Das heißt, in Wirklichkeit besteht gar kein Unterschied zwischen uns!", war die patzige Antwort.

„Du hast den Satz wohl nicht richtig verstanden. Ich muß ihn ergänzen." Die Lektion des Vortages stand noch an der Wandtafel: *‚guru brahmā, shishyo brahmā, sarvam brahmā.*' Er erklärte: „Wenn ihr diese drei Aussagen anschaut, seht ihr, daß alle einen gemeinsamen Teil haben, nämlich *‚brahmā*'. Der andere Teil ist jeweils verschieden – *‚guru, sishya*' und *‚sarvam*'. Erst wenn die Begriffe, die Verschiedenheit ausdrücken, einander gleich geworden sind, kann man sagen, alle seien ein und dasselbe.

Mit anderen Worten: Solange einer in der Praxis seines täglichen Lebens noch keine völlige Gleichheit erfährt, bleibt der Schüler ein Schüler und der Lehrer ein Lehrer. Deshalb ist es auch weiterhin angebracht, daß der Schüler dem Lehrer Respekt erweist! Der Inhalt ist der gleiche, aber die Behälter sind verschieden."

111 Zusammenarbeit

Jemand wandert eine Allee entlang. Da sieht er an einem Baum eine reife Frucht hängen. Sogleich richtet sich all sein Sinnen und Trachten darauf, die Frucht zu essen, doch das bringt sie ihm noch nicht näher: erst einmal müssen ihn seine Füße unter den Baum tragen. Aber auch das verhilft ihm noch nicht zu dem ersehnten Genuß: Als nächstes bückt sich sein Körper, dann hebt seine Hand einen Stein auf, mit Schultern und Arm wirft er den Stein nach der Frucht: Sie fällt zu Boden.

Damit ist die Geschichte aber noch nicht beendet: Die Frucht muß von den Fingern aufgelesen und zum Mund geführt werden, die Schneidezähne müssen hineinbeißen, die Backenzähne sie kauen und die Zunge dafür sorgen, daß sie in den Magen transportiert wird: Der Eßvorgang ist abgeschlossen.

Das bedeutet jedoch noch nicht das Ende der Geschichte vom Verlangen nach der Frucht! So viele verschiedene Mitarbeiter waren am Vorgang beteiligt. Ihnen allen gebührt Dank. Und deshalb sendet der Bauch Kraft und Befriedigung in jedes Glied, das am Aufnehmen der Frucht beteiligt war: vom Auge bis zum Darm. Keines wird ausgelassen oder für minderwertig gehalten!

112 Glaube und Wissenschaft

Ein Hindu und sein Freund aus Großbritannien kamen einst zum Ufer des Godāvarī-Flusses. Der Hindu sagte: „Ich werde ein Bad im heiligen Fluß nehmen!“ Unter der Rezitation des heiligen Namens *'Hari'* sprang er ins Wasser und kam erfrischt an Leib und Seele wieder heraus. Er war überglücklich, daß er die seltene Gelegenheit bekommen hatte, im heiligen Fluß zu baden.

Der Freund lächelte herablassend und sagte: „Was heißt hier 'heilig'? Auch dieser Fluß enthält nichts als H_2O; warum solltest du ausgerechnet bei diesem Bad etwas Besonderes empfinden? Nichts als Aberglaube!“ Aber der Hindu entgegnete: „Laß mir meinen Aberglauben und ich lasse dir deinen!“

Der Zyniker reinigt nur seinen Körper, der Gläubige aber reinigt auch seinen Geist.

113 Religiöser Hochmut

Denkt immer daran: Euer innerstes Wesen ist das gleiche wie das des anderen. Der andere bist du selbst unter einem anderen Namen. Wenn du etwas Gutes tust, tust du es dir selbst; wenn du einem anderen schadest, mußt du wissen, daß du damit dir selbst wehtust. Darum sollst du keinem anderen Böses antun.

Da fällt mir Hussain ein, der Sohn des Rabbi Malik aus Persien. Er pflegte in aller Herrgottsfrühe aufzustehen und mit größter Gewissenhaftigkeit und Frömmigkeit in der Moschee zu beten. Wenn er dann wieder nach Hause kam, fand er die Dienerschaft noch schlafend vor. Da wurde er jedesmal wild, schalt und verwünschte sie, weil sie ihre religiöse Pflicht vernachlässigten.

Eines Tages stellte sein Vater ihn zur Rede: „Sohn, warum bist du so zornig auf diese armen Seelen? Sie sind von ihrer Arbeit viel zu müde, als daß sie so früh aufstehen könnten wie du! Sieh zu, daß du nicht die guten Folgen deiner Frömmigkeit einbüßt, indem du diese unschuldigen Sklaven übel behandelst! Ich wünschte, du selbst würdest später aufstehen und nicht zur Moschee gehen. Deine Frömmigkeit hat dich hochmütig werden lassen. Du meinst, andere seien weniger fromm als du und maßt dir an, sie für Fehler zu schelten, für die sie selbst nicht verantwortlich sind!"

114 Wahre das Geheimnis deines Glaubens

Es war einmal ein Theologe, der hatte sich als vorzüglicher Kenner der vedischen Überlieferung einen Namen gemacht. Es war aber nicht ersichtlich, welcher Kaste er angehörte. Einige Anzeichen sprachen dafür, daß er kein Brahmane war, aber es war nicht möglich, es mit Sicherheit festzustellen. Seiner Zuhörerschaft ließ diese offene Frage keine Ruhe. Schließlich sagte die Frau eines Brahmanen, sie werde das Problem schnell und mit Leichtigkeit lösen. Sie lud den Gelehrten zu einem Festmahl in ihr Haus ein. Nachdem sie reichlich gespeist hatten, legte der Gast sich nieder, um ein wenig zu schlafen. Als er fest schlief, nahm sie ein glühendes Scheit aus dem Herd und hielt es gegen seine Fußsohle. Mit einem Schrei fuhr er auf: „Allah!" Da wußten alle, daß er ein Muslim war.

Aus seinem Glauben sollte man kein Ausstellungsstück machen. Nicht einmal bei einem Schmerzensschrei sollte man seinen Glauben preisgeben.

115 Urteile niemals über den Glauben eines anderen!

Die Angewohnheit, sich ein Urteil über den Glauben eines anderen anzumaßen, ist weit verbreitet. Ihr nennt den einen

‚gläubig', den anderen einen ‚Atheisten'. Aber was wißt ihr in Wirklichkeit darüber, was im Herzen eines Menschen vor sich geht?

Es war einmal eine Königin, die war eine große Verehrerin Shrī Rāmas. Sie war sehr betrübt darüber, daß ihr Gemahl, der König, den Namen Gottes nicht über seine Lippen brachte. Scheinbar glaubte er nicht an Gott. Sie gelobte, daß sie beim geringsten Anzeichen einer frommen Regung ihres Gemahls oder auch nur eines gewissen Respekts vor dem Namen Gottes, in allen Tempeln des Reiches ein großes Fest feiern lassen würde, verbunden mit einer ausgiebigen Armenspeisung.

Eines Nachts hatte der König einen bösen Traum. Im Schlaf entrang sich ihm ein gequälter Seufzer: „Rāma! Rāma! Rāma!" Die Königin hörte es mit Freuden: Nun wußte sie, daß ihr Gemahl Rāma verehrte. Am nächsten Morgen ordnete sie an, im ganzen Reich solle ein Freudenfest gefeiert und alle Armen reichlich gespeist werden.

Der König wunderte sich und fragte, was der Grund der Feiern sei. Aber alles, was er erfuhr, war, daß die Königin ein Freudenfest ausgerufen habe. Niemand kannte den Grund.

Umgekehrt kommt es auch oft vor, daß ein Mann nichts von der spirituellen Reife seiner Frau ahnt:

Ein Ehepaar befand sich auf einer Pilgerreise zu einem schwer zugänglichen Heiligtum. Der Weg war schmal. Er wurde selten begangen und war von Gestrüpp überwuchert. Der Mann ging voraus. Plötzlich sah er durch die Dornen hindurch einen geschliffenen Edelstein blitzen.

Hastig scharrte er ein wenig Sand über den Stein, denn er wollte um jeden Preis verhindern, daß seine Frau das Juwel entdeckte. Er befürchtete nämlich, sie würde es aufheben und ihr Herz an den Mammon hängen. Die Frau aber hatte ihn beobachtet. Sie schalt ihn dafür, daß er immer noch einen Unterschied machte zwischen Kiesel und Edelstein. Ihr war beides gleich-gültig.

Als der König, der in unserer Geschichte im Schlaf den Namen Gottes ausgesprochen hatte, von seiner Frau erfuhr, warum sie das Freudenfest ausgerufen hatte, bedauerte er, daß der heilige Name über seine Lippen gekommen war. Es wäre ihm lieber gewesen, seine Liebe zu Gott wäre anderen Menschen verborgen geblieben.

So gibt es viele Menschen, die ihre Liebe zu einem Meister oder einer bestimmten Form Gottes lieber für sich behalten. Ob ihr euren Glauben nun öffentlich bezeugt oder nicht – wichtig ist, daß ihr den Namen Gottes immer im Sinn habt. Die innerliche Wiederholung des heiligen Namens muß so beständig sein wie das Atmen. Das bedarf der fortwährenden Übung.

Zu Dr. Johnson, dem englischen Gelehrten, kam einst jemand mit der Frage: „Was soll ich tun? Ich möchte mich darin üben, den Namen Gottes zu wiederholen, aber ich habe einfach keine Zeit dazu! Der ganze Tag und auch ein großer Teil der Nacht ist ausgefüllt von hunderterlei Tätigkeiten, die erledigt werden *müssen*!"

Dr. Johnson fragte zurück: „Wie ist es möglich, daß Milliarden von Menschen auf der Erde leben, obwohl zwei Drittel der Erdoberfläche von Wasser bedeckt sind und der Rest größtenteils aus Gebirgen, Wüsten, Urwäldern, ewigem Schnee, Flüssen, Sümpfen und dergleichen besteht und unbewohnbar ist?"

„Nun, irgendwie haben sich die Menschen durchgekämpft, um Platz zum Leben zu finden!" „Das gleiche muß man tun", sagte Dr. Johnson, „um es zu schaffen, jeden Tag ein paar Minuten für das Gebet freizuhalten!"

116 Gott auf deiner Seite – Welt in deiner Hand

Wie reich, klug und gebildet, gesund und kräftig du auch immer sein magst – solange dein Herz unberührt geblieben ist von der Ahnung eines Höchsten Wesens, solange du nicht die Sehnsucht kennst, mit Ihm vereint zu sein, ist alles, was du dir erworben hast, wertloser Flitter.

Indien besitzt ein großes Epos, das Mahābhārata, in dem der Krieg zwischen den Kauravas und den Pāndavas beschrieben wird. Die Kauravas waren den Pāndavas an Reichtum und Kriegsmacht weit überlegen. Beide Parteien baten Krishna, den Herrn, um Seine Unterstützung. Die Kauravas erhielten von Ihm eine ganze Armee und große Mengen von Waffen und Munition und waren damit zufrieden.

Die Pāndavas dagegen baten nur um Seine Gnade. Krishna erfüllte ihre Bitte, indem Er sich allein und unbewaffnet auf ihre Seite stellte. Das einzige, was Er konkret für sie tat, war, daß Er die Peitsche in die Hand nahm und Arjunas Streitwagen lenkte. Doch das war bereits alles, was sie brauchten, um den Sieg zu erringen!

Die Kauravas erlitten eine vollständige Niederlage; die Pāndavas aber gewannen nicht nur das Königreich, sondern auch unsterblichen Ruhm.

Wenn Gott auf deiner Seite steht, hast du die Welt in deiner Hand. Das ist die Lehre der Heiligen Schriften der Hindus. ‚Laß alle Bindung an Recht und Pflicht in Mir, zu Mir allein nimm Zuflucht. Ich werde dich von aller Schuld befreien und vor Sünde bewahren. Ich werde dich aus dem Kreislauf erlösen, in dem du dich noch bewegst, von dem traurigen Spiel, das dich stets von Neuem ruft, aufzutreten und abzutreten von der Bühne des Lebens! Dann bist du immer in der Wirklichkeit des Selbst, der Ewigen Stille!‘ spricht der Herr.

117 Arjuna ist der Sieg gewiß

In der letzten Strophe der Bhagavad-Gītā heißt es: ‚Wo Krishna ist, der Herr des Yoga, und wo Arjuna ist, der größte unter den Bogenschützen, da wartet auf Wahrheit und Gerechtigkeit der Sieg'.

Dieser Satz meint nicht nur den Arjuna des Mahābhārata-Epos, der seinen Bogen spannt im Beisein von Krishna. Jeder von euch kann ‚Arjuna' sein, den Bogen spannen und den Sieg erlangen. Der Bogen ist nichts anderes als das Symbol für Mut und Vertrauen, für hochherzige Entschlüsse und ungebrochene Kraft.

Wollt ihr wissen, wie ihr Arjuna werden könnt? Das Wort ‚*arjuna*' bedeutet ‚weiß, rein, unbefleckt, makellos'. Sobald ihr ‚*Arjuna*' geworden seid und den Bogen haltet (in den Upanischaden heißt es, der Verstand ist der Bogen, OM der Pfeil und Gott das Ziel), ist Krishna da, bei euch. Ihr braucht Ihn nicht einzuladen oder feierlich einzusetzen. Er antwortet euch aus dem Inneren eures Herzens.

118 Selbstvertrauen

Es gibt keinen Menschen, der sich nicht selbst liebt, keinen, der nicht an sich glaubt und der nicht das Verlangen hat, sich immer höher zu entwickeln! Selbst ein Mensch, der nicht an Gott glaubt, glaubt doch an sich selbst und wünscht sich, noch mehr Selbstvertrauen zu bekommen. Dieser Wunsch ist etwas ganz Natürliches und entspringt dem tiefsten Herzensgrund.

Es war einmal ein Meister, der seine Weisheit an seine Schüler weitergab. Die Menschen strömten herbei, um durch seinen Anblick gesegnet zu werden. Alle brachten als Opfergaben Blumen und Früchte mit. Eines Tages waren die Gaben der Besucher besonders reichlich ausgefallen. Da winkte der Meister einem seiner Schüler und gebot ihm: „Nimm die Früchte, zerschneide sie in kleine Stücke und richte sie so her, daß wir sie unseren Gästen anbieten können."

Der Schüler tat, wie sein Lehrer befohlen hatte. Als er fertig war, fragte er: „Es ist alles hergerichtet. Wem soll ich zuerst anbieten?“ Der Meister sagte: „Fang bei demjenigen an, zu dem du das größte Vertrauen hast!“

Alle, die zuhörten, dachten natürlich, der Schüler würde zuerst seinem Meister reichen, danach allen anderen und zuletzt sich selbst. Aber was tat er? Er bediente sich selbst zuerst! Da wunderten sie sich, wie er so unhöflich sein konnte. Er erklärte es ihnen: „Zu mir selbst habe ich das größte Vertrauen!“

Auf den ersten Blick mag es so aussehen, als ob dieser Schüler aus Mangel an Vertrauen zu seinem Meister so handelte, aber sein eigentliches Motiv war sein starkes Selbstvertrauen. Wenn also jemand nicht Gottes Füße verehrt, keine Kirche und keinen Tempel besucht und auch keine Pilgerfahrten unternimmt, brauchen wir daraus nicht zu schließen, er glaube nicht an das göttliche Selbst. Vertrauen in das Selbst ist etwas, was man nur im Innern erfahren, nicht aber äußerlich darstellen kann. Worauf es ankommt ist, daß man an sich selbst glaubt! (Ch.K.I)

119 Bleib dir selbst treu!

Ein frommer Pilger nahm ein Bad im Ganges. Da sah er einen Skorpion (von der harmloseren Sorte) im Wasser zappeln. ‚Dies ist Gott in der Gestalt eines Skorpions,‘ dachte er und schickte sich an, ihn zu retten. Er nahm ihn in die Hand, aber der Skorpion stach zu, und so ließ er ihn wieder fallen. Dann tat ihm das Tierchen leid, und er fischte es von neuem aus dem Wasser.

Wieder stach ihn der Skorpion, wieder ließ er ihn fallen und hob ihn erneut auf. Fünf- oder sechsmal wurde er gestochen, doch schließlich schaffte er es, das Tierchen aufs Trockene zu bringen. Er ließ es im Sand laufen, und es huschte fröhlich davon.

Viele Leute hatten der Rettungsaktion zugeschaut. Sie lachten über soviel übertriebenes, dummes Mitgefühl. Aber der Pilger sagte: „Der Skorpion hat mich etwas gelehrt. Dafür bin ich ihm dankbar." Auf die Frage, was er denn gelernt habe, antwortete er: „Bleib dir selbst treu – was auch immer geschehen mag. Das ist es, was der Skorpion mich lehrte. Seine Natur ist es, zu stechen. Und so hat er gestochen, gleich wen und um welchen Preis."

In der Natur des Menschen liegt es, Weisheit (*jnāna*) zu erlangen; Seligkeit (*ānanda*) ist das Wesen des Menschen; Liebe ist das Blut, das ihn erhält; Friede ist die Vision, die ihn führt und leitet. Aus diesem Grund wird der Mensch in den Upanischaden ‚*āmritasya putra*' genannt, ‚Sohn der Unsterblichkeit'. Geburt und Tod sind ihm in Wahrheit fremd.

120 Verschiedene Rollen

Der Mensch fährt über das Meer des Lebens. In einer nicht endenwollenden Bewegung, vom *Karma* stets neu entworfen, gerät er von einer Szene des Bühnendramas in die nächste.

Es war einmal ein vollendeter Schauspieler, der trat vor dem König auf in der Rolle eines Mönches. Der König hieß ihn mit gebührender Höflichkeit willkommen und ehrte ihn als hohen Gast. Er stellte ihm viele Fragen über spirituelle Disziplin und Philosophie, welche der ‚Mönch' ohne Zögern und in ausgewählten, weisen Worten beantwortete. Der König war von ihm sehr angetan, und als er sich verabschiedete, ließ er ihm durch seinen Minister eine Schale Goldmünzen überreichen. Jedoch der Mönch schlug die Gabe aus, mit den Worten: „Einer, der aller weltlichen Bindung, aller Habe und allen Wünschen entsagt hat, hat für Gold nicht einmal einen Blick übrig." Dann ging er fort.

Am nächsten Tag besuchte der gleiche Schauspieler den Palast, diesmal als Tänzerin im klassischen Gewand. Der König war auch von diesem Gast begeistert. Beim Abschied ließ er wieder seinen Minister die Schale Gold holen und bot sie der Tänzerin zum Lohn für ihre Vorstellung an. Aber auch diesmal wurde die Gabe ausgeschlagen, jedoch mit einer anderen Begründung: „Majestät mögen verzeihen, aber gemessen an der hohen Kunst meiner Darbietung ist der Lohn zu gering."

An der Stimme erkannte der König den Mönch vom Vortag. „Seid Ihr nicht der gleiche Künstler, der gestern überhaupt keinen Lohn annehmen wollte? Wie kommt es, daß Euch die gleiche Gabe heute zu gering erscheint?" Da entgegnete der Schauspieler: „Gestern spielte ich einen Mönch. Für einen Mönch gehört es sich nicht, Lohn anzunehmen. Aber heute bin ich eine Tänzerin. Unter Tänzern ist es Sitte, so viel Geld von ihren Bewunderern zu nehmen, wie sie nur irgend bekommen können."

121 Tenali Rāmakrishna beweist Mut

Tenali Rāmakrishna, der berühmte Dichter, Humorist und Philosoph von Andhra, verirrte sich einst auf dem Weg durch einen dichten Urwald. Wie ihr wißt, lebte er zur Zeit der Herrschaft des großen Königs Krishnadeva Rāja von der Vijayanagara Dynastie, etwa 1500 v. Chr. Er gehörte dem kaiserlichen Hof an, und man schätzte ihn dort als weisen und geistreichen Minister.

Als er so durch den Wald irrte, leuchtete plötzlich etwas Orangefarbenes durch das Dickicht. Beim Näherkommen erkannte er, daß es ein Einsiedler war. Freudig rannte er auf ihn zu und warf sich ihm ehrfurchtsvoll zu Füßen. Er fragte den Weisen, wie es möglich war, daß er sich so verlaufen konnte. Der Weise schaute ihn lange schweigend an, dann sagte er: „Die gleiche geheimnisvolle Macht, die dich hierherbrachte, hat auch mich an diesen Ort geführt, so daß wir zusammentrafen. Der Augenblick ist gekommen, wo ich den Körper, den ich so lange bewohnt habe, aufgeben werde. Ich will dich in den Mantra einweihen, welchen ich all diese Jahre rezitiert habe und der mein Schutz und mein Reichtum war!"

Es war der Mantra der Mutter Kālī, welchen er Rāmakrishna nun ins Ohr flüsterte.

Tenali Rāmakrishna freute sich sehr über dieses Geschenk. Er zog in einen Tempel der Mutter tief in der Einsamkeit des Waldes. Dort meditierte er über die Göttliche Mutter, wie es ihm sein Mantra eingab.

Eines Nachts, um die zwölfte Stunde, kam eine Gruppe der Ureinwohner des Waldes, die Koyas hießen, in den Tempel. Sie führten eine Ziege mit sich, die sie der Mutter opfern wollten, um sie gnädig zu stimmen. Rāmakrishna versteckte sich hinter dem Standbild der Mutter. Als der Koya-Priester das Beil erhob, um es auf den Nacken des Opfers niederfallen zu lassen, rief er mit dröhnender Stimme: „Ich bin die Mutter aller Lebewesen, auch der Tiere! Wenn ihr mein Kind tötet, werde ich euch verfluchen, statt euch zu segnen!" In der festen Annahme, Kālī selbst habe gesprochen, warf der Priester erschreckt das Beil fort, und alle rannten eilig davon.

Da erschien die Göttin vor Rāmakrishna und sprach: „Ich bin sehr zufrieden mit dir. Hier, sieh diese Speisen! Welche von beiden möchtest du?" Dabei wies Sie auf zwei Teller, die Sie in Ihren Händen hielt. Der eine war mit Sauermilchreis, der andere mit süßem Reis gefüllt.

Rāmakrishna hätte zunächst einmal gerne gewußt, was für Folgen der Genuß der Speisen haben würde. Geduldig erklärte Sie es ihm: „Der Sauermilchreis bringt dir Reichtum und Erfolg, der süße wird dich zu einem Weisen machen. Triff deine Wahl!" Aber Rāmakrishna dachte: ‚Sicher ist es für einen Narren nicht gut, wenn er über zuviel Geld verfügt, aber Weisheit allein macht auch nicht satt.' Gewitzt wie er war, stellte er der Mutter eine weitere Frage: „Was hilft es mir, daß ich die beiden Speisen vor mir sehe? Damit ich mich entscheiden kann, mußt Du mir sagen, wie sie schmecken!"

Sie lachte: „Wie soll ich dir mit Worten ihren Geschmack beschreiben? Du mußt sie schon selbst probieren!" und reichte ihm die Teller hin, damit er kosten könne. Da stopfte sich Rāmakrishna geschwind beide Reisgerichte in den Mund. So schaffte er es, sich beides gleichzeitig einzuverleiben.

Kālī war beleidigt und rief drohend, Sie werde seine Unverschämtheit hart bestrafen. Rāmakrishna gab zu, daß er sich schlecht benommen hatte. Er sagte, er werde jede Strafe, die Sie ihm auferlegen würde, ohne Murren annehmen. Aber welche Mutter würde jemals ihrem eigenen Kind schaden, wie ungezogen es auch immer sein mochte? „Zittere nicht! Mein Urteilsspruch wird dein Leben nicht zerstören!" sagte Kālī. Dann sprach Sie: „Sei ein Vikatakavi!" ‚*Vikatakavi*' heißt soviel wie Hofnarr. Ein Hofnarr ist ein geistreicher Clown, der großen Einfluß am Hof besitzt, materiell gut gestellt ist und allen, die zu ihm kommen, in witziger Form wertvolle Ratschläge gibt.

Gott liebt Menschen, die Selbstvertrauen haben, die mutig ihren Schuldspruch annehmen und jede Gelegenheit ergreifen, den Stand ihrer spirituellen Entwicklung zu verbessern!

122 Kālidāsas Hingabe ist größer als seine Klugheit

Der berühmte Dichter Kālidāsa lebte und wirkte am Hofe König Bhojarājas. Aber die älteren Dichter und Gelehrten beleidigten ihn und machten ihm das Leben schwer, denn sie neideten ihm seinen Erfolg. Er war arm, und das war für sie ein hinlänglicher Grund, ihn zu verachten. Ihr wißt es ja selbst: Solange der Teich voll Wasser ist, sammeln sich die Frösche an seinem Ufer, aber sobald er ausgetrocknet ist, ist weit und breit kein Frosch mehr zu sehen... Sie verbreiteten Gerüchte über Kālidāsa und versuchten, ihn auf diese Weise vom königlichen Hof zu vertreiben.

Nur eine Person kannte Kālidāsa, welche ihm vollkommen frei von Neid und Dünkel zu sein schien: Kālī, die Göttliche Mutter. Darum ging er zum Tempel der Mutter Kālī und bat Sie, ihm zu Ruhm und Ansehen unter den Dichtern zu verhelfen. Lange blieb er dort, ins Gebet vertieft.

Da vernahm er aus dem Inneren des Schreins die Stimme der Gottheit: „Ehre gebührt den größten Dichtern und Gelehrten. Gepriesen sei der Genius des Dandi und des Bhāvabhuti!“ Kein Sterbenswörtchen über ihn, Kālidāsa!

Kālidāsa war tief verletzt. Dann packte ihn der Zorn, und er rief: „Mutter, so bist also auch Du im Bunde mit denen, die mich gering schätzen! Nun denn! Auch wenn Du nur den Genius der anderen anerkennst, sag mir wenigstens, wie Du mich siehst! Sag‘ mir die Wahrheit über mich, auch wenn sie wehtut!“ Da hörte er Ihre Stimme: „Du bist Ich, Du bist Ich, Du bist Ich, zweifle nie daran!“

Was für eine größere Anerkennung hätte es für Kālidāsa geben können als diese? Diese Antwort wird jeder Suchende bekommen, denn dies ist seine Wahrheit, seine Wirklichkeit, sein Preis, seine Erfüllung.

Es gibt viele Geschichten über Kālidāsa, in denen er dargestellt wird als überaus phantasiereicher Dichter, der die Ränke seiner Widersacher mit viel Witz zunichte macht. Seine Gottesliebe war jedoch weitaus größer als seine weltliche Klugheit.

Da fällt mir ein Mann ein, der viel weltliche Klugheit besaß: Mitten in der Nacht wird er von einem Geräusch geweckt. Das Geräusch stammt eindeutig von Dieben, die gerade in sein Haus eingebrochen sind. Wohl wissend, daß die Diebe ihn hören können, beginnt er, laut auf seine Frau einzureden: „Hör doch endlich auf, mich zu quälen! Ständig liegst du mir in den Ohren, ich soll deinen Schmuck zurückkaufen. Was blieb mir denn anderes übrig? Ich *mußte* den Schmuck ins Leihhaus bringen! Oder willst du, daß wir verhungern? Das Gold haben wir doch auch schon versetzen müssen! Du weißt ganz genau, daß ich keinen Pfennig mehr habe! Wir müssen einfach warten, bis bessere Zeiten kommen! Ich verspreche dir, sobald ich wieder Arbeit habe und etwas verdiene, löse ich deinen Schmuck ein! Aber jetzt laß mich bitte damit in Ruhe!“ Überflüssig zu sagen, daß die Diebe das Haus enttäuscht verließen, um andernorts ihr Glück zu versuchen.

123 In Sicherheit

Wie ihr wißt, ernährt sich der Adler, Garuda, von Schlangen. Eines Tages besuchte Garuda den Wohnsitz Shivas, den Berg Kailāsa, um Ihm seine Ehrerbietung zu erweisen. Eins der Kennzeichen Shivas sind die Schlangen, die sich um Seinen Kopf, Seinen Hals, Seine Arme und Handgelenke, um Seine Mitte und um Seine Knöchel ringeln.

Als die Schlangen den Adler erblickten, erschraken sie nicht im geringsten. Sie waren sogar so keck, ihm ihre Zungen herauszustrecken und ihn zu necken. Sie konnten es sich leisten, so unerschrocken zu sein: Der Platz, an dem sie sich niedergelassen hatten, bot ihnen absolute Sicherheit.

Verlaßt euch auf den innewohnenden Gott, Ātman, und nichts kann euch schaden; weder Sorgen noch Leid, weder Neid noch Stolz können euch etwas anhaben.

PRÜFUNGEN

124 Sītās Standhaftigkeit

Wenn dein Herz mit den Leidenden fühlt, wird der Herr Seine Gnade über dich ausschütten.

Draupadī gewann die Gnade des Herrn durch ihre Hingabe und Liebe zu Gott und durch ihre hohen Tugenden. Auch Sītā hielt immer an den höchsten Idealen fest, selbst in Zeiten größter Not.

Als Hanuman sie in der Grotte, in der sie von ihrem Entführer gefangengehalten wurde, entdeckte, sagte er: „Kommt, o Königin, ich nehme Euch auf meine Schultern und bringe Euch über das Meer in die Obhut Eures Gemahls, meines Herrn, Rāma!“ Aber Sītā antwortete: „Lieber Hanuman, ich ehre deinen Mut und deine Treue, aber es ist nicht recht, wenn ich mich von einem anderen als meinem Gemahl befreien lasse. Denn so würde ich Rāma der Gelegenheit berauben, Rāvana für seine Schandtat zu bestrafen. Nein, ich warte, bis Er selbst kommt und mich befreit!"

Was für hochherzige Worte! Sītā dachte und sprach in vollkommenem Einklang mit dem Prinzip des Rechten Handelns (*dharma*). Wen wundert es da noch, daß die Gnade Gottes sie bei einer anderen Gelegenheit vor Schaden bewahrte?

Ohne Standhaftigkeit und Vertrauen zu Gott gewinnt man Seine Gnade nicht.

125 Beutestreit

Arjuna lebte eine Zeitlang als Asket in einem Tal des Himalaja, wo er sich in die Betrachtung Shivas versenkte.

Eines Tages brach ein riesiger Bär durch das Dickicht. Als er Arjuna bemerkte, ging er schnaubend in Angriff über. Obwohl man während asketischer Übungen kein Lebewesen verletzen darf, nahm Arjuna seinen Bogen und schoß das Tier.

In diesem Augenblick erschien ein Hüne von einem Jäger auf der Lichtung und fuhr Arjuna an: „Wer bist du, Eindringling, daß du es wagst, meine Beute zu jagen?" Augenscheinlich war er sehr gereizt. Arjuna fühlte sich zu Unrecht beschuldigt und entgegnete trotzig: „Der Wald mit seinen Tieren gehört allen!" Davon wollte der andere nichts wissen. „Warum mußtest du den Bären erlegen, hinter dem ich gerade her war?"

Aus dem Wortgefecht wurde bald ein Kampf mit Waffen. Aber zu seiner Bestürzung mußte Arjuna sehen, daß seine Pfeile von dem Hünen abprallten und wie geknickte Grashalme zu Boden fielen. In ohnmächtigem Zorn packte er seinen Bogen und zerschlug ihn auf dem Kopf des Jägers. Der reagierte gar nicht darauf. Da stürzte Arjuna sich auf ihn und bearbeitete ihn mit seinen bloßen Fäusten. Der Riese zahlte ihm seine Schläge heim, und beide mußten viel einstecken.

Arjuna war der Unterlegene und ging zu Boden. Er blutete und rang nach Atem, während der andere keinerlei Anzeichen von Erschöpfung zeigte. Da wußte Arjuna, daß er es nicht mit einem gewöhnlichen Sterblichen zu tun hatte.

Da, wo er lag, formte er aus Lehm ein kleines Shiva-Linga und schmückte es mit Blüten. Dann blickte er auf und sah, daß die Blüten im Haar des Hünen steckten und auch im Haar Seiner Gefährtin, die inzwischen dazugekommen war. Arjunas Freude war groß, denn nun wußte er, daß es Shiva und Pārvatī waren, die gekommen waren, um ihn auf seine Standhaftigkeit zu prüfen und ihn zu segnen.

126 Gott prüft und belohnt

Die Pāndavas begingen das *Ashvamedha-yajna*, das Pferdeopfer. Im Zuge der heiligen Handlung wurde das auserwählte Pferd freigelassen, welches nun das ganze Land durchstreifte. Welcher fremde Herrscher das Pferd einfangen würde, forderte damit den Opfernden zum Kampf heraus. Dieser mußte dann das Pferd zurückgewinnen, indem er den Herausforderer besiegte.

Es war Mayūradhvaja, der das Pferd einfing. Er war ein Verehrer Krishnas, ein gerechter König und ein mit den Veden vertrauter Weiser, bekannt für seine Güte. Arjuna, der mächtige Held der Pāndavas, sollte ihn zum Kampf herausfordern. Aber Krishna hielt ihn davon ab, denn er wollte ihm die Hingabe Mayūradhvajas zeigen, die bei weitem größer war als die seine. Die ganze Welt sollte sehen, zu welcher Selbstaufopferung und Rechtschaffenheit Mayūradhvaja fähig war.

Auf Krishnas Geheiß begaben sich die beiden, als Brahmanen verkleidet, zum Palast des Königs. Dort baten sie um etwas zu essen. Der König hieß sie willkommen und lud sie ein, mit ihm zu speisen, was sie aber dankend ablehnten.

Nun erzählte Krishna eine grausige Geschichte: „Hör zu, großmütiger Herrscher! Als wir soeben durch den Wald nahe der Grenze deines Königreichs wanderten, sprang ein Tiger herbei, schlug den Sohn meines Reisegefährten und schleppte ihn fort. Ehe wir das Ungetüm einholen konnten, hatte es bereits den halben Jungen verschlungen, aber auf unser flehentliches Bitten hielt es inne und versprach, den ganzen Jungen wieder herauszugeben – unter der Bedingung, daß wir ihm zum Ersatz den halben Körper des Königs dieses Landes, Mayūradhvaja, zum Fraß bringen würden. Wie könnten wir deine Gastfreundschaft annehmen, während solche Qual in unseren Herzen bohrt? Wenn du uns zusagst, deinen halben Körper herzugeben, um das Leben des Brahmanenjungen zu retten, wollen wir gerne deine Gäste sein!"

Der edle König sagte ohne Zögern ja. Als sie das Mahl beendet hatten, setzte er sich auf den Boden und wies die Königin und seinen Sohn an, ihn zu zersägen. Sie setzten die Säge an und begannen ihn vom Scheitel her zu zerteilen. Die beiden 'Brahmanen' schauten zu. Da sahen sie, daß Tränen aus seinem linken Auge flossen. Krishna sagte: „Gibst du uns das Geschenk nur unter Tränen? Sollte deine Bereitwilligkeit doch nicht ungetrübt sein? Bedenke, daß wir nichts annehmen dürfen, was nicht mit Freuden gegeben wird." Aber Mayūradhvaja entgegnete: „Herr! Wenn meine Bereitwilligkeit eingeschränkt wäre und ich das Geschenk nur zaudernd gäbe, müßten dann nicht beide Augen Tränen vergießen? Aber wie Ihr seht, weint nur das linke Auge. Hört nun, was der Grund seiner Tränen ist: Die rechte Körperhälfte wird zu einem heiligen Zweck verwendet, nämlich um einen Menschen vor einem grausamen Tod zu bewahren. Aber was soll aus der linken werden? Wird sie nicht ein Fraß der Geier und Hunde werden? Darüber weint die linke Hälfte, die rechte jedoch freut sich, daß sie eine so segensreiche Aufgabe erfüllen darf!"

Nun war für Krishna der Augenblick gekommen, sich Mayūradhvaja in Seiner ganzen Herrlichkeit und Güte zu offenbaren. Er segnete ihn damit, daß er Ihn fortan ständig in seinem Herzen spürte. Von nun an lebte Mayūradhvaja im Zustand der Seligkeit.

Arjuna mußte einsehen, daß Krishna Verehrer besaß, die spirituell höher standen als er selbst. Das dämpfte seinen Stolz.

Prüfungen wie diese sind nicht Beweise des Zornes Gottes, sondern vielmehr Seiner Gnade. Der schreckerregende Aspekt Gottes ist in seinem Kern nicht schrecklich. In den Heiligen Schriften wird Gott beschrieben als die Süße selbst (*raso vai sah*). Kann Süße jemals bitter sein?

127 König Sibi wird geprüft

König Sibi war ein wahrhaft gottergebener Mensch. Er war völlig frei von Verhaftung und lebte ganz im Geiste der Entsagung. Aber die Götter wollten ihn prüfen, ob seine Tugenden auch wirklich unerschütterlich waren.

Agni, der Gott des Feuers und Indra, der höchste Gott des Firmaments, verwandelten sich in Vögel. Agni wurde eine Taube und Indra ein Falke. Der Falke jagte die Taube über den ganzen Himmel, bis sie verängstigt dem König in den Schoß fiel. Sie flehte ihn an, er möge sie um ihrer Kinder willen vor dem bösen Falken beschützen. Seiner königlichen Pflicht (*dharma*) entsprechend, welche von ihm verlangte, allen Wesen Schutz zu gewähren, die sich zu ihm flüchteten, gab Sibi der Taube sein Ehrenwort, daß sie bei ihm in Sicherheit sei.

In diesem Augenblick flog der Falke herbei und verlangte seine rechtmäßige Beute: „Gebt die Taube heraus! Gerade hatte ich mir ein Mahl für meine Familie und für mich gesichert, und nun wollt Ihr es mir vorenthalten!“ beschwerte er sich. „Alle Welt preist Eure Rechtschaffenheit, nur mir gegenüber verhaltet Ihr Euch nicht so, wie es Eurer Pflicht entspräche!“

„Sei getrost,“ beschwichtigte ihn König Sibi, „die Taube kann ich dir zwar nicht geben, denn sie steht unter meinem

Schutz, aber damit du nicht leer ausgehst, werde ich soviel Fleisch von meinem eigenen Körper abschneiden, wie sie wiegt. Damit magst du deinen und den Hunger der Deinen stillen." Der Falke war einverstanden. Man schaffte eine Waage herbei und setzte die Taube in eine der Waagschalen. In die andere kam das Fleisch von König Sibis Körper. Aber so viel man auch abschnitt – die Waagschale, in der die Taube saß, wollte nicht steigen!

Alles rätselte, wie es möglich war, daß der kleine Vogel so schwer wog. „Also gut," sagte König Sibi schließlich, „nimm meinen ganzen Körper, iß mich ganz! Hier hast du mich, ich stehe dir zur Verfügung." Kaum hatte er das gesagt, verwandelte sich der Falke zurück in die wahre Gestalt des Gottes Indra. Auch die Taube war verschwunden, und an ihrer Stelle war Agni da. Beide Gottheiten standen nun in ihrer ganzen Herrlichkeit vor König Sibi und strahlten vor Freude über seine Kraft der Entsagung. Dann schieden Sie von ihm, aber nicht, ohne ihn über alle Maßen gesegnet zu haben.

128 Sei ein Knecht Gottes, nicht aber der Menschen

Haltet unter allen Umständen eure Selbstachtung hoch, so wie es Draupadī, die Gemahlin der Pāndava-Brüder, tat. Ihre Gemahle hatten sich mit den bösartigen Kauravas auf ein Würfelspiel eingelassen, das eigentlich eine Falle war. Der Einsatz, um den es in dem falschen Spiel ging, war Draupadī selbst. Die Pāndavas verloren, und so konnten die Kauravas die Pāndava-Königin für sich in Anspruch nehmen.

Dharmarāja, der älteste der Pāndava-Brüder, mußte tatenlos mit ansehen, wie seine Gemahlin an den Haaren in den Königssaal gezerrt wurde. Draupadī war so außer sich vor Zorn, daß die ganze Schurkenbande augenblicklich verglüht wäre, hätte sie sie nur angeblickt. Aber das tat sie nicht. Stattdessen schaute sie Dharmarāja an, der mit gesenktem Kopf vor ihr saß. Sein Anblick beruhigte sie ein wenig.

Dann sprach sie einen Fluch, der im Himmel und auf der Erde widerhallte: „Mögen die Gattinnen dieser bösen Drachen, die Hand an mein Haar gelegt und mich hierher geschleppt haben, laut ihre Witwenschaft beklagen! Mögen sie sich in untröstlichem Schmerz ihre zerzausten Haare raufen! Bis zu jenem Tag werde ich mein Haar, das diese Barbaren gelöst haben, nicht mehr flechten!"

Vor allen Anwesenden zählte sie die Reihe ihrer Ahnen auf und sprach von der Tradition der Würde und Selbstachtung, die in ihrer Familie lebendig war. Sie sagte, sie sei ihr Leben lang ihrem Vorsatz treu geblieben, die Ehre ihrer Ahnen nicht zu beflecken oder ihre Würde herabzusetzen.

Haltet auch ihr die Würde eurer geistigen Eltern Rāma, Krishna, Haricandra, Mīrā, Tyāgarāja, Tukarām, Rāmakrishna und Nandanara hoch! Die Ehre eurer geistigen Abstammung ist wie ein kunstvoll gewickeltes Garnknäuel. Jeder Ausrutscher eurerseits führt zu einem verhängnisvollen Durcheinander. Gebt darum acht! Laßt euch von Gott in Knechtschaft nehmen, nicht aber von den Menschen!

129 Er wollte es

Die Pāndava-Prinzen hatten ein Pferdeopfer (*ashvamedha*) vollzogen. Das Pferd, das man freigelassen hatte, war von Babhruvāhana, dem Sohn Arjunas, eingefangen worden.

Babhruvāhana ahnte nicht, daß sein eigener Vater dazu bestimmt war, das Pferd auszulösen. Der Sitte entsprechend mußten sie um das Pferd kämpfen.

Als Babhruvāhana erfuhr, daß Arjuna es war, der gekommen war, um das Pferd zurückzuerobern, lief er hin und fiel ihm zu Füßen. Seine Mutter hörte, daß er sich Arjuna kampflos ergeben hatte. Da zürnte sie und schalt ihn einen Feigling: „Bist du nicht ein Angehöriger des Krieger-Standes (*kshatriya*)? Wie kann ein Kshatriya das Pferd, das er in seine Gewalt gebracht hat, widerstandslos hergeben? Laß deinen Herausforderer darum kämpfen, und sei es auch dein Vater!“

Vater und Sohn fügten sich der Sitte und kämpften. Zu aller Überraschung und Bestürzung fiel Arjuna, vom Pfeil seines Sohnes getroffen, und starb.

Babhruvāhana beklagte laut sein böses Geschick, welches ihn dazu verdammt hatte, Unglück über seine Mutter und alle Welt zu bringen. Da erschien Ulipi, eine Prinzessin aus der Unterwelt und Tochter des Königs der Schlangen. Sie tröstete Babhruvāhana, indem sie erzählte, was andere nicht wissen konnten. Durch ihre Erzählung wurde klar, daß Arjuna selbst sich ein solches Ende gewünscht hatte:

In der Schlacht von Kurukshetra hatte Arjuna seine stärkste, den sicheren Tod bringende Waffe, Brahmastra, auf Bhīshma gerichtet und ihn getötet. Aber statt über die Vernichtung des mächtigen Feindes zu triumphieren, fühlte Arjuna sich schuldig, denn Bhīshma hatte nach dem Tod seines Bruders Pāndu, dem Vater der Pāndava-Brüder, dessen Söhne wie seine eigenen aufgezogen.

Arjuna und seine Brüder waren damals noch kleine Kinder, doch er erinnerte sich noch gut daran, wie sehr sie an Bhīshma gehangen hatten. Und nun hatte er selbst den Tod seines geliebten ‚Pitamahā‘ herbeigeführt! Arjuna verwünschte sich: ‚Zur Strafe meines Undanks und der bösen Tat will ich selbst einst durch die Hand meines Sohnes fallen!‘

Als Ulipi den Hintergrund des Geschehens aufgedeckt hatte, erweckte sie Arjuna kraft der geheimnisvollen Kenntnisse der Unterwelt wieder zum Leben.

Jedes in den Purānas geschilderte Ereignis, das uns widersinnig oder unerklärlich erscheinen mag, hat eine tiefere Bedeutung!

130 Imitiert nichts Fremdes!

Ein junger Mann, der im Geiste der alten indischen Tradition aufgewachsen und erzogen worden war, wollte zu seiner weiteren Ausbildung ins Ausland gehen. Sein Vater ging mit ihm zum Tempel der Hausgottheit und bat sie, seinen Sohn zu beschützen und ihn sicher in die Heimat zurückkehren zu lassen. Der junge Mann tat es seinem Vater gleich und betete auch um den Segen der Gottheit.

Zwei Jahre lang blieb er in der Fremde. Von seinen sechsundzwanzig Lebensjahren hatte er vierundzwanzig in Indien verbracht und nur zwei im Ausland. Nach Abschluß seiner Ausbildung schrieb er seinen Eltern, daß er nun nach Hause zurückkehren würde. Die Eltern freuten sich auf ihn und holten ihn vom Flughafen ab. Sie nahmen sich vor, gleich nach seiner Heimkehr mit ihm vor den Schrein ihrer Hausgottheit zu treten, damit er ihr danken könne.

Als der junge Mann aus dem Flugzeug ausstieg, sahen sie schon von weitem, daß er westlich gekleidet war. Ohne sich vor ihnen zu verneigen, wie es der Sitte entsprochen hätte, sagte er nur: „Na, wie geht's, Mami?" Der Mutter machte es nichts aus; voller Freude und Liebe segnete sie ihren Sohn. Sie fuhren nach Hause.

Unterwegs sprachen sie davon, daß sie gemeinsam vor den Hausaltar treten würden. Der Sohn war zunächst damit einverstanden, als sie jedoch vor der Haustür standen, wollte er seine Schuhe nicht ausziehen und schimpfte, das sei doch ein unnötiger Umstand.

Als nun die Eltern vor den Hausaltar traten, um zu beten, bedeuteten sie ihm, er möge es ihnen gleichtun. Aber er steckte nur seine Hände tiefer in die Hosentaschen und dachte nicht daran zu beten. Als sie ihn dazu aufforderten, sich doch wenigstens vor der Gottheit zu verbeugen, sagte er nur mit schiefem Blick auf die Götterstatue: „Wie geht's, Mami?"

Das empörte den Vater so sehr, daß er seinem Sohn eine Ohrfeige versetzte und ihm deutlich die Meinung sagte: „Du bist mit dem Segen der Gottheit in den Westen gegangen und jetzt, wo du heil und gesund nach Hause gekommen bist, willst du ihr nicht einmal danken! Du undankbarer Mensch bist es nicht wert, mein Sohn zu heißen! Die guten Gebräuche, die dich vierundzwanzig Jahre lang begleitet haben, hast du über Bord geworfen und dir in nur zwei Jahren den Stil eines fremden Landes angewöhnt! Willst du dieses ungehörige Verhalten etwa für den Rest deines Lebens beibehalten? Solltest du so kurzsichtig sein, daß du fremde Gebräuche kritiklos imitierst? Du mußt nämlich wissen: Es ist besser, in Würde unterzugehen, als sich fremde, unpassende Gewohnheiten zu eigen zu machen. Unsere eigenen Sitten und Gebräuche bringen uns Glück und Freude und heiligen unser Leben!“

131 Das ungeschriebene Epos

Ein Mogulen-Fürst, der Taneshah von Delhi, bat einst die acht berühmtesten Dichter von Vijayanagar, an seinem Hof eine Präsentation des Mahābhārata-Epos zu geben. Insgeheim verband er mit dieser Veranstaltung aber den Wunsch, sich vor seinen Gästen in ein vorteilhaftes Licht zu rücken.

Die Dichter gaben eine unübertreffliche Darstellung des Epos. Der Fürst war sehr angetan und bat sie, eine neue Version des Epos zu verfassen. Er würde gerne eine Rolle darin spielen, und zwar eine, die derjenigen des Pāndava-Königs, Dharmarāja, gleichkäme. Seine Minister könnten ja die anderen Pāndava-Brüder verkörpern und seine Feinde die Kauravas. Was er da verlangte, war nichts geringeres als ein ‚Taneshah-Bhārata‘.

Die Dichter verspürten keine Neigung, ihm diesen Gefallen zu tun! Sie berieten untereinander, wie sie sich aus der Klemme ziehen könnten. Ein besonders gewitzter unter ihnen, namens Tenali Rāmakrishna, erklärte sich bereit, das Epos zu schreiben, denn er meinte, die Gelegenheit sei günstig, dem Taneshah eine Lektion zu erteilen.

Der Taneshah gab ihm eine Woche Zeit, das Mahābhārata-Epos auf ihn umzuschreiben. Die Woche war bereits vergangen, und Tenali Rāmakrishna hatte noch keine einzige Zeile zu Papier gebracht. Den anderen Dichtern wurde angst und bange, denn sie fürchteten sich vor der Strafe des Taneshah. Pünktlich am vereinbarten Tag nahm Tenali Rāmakrishna einige Bögen Papier in die Hand und trat vor den Taneshah, welcher im Kreise zahlreicher geladener Gäste darauf wartete, das alte Epos im zeitgenössischen Gewand zu erleben.

Huldvoll begrüßte er den Dichter: „Meister, ist das Werk gelungen?“, worauf Tenali Rāmakrishna bedächtig das Haupt wiegte: „Es ist so gut wie fertig,“ sagte er, „mir sind nur einige Kleinigkeiten unklar, was die Besetzung betrifft. Die müßte ich noch mit Euch abklären, bevor wir es vortragen.“

„Sag‘ an, worum es geht, und ich werde dir umgehend Klarheit verschaffen!“ „Ganz so einfach ist es nicht“, sagte Tenali Rāmakrishna und schaute ihn fragend an: „Ich bin mir nicht ganz sicher, ob es angebracht ist, diese Einzelheiten vor den Zuhörern zu klären. Es wäre mir lieber, wir könnten es unter vier Augen besprechen.“

Sie zogen sich in eines der inneren Gemächer zurück, und Tenali Rāmakrishna erklärte dem Taneshah, worin das Problem bestand: „Ich frage mich, wer in die Rolle der Königin Draupadī hineinpassen würde. Ihr erinnert Euch ja sicher: Draupadī ist die Ehefrau aller fünf Pāndava-Prinzen gewesen. Meint Ihr, Eure Gemahlin hätte nichts dagegen, in dem Epos mit all Euren Ministern verheiratet zu sein? Würdet Ihr einwilligen, daß diese Rolle Eurer Frau Gemahlin auf den Leib geschrieben wird?“

Allerdings – bei näherer Betrachtung gefiel dem Taneshah dieser Teil des Epos nun ganz und gar nicht! Er beeilte sich, die Angelegenheit ungeschehen zu machen: „Unter diesen Umständen ist es vielleicht doch nicht angebracht, das Epos umzuschreiben. Hier, nimm reichen Lohn für eure Mühe. Aber nun geh bitte und vergiß die ganze Geschichte!"

Wir sehen, daß es dem Taneshah nur daran gelegen war, sich im Glanz der ruhmreichen Pāndava-Helden zu sonnen. Aber er war nicht dazu bereit, sich den heiligen Bedingungen, unter denen die fünf Brüder Draupadī zur Frau genommen hatten, zu beugen.

Wenn wir Heutigen unsere kulturellen Traditionen pflegen wollen, müssen wir erkennen und akzeptieren, daß Moral und Wahrheit die Grundlagen jeder menschlichen Kultur sind. Wir müssen uns *in der Tat* an Moral und Wahrheit halten. Wenn uns nur am schönen Schein gelegen ist, wir aber nicht bereit sind, den Weg unserer Vorfahren wirklich zu gehen, gleichen wir dem Taneshah in unserer Geschichte. Damit ist Kultur etwas Aufgesetztes. Sie muß aber gelebtes Leben sein.

132 Ein Hund hat genug gebüßt

Shrī Rāma hatte beschlossen, Sein irdisches Leben zu beenden und in die Hochwasser führende Sarayū zu gehen, um darin zu versinken. Da bemerkte Er unter den zahlreichen Bürgern von Ayodhyā, die Ihm folgten, einen Hund.

Er beugte sich zu ihm nieder und fragte: „Was hat dich dazu bewogen, dich uns auf dem Gang in den Tod anzuschließen?" „Ich möchte mit Dir zusammen endlich in den Himmel eingehen", antwortete der Hund, „denn in meinem früheren Leben war ich ein großer Yogī. Aber ich strauchelte und fiel, kam vom rechten Weg ab und wurde ein Opfer meines Stolzes.

Ich deutete die Heiligen Schriften, wie es mir gerade paßte. Meine Phantasie half mir dabei, und den Leuten gefiel es. Darum bin ich in diesem Leben als Hund geboren worden, der sich darin ergeht, zu bellen, zu beißen und zu heulen. Die

Leute, die mich damals durch ihr Lob bestärkten, sind heute die Flöhe und Läuse, welche in meinem Fell nisten und mich plagen.

Hilf mir, Herr, diesem unwürdigen Zustand zu entkommen! Mein Karma ist abgetragen! Meinen Urteilsspruch habe ich abgebüßt!"

Das ist die Folge mangelnder Ehrfurcht vor den Heiligen Schriften! Studiert sie in Demut und in der lauteren Absicht, in die Tat umzusetzen, was sie euch lehren. Wer sein Verhalten nicht den Lehren der Heiligen Schriften angleicht, beweist damit bereits einen Mangel an Ehrfurcht.

133 Suche nach dem Verfasser

Ein Schulrat visitierte einst eine Schule. Er schlug dem Lehrer vor, er solle seine Schüler doch einmal fragen, wer das ‚Rāmāyana' verfaßt habe. (Eins der großen Epen der indischen Literatur, welches dem legendären Heiligen Vālmiki zugeschrieben wird. Anm. d. Übers.)

Ein Schüler antwortete mit Unschuldsmiene: „Ich nicht, bestimmt nicht! Haben Sie es vielleicht geschrieben, Herr Lehrer?" Dem war die Sache äußerst peinlich. Er drehte sich zum Schulrat um und sagte: „Ich kann Ihnen versichern, daß ich es auch nicht war. Ist es möglich, daß Sie sich geirrt haben? Haben Sie es vielleicht nicht doch selbst geschrieben?" Der Schulrat war nun selbst verunsichert. Er gab den Fall an die übergeordnete Schulbehörde weiter. Dort befand man, das Stück müsse wohl von einem unbekannten Brahmanen verfaßt worden sein und empfahl dem Schulrat, den Fall zu den Akten zu legen.

Diese Szene soll illustrieren, in welch beklagenswertem Zustand sich unser Bildungswesen befindet. Schüler, Lehrer, Schulräte und Ministerien sitzen alle auf dem gleichen Dampfer. Niemand kennt den Verfasser eines klassischen religiösen Werkes. Unter diesen Umständen ist es nicht gerechtfertigt, uns als ‚gebildet' zu bezeichnen!

Gute Werke, in der inneren Einstellung der Hingabe getan, lassen unseren Lebensfaden weder länger noch kräftiger werden, aber sie geben inneren Frieden und Zufriedenheit.

Erst heute vormittag habt ihr den Beweis dafür bekommen: Heute früh um zehn Uhr wurden die letzten heiligen Gaben dem Feuer des *Rudrayajna* geopfert, und um fünf Minuten nach zehn gab es einen unerwarteten, aber höchst willkommenen Regenguß!

Manche, die den verborgenen Wert von Opferhandlungen nicht kennen, machen sich lustig über die rituellen Handlungen und werfen den Priestern vor, sie vergeudeten kostbare Werte und Energien, die man an anderer Stelle nutzbringender verwenden könnte. Was sie aber nicht wissen ist, daß die Nahrung, die sie selbst zu sich nehmen, eine enorme Verschwendung ist, denn sie tun weder der Welt noch sich selbst irgendetwas Gutes. Zigaretten sind Verschwendung, sogar eine sehr gefährliche! Ebenso extravagante Kleidung und schlechte Filme. Auch die Stunden, die sie am Radio verbringen, sind verschwendet.

Sicher habt ihr schon einmal einem Bildhauer bei seiner Arbeit zugeschaut. Vielleicht habt ihr gemeint, seine Arbeit sei reine Zeit- und Materialverschwendung, denn euch kam es so vor, als schlage er fortwährend nur kleine Stücke von einem großen Stein ab. Was ihr aber nicht sehen konntet, ist die Tatsache, daß er eines Tages eine wunderschöne Figur aus dem Stein herausgearbeitet haben wird!

Oder ihr habt einen Bauern dabei beobachtet, wie er wertvolle Saat auf feuchte Erde streut. Vielleicht habt ihr gedacht, von dem Getreide, was er da auf den Boden wirft, könnten viele Menschen satt gemacht werden! Was ihr nicht seht, ist die Tatsache, daß er in wenigen Monaten das Hundertfache der Saat ernten wird!

Eure Kritik entspringt eurer Unwissenheit und Kurzsichtigkeit. Der Regen, der heute früh fiel, überraschte euch – nicht aber Mich. Er war die unausweichliche Folge der

Opferhandlung. Es ist eine besondere Wissenschaft, Regen zu machen, und ihr solltet die Pandits um ihres Wissens willen ehren!

135 Wiederbelebung der Veden

Dies ist die Geschichte, wie Sārasvata Mahārshi einst die Veden zu neuem Leben erweckte:

Durvāsa war ein bedeutender Gelehrter der vedischen Weisheit. Er trug die Musik des *Samaveda* auf der Zunge und die Glut des Zorns in den Augen – in der Tat eine seltsame Mischung!

Sarasvatī, die Göttin des Wissens und der Befreiung, lachte spöttisch, als sie ihn sah, denn seine Widersprüchlichkeit belustigte sie. Da war der Weise tödlich beleidigt und sprach einen Fluch über sie aus, der bewirkte, daß sie auf der Erde geboren werden mußte als Tochter Atreyas.

In dieser menschlichen Inkarnation hatte sie auch einen Bruder, der hieß Sārasvata. Er war ein schlechter Schüler und nicht einmal in der Lage, die Veden auch nur richtig auszusprechen. Sein Lehrer gab sich die größte Mühe, ihm etwas beizubringen, aber als er sah, daß es nichts fruchtete, züchtigte er ihn mit Rutenschlägen, wodurch sich gar nichts änderte, außer daß der arme Junge Tränen der Hilflosigkeit vergoß.

Sarasvatī tat er unendlich leid. Sie bat, man möge ihn vom Unterricht befreien und ersparte ihm damit weitere Schläge. Aber damit ließ sie es nicht bewenden: sie lehrte ihn die vier *Veden* und die sechs *Shāstras* auf ihre Art, und – siehe da! – mit ihrer Hilfe brachte er es zur Meisterschaft in der vedischen Weisheit.

Inzwischen hatten die Menschen die Veden aus dem Gedächtnis verloren; die Folge davon war, daß das Land von einer Hungersnot heimgesucht wurde. Die weisen Männer waren nur noch Haut und Knochen, und heiße Sehnsucht nach den Veden ergriff sie, denn sie waren die Nahrung, von der sie lebten.

Da betete Sārasvata zur Mondgöttin, worauf sie eßbare Pflanzen, *saka*, aus dem Boden sprießen ließ. Von diesen ernährten sich die Rishis und blieben am Leben. Sārasvata kam zu ihnen und lehrte sie die sechzig verschiedenen Teile der Veden. Aber der Schleier der Unwissenheit, der sich über die Veden gelegt hatte, war so dicht, daß sich die Rishis von den Zweiflern irremachen ließen, die behaupteten, sie lernten das Falsche.

Nārada, der Götterbote, mußte kommen und sie darin bestätigen, daß die Worte, die Sārasvata sie lehrte, die echten Veden waren. Aber nicht einmal ihm gelang es, ihre Zweifel zu zerstreuen. So traten sie gemeinsam vor Brahmā, der zu ihnen sprach: „Euch allen ist es möglich gewesen, Mich zu schauen. Das ist zweifellos die Folge eures Studiums der Veden! Und Ich sage euch: ihr werdet selbst Brahmā werden, wenn ihr noch dazu in die Tat umsetzt, was ihr gelernt habt!"

RECHTSCHAFFENHEIT

136 Die schützende Aura der Pflichterfüllung

Bhīshma war ein gewaltiger Krieger. Alle wußten, daß er seine Größe und sein Heldentum durch nichts anderes gewonnen hatte als durch seine innere Freiheit und die Gnade Gottes.

Angrenzend an sein Königreich lebte ein Mann namens Chakra-dhāra. Dieser Mann hatte harte Kasteiungen auf sich genommen, und zum Lohn dafür hatte Gott ihm einen unbesiegbaren Diskus (*chakra*) geschenkt. Seither wurde er Chakra-dhāra, der Diskusträger, genannt.

Chakra-dhāra war aber so böse und unverschämt geworden, daß er Bhīshma anläßlich des Todes seines Vaters, Shantanu, einen beleidigenden Brief schrieb, in dem er ihn vor die Wahl stellte: „Du kannst dich zwischen zwei Möglichkeiten entscheiden: Entweder schickst du die verwitwete Königin in meinen Harem oder du stellst dich mir zum Zweikampf!"

Wer hätte eine solche Beleidigung schweigend hingenommen? Es heißt, es gibt drei Dinge, die jedermann beschützen und ehren soll: Die Erde oder das Vaterland (*dharani*), seinen Glauben (*dharma*) und seine Frau (*dharmapatnī*). Bhīshma dachte: „Was ist mein Leben noch wert, wenn ich diese Beleidigung nicht räche und nicht die Ehre meiner Mutter rette?"

Seine Berater aber wiesen ihn darauf hin, daß er erst nach zehn Tagen in den Kampf ziehen könne, denn nach dem Tode seines Vaters werde er der Sitte entsprechend zehn Tage lang als ‚unrein' angesehen und dürfe daher nicht die geheiligten Waffen benutzen, die er von den Göttern erhalten hatte. Denn um sie zu aktivieren, mußte er die heiligen Formeln aussprechen, und dazu mußte er ‚rein' sein.

Die Brahmanen rieten ihm: „Zuerst vollziehe die heiligen Handlungen, um die abgeschiedene Seele deines Vaters in Frieden heimgehen zu lassen, und dann geh' hin und vernichte den Feind!" Bhīshma sah ein, daß sie recht hatten. Er sandte Chakra-dhāra eine Botschaft, in der er ihm eine Begegnung nach einer Frist von zehn Tagen zusagte.

Aber Chakra-dhāra wollte nicht so lange warten: er war versessen darauf, Bhīshma mit seiner frisch erworbenen Waffe zu vernichten. Und so schleuderte er den Diskus mit größter Gewalt in Bhīshmas Richtung. Aber da geschah etwas Wunderbares! Der Diskus, der ein Geschenk Gottes war, weigerte sich, einen Sohn zu verletzen, der gerade seine in den Heiligen Schriften niedergelegte Pflicht gegenüber seinem verstorbenen Vater erfüllte! Er kreiste zehn Tage lang am Himmel und wartete so lange, bis die mit der Bestattung verbundene Zeit der rituellen Unreinheit vorüber war.

Wenn jemand seine Pflicht erfüllt, ist er eingehüllt in einen so mächtigen Schutz, daß ihm keine zerstörerische Kraft etwas anhaben kann. So wirkt die Gnade.

137 Rukminīs Hochzeit

Rukminī war die Tochter des Königs von Vidarbha. Er wünschte sie mit Shrī Krishna zu verheiraten, aber ihr Bruder war dagegen, denn er hatte einen anderen Bräutigam für sie ausgesucht. So kam es, daß Shrī Krishna sie schließlich entführte. (Anm. d. Übers.)

'Rukminī Kalyāna' ist nicht nur die Geschichte einer Eheschließung. Es geht hier um die Vereinigung von *Purusha* und *Prakriti*, von Geist und Natur. Der Brahmane, der den Ritus vollzieht, ist Symbol der vedischen Überlieferung, durch die allein der Mensch von der Vereinigung der beiden Kenntnis bekommen kann.

Die Person ‚Rukminī' steht für die individuelle Seele (*jīva*). ‚Krishna' steht für das All-Eine (*paramātma*). Die Seele leidet unter den Regeln und Einschränkungen, die ihr die materielle Natur (*prakriti*) auferlegt. Das Ich-Bewußtsein (*ahamkāra*) ist ihr Bruder, Weltverhaftung ihr Vater.

Aber dank ihres stets makellosen Verhaltens (*sadācāra*) ist ihr Denken und Empfinden ganz auf Gott eingestellt. Daher ist sie imstande, sich einen Plan auszudenken, wie sie Gott erreichen kann. Ihre Gebete, ihre Demut, ihre Sehnsucht nach Gott und ihre Beständigkeit werden belohnt.

Ihr Gehorsam gegenüber den überlieferten Regeln des Anstands und der guten Sitte rettet sie, denn bevor die Hochzeitszeremonie abgehalten wird, geht sie in den Tempel, um den Segen Gaurīs zu erbitten. Im Tempel versinkt sie ganz in die Anbetung Gottes, und so kann sie von allen Banden befreit werden von dem Gott, der auf sie gewartet hat.

Ihre Eltern, ihr Bruder und alle anderen Verwandten stellen sich gegen sie, können den Lauf ihres Schicksals aber nicht aufhalten. Jeder Mensch kommt auf die Welt, um seine

Bestimmung zu erfüllen, und nicht, um seine Lebenszeit so zu verbringen, wie andere es gerne sähen, wie nah und lieb sie ihm auch immer sein mögen!

138 Liebe zur Rechtschaffenheit bringt den Sieg

Die Heere, die die Kauravas aus ihrem eigenen und den Reichen ihrer Verbündeten zusammengezogen hatten, standen denen der verwandten Pāndavas kampfbereit gegenüber: Berittene Truppen, Elefantenregimenter und Infanterie, alle darauf brennend, sich auf den Feind zu stürzen und ihn zu zerstören. Die Hauptpersonen standen da in geschlossenen Reihen, wohl gewappnet und bereit, sich in die vernichtende Schlacht zu werfen. Schon ertönten die Signalhörner; die Fanfaren zerrissen den Himmel mit ihrem markerschütternden Getöse. Die Atmosphäre knisterte, von höchster Spannung geladen. Beide Seiten hatten mit den widerstreitendsten Gefühlen zu kämpfen: Zuversicht und Furcht, Erwartung und Ungeduld. Das Blut in den Adern Tausender von Körpern wurde röter und heißer. Die Herzen rasten. Alle Arme hielten die Waffen in festem Griff, bereit, den Tod auszuteilen.

Da streifte Dharmarāja, der älteste der Pāndava-Prinzen, vor aller Augen seine Schuhe von den Füßen und legte seine Waffen ab. Dann sprang er von seinem Streitwagen und ging geradewegs auf die gegnerische Linie zu. Sein Ziel war Bhishma, der Generalfeldmarschall des Feindes.

Duryodhana, der älteste der Kauravas, der die eigentliche Schuld am Ausbruch des Krieges trug, weil er ein unversöhnlicher Gegner der Pāndavas war, wollte seinen Augen nicht trauen, als er sah, daß Dharmarāja auf den alten Bhishma zuging. Triumphgefühl stieg in ihm hoch. Es sah ganz so aus, als habe Dharmarāja beschlossen, sich zu ergeben, denn Blutvergießen und Streit waren ihm von Natur aus zuwider.

Dharmarājas vier Brüder schauten sich verwundert an.

Was mochte er vorhaben? Bhīma, der sagenumwobene Held Hunderter von Schlachten gegen die Kauravas, dem am meisten von den Pāndavas an diesem Krieg gelegen war, fühlte sich bereits um den Sieg betrogen. Er dachte daran, daß Dharmarāja sich ihm immer in den Weg gestellt hatte, wenn er einen Vergeltungsschlag gegen die Kauravas plante. Bhīma befürchtete, er würde sich entschuldigen und sich wie ein feiger Schwächling vom blutigen Kriegsspiel zurückziehen. Auch Arjuna, der große Bogenschütze, nahm an, sein Bruder wolle sich ergeben, und der Gedanke an eine Unterwerfung erfüllte ihn mit Abscheu und Zorn. Nakula und Sahadeva, die Zwillinge, waren wie gelähmt, die Szene erschien ihnen einfach absurd.

Krishna saß auf dem Kutschbock des Streitwagens von Arjuna in vorderster Linie des Pāndava-Heeres und beobachtete die Ereignisse von dort aus. Er machte den vier Brüdern ein Zeichen, sie sollten ihrem ältesten Bruder folgen und rief: „So viele Jahre habt ihr ihn respektiert und seid in seine Fußstapfen getreten. Macht weiter so, auch jetzt! Zweifelt nicht an ihm!"

Dharmarāja war die Rechtschaffenheit in Person. Er wußte, was richtig war. Stets tat er das Rechte, koste es, was es wolle. Er wußte, daß die Rechtschaffenheit denjenigen beschützt, der sich an sie hält. Er heuchelte nie, noch tat er jemals etwas, das nicht mit den in den Veden niedergelegten Verhaltensregeln übereinstimmte. Niemals wich er vom rechten Wege ab.

Jetzt ging er geradewegs auf Bhīshma zu und warf sich ihm zu Füßen. Dann stand er auf, faltete die Hände und sprach mit gesenktem Kopf: „Großvater! Wir Brüder haben niemals die Liebe unseres Vaters erfahren dürfen, denn er starb zu früh. Ihr habt uns statt unseres Vaters von Kindheit an mit Liebe und Sorgfalt aufgezogen und uns zu dem gemacht, was wir heute sind. Wir haben kein Recht, gegen Euch zu kämpfen, aber das Schicksal hat es so gewollt. Ich bitte Euch, seid uns wohlgesonnen. Erlaubt uns, unsere Waffen gegen Euch zu erheben!"

Bhīshma war tief bewegt von Dharmarājas Demut und Rechtschaffenheit. Seine Augen wurden feucht. Welch tragische Wende das Schicksal genommen hatte! Er segnete Dharmarāja und sagte: „Dharmāja! Du bist Anstand und Sitte treu geblieben trotz der Lage, die deinen Sinn wohl hätte ändern können. Was für ein edles Beispiel du der Welt gibst! Deine Rechtschaffenheit wird dir zum Sieg verhelfen!“

Daraufhin wandten sich Dharmarāja und seine Brüder General Drona zu, ihrem Lehrer, der sie alle, die Kauravas wie Pāndavas, in der Kunst des Bogenschießens unterwiesen hatte. Dharmarāja warf sich auch ihm zu Füßen und bat ihn: „Verehrter Meister! Wir fünf sind deine Schüler. Wie könnten wir jemals die Waffen gegen unseren Lehrer erheben? Die Zeiten sind in der Tat böse. Bitte, vergebt uns, wenn wir das Böse tun. Erlaubt uns, gegen Euch in die Schlacht zu ziehen!“ Drona, der Meister der Bogenschützen, war gerührt. ‚Wie groß und gut dieser Dharmarāja doch ist!‘ dachte er. ‚Selbst dann noch, wenn die wilde Meute des Krieges losgelassen wird, um Tod und Schrecken zu verbreiten, hält er an den Geboten des Anstands und der guten Ordnung fest!‘ Er nahm Dharmarāja in seine Arme und sagte: „Sohn! Du bist mir lieber als Ashvatthāman, denn an ihn bindet mich die Pflicht, zu dir aber fühle ich mich hingezogen aus Liebe. Ihr alle seid meine geliebten Söhne, denn ich liebe euch, als wäret ihr es in Wirklichkeit. Eure Rechtschaffenheit wird sicherlich über die Gewalt siegen!“

139 Glaube bringt Schutz

Bhīshma, der Großvater und Erzieher der beiden Sippen, die auf dem Schlachtfeld von Kurukshetra um die Herrschaft kämpften, hatte die Kauravas acht Tage lang angeführt, aber immer noch war der Sieg nicht in Sicht. Darum kam Duryodhana, der älteste der Kauravas, zu Bhīshma und bat ihn, er möge doch einen noch gewaltigeren Angriff führen, worauf

Bhīshma antwortete, der nächste Tag müsse die Entscheidung über Sieg oder Untergang bringen.

Krishna wußte von diesem Entschluß. Er verabredete mit Draupadī, der Königin der Pāndavas, die ihm in allem vertraute und ihr Geschick in Seine Hände gelegt hatte, daß sie in der kommenden Nacht zusammen in das Lager von Bhīshma gehen würden. Die leidgeprüfte Königin bezog all ihre Kraft aus dem Gebet. Ihre Gebete waren so tief empfunden, daß sie den Herrn immer erreichten.

Tiefverschleiert näherte sie sich Bhīshmas Zelt. Krishna hatte sie gebeten, ihre Sandalen auszuziehen, denn das Geklapper hätte die Wächter herbeigerufen. Er wickelte die Sandalen in ein seidenes Tuch und steckte das Bündel unter Seinen Arm. Draupadī betrat das Zelt und warf sich Bhīshma zu Füßen. Ohne sie zu erkennen, legte er ihr die Hand auf und segnete sie, wie es der Sitte entsprach: „Mögen dir viele Jahre eines glücklichen Ehelebens beschieden sein!"

Als Draupadī diesen Segen erhalten hatte, nahm sie den Schleier ab und gab sich zu erkennen. Sie bat Bhīshma, er möge die Pāndava-Brüder, ihre Ehemänner, vor seinen Pfeilen verschonen. Bhīshma erriet sogleich, daß Krishna diese List ersonnen hatte. Blitzartig wurde ihm klar, daß er sterben mußte. Nachdenklich schwieg er eine Weile, dann sagte er: „Wir sind nichts als Puppen, von Seiner Hand gelenkt."

Als er sie hinausbegleitete, sah er Krishna am Eingang des Zeltes stehen. Er wunderte sich: „Was trägst Du unter Deinem Arm?" Was mag er empfunden haben, als er hörte, daß der Herr selbst sich dazu erniedrigt hatte, die staubigen Sandalen seiner Devotee unter dem Arm zu tragen?

Vertraut auf Ihn; Er wird euch niemals aufgeben; Er wird euch behüten und führen, so lange, bis der Sieg errungen ist. Aufrichtige Ergebenheit und unbeirrter Glaube ziehen unweigerlich die Gnade Gottes auf sich!

Draupadī besaß den Glauben, sich ohne Vorbehalt Gott zu ergeben. Sie führte ein gottgeweihtes Leben. Die fünf Pāndava-Brüder, ihre Ehemänner, sind Sinnbild der fünf Energieströme des Körpers (*panch-prānas*), die ihn aktivieren und vitalisieren. Sie selbst ist die Energie, welche die Panch-Prānas durch ständige, wachsame Pflege erhält.

Um solchen Glauben entwickeln zu können, muß man tief in das Geheimnis der Avatāras wie Rāma oder Krishna eintauchen. Von diesem Weg darf man sich nicht ablenken lassen, allen äußeren Ereignissen und Beschäftigungen, allen Erlebnissen und emotionalen Konflikten zum Trotz. Verfallt nicht dem Irrtum, Rāma für den Bruder, den Sohn oder den Ehemann zu halten, der in eine persönliche Tragödie verwikkelt wird, in deren Verlauf man seine Frau entführt, die er dann in heldenhaftem Kampf wieder befreit. Zu wahrer Anbetung und Verehrung kommt ihr nur dann, wenn ihr euch in die Tiefen des innewohnenden Mysteriums versenkt. Dieser geistige Prozeß wurde von den Weisen Indiens entdeckt, und darum hat Indien den Status erlangt, der spirituelle Lehrer der ganzen Menschheit zu sein.

Richtet euren Geist und all euer Sinnen und Trachten unablässig auf Demut, Ehrfurcht und die ständige Betrachtung Gottes und Seiner Herrlichkeit – das soll eure Weihe (*dīkshā*) sein, die euch ständigen Schutz (*raksha*) erwirkt!

MENSCH UND TIER

140 Der einzigartige Schatz des Menschen

Die Schlacht von Kurukshetra dauerte achtzehn Tage. Vyāsa, der weise Lehrer, der mit beiden gegnerischen Seiten blutsverwandt war, mußte mit ansehen, wie die feindlichen Brüder einander dahinmetzelten. Es wollte ihm das Herz zerreißen!

Ein weiterer Tag des Grauens brach über dem blutgetränkten Schlachtfeld an. Vyāsa glaubte, es nicht mehr aushalten zu können. Er wollte fort, weit weg von diesem Ort des Schreckens!

Wie er so dahinlief, bemerkte er eine Spinne, die hastig über den Boden krabbelte. „Wohin so eilig?“ rief er ihr nach. Die Spinne erkletterte einen Termitenhügel am Wegesrand und antwortete von ihrem erhöhten Standpunkt aus: „Weißt du denn nicht, daß gleich der Streitwagen Arjunas hier vorbeipreschen wird? Wenn ich unter seine Räder gerate, ist es aus mit mir!“

Vyāsa mußte lachen: „Wird irgendjemand auch nur eine Träne vergießen, wenn du nicht mehr bist? Dein Tod wird wohl kaum eine Lücke hinterlassen!“ Damit hatte er die Spinne zutiefst beleidigt. Zornig schalt sie ihn: „Wie kannst du so etwas sagen, du eingebildeter Weiser, du? Meinst du vielleicht, wenn *du* stirbst, hinterläßt du eine größere Lücke als ich? Da irrst du dich aber gewaltig! Auch ich habe Frau und Kinder, die mich lieben. Auch ich habe ein Zuhause und Dinge, an denen ich hänge. Mir ist mein Leben genauso lieb und teuer wie euch Menschen! Ich kenne wie ihr Hunger, Durst, Kummer, Schmerz und auch Freude und Vergnügen. Genauso wie euch tut es auch mir weh, wenn ich mich von Frau und Kindern trennen muß! Ich lebe in der Welt und die Welt lebt in mir, darin unterscheide ich mich nicht von euch Menschen und anderen Wesen!“

Vyāsa schämte sich. Er bat die Spinne um Verzeihung. Als er still und nachdenklich weiterging, kam ihm eine Zeile in den Sinn: ‚*Sāmānyam etat narāni*‘, das heißt: ‚Dem Menschen und dem Tier, dem Insekt und dem Wurm – allen ist dies gemein‘. Aber dann blieb er stehen und dachte: ‚Es gibt aber doch etwas, was allein dem Menschen eigen ist, und das ist seine Suche nach dem Höchsten, seine Sehnsucht nach Schönheit, Wahrheit und Gutsein, sein tiefes Wissen um die Einheit allen Seins!‘ Und er setzte seinen Weg fort.

141 Gott ist mit den Tieren

Es gibt Menschen, bei deren Abschied wir weinen, aber auch solche, die einen zum Weinen bringen, wenn man ihnen begegnet. Die Letzteren sollte man meiden. Wilde Tiere haben mehr Gewahrsein von Gott als manche Menschen, die in die Wildnis geraten sind.

Es ist nicht lange her, da fuhr ein Kutscher einen Pferdewagen, bis obenhin vollgepackt mit Menschen und ihrem Gepäck, zum Bahnhof von Dharmavaram. Anscheinend ging es ihm nicht schnell genug, denn er schlug ungehalten auf sein Pferd ein. Da kam ein bärtiger alter Mann mit einem leuchtenden Gesicht des Wegs und rief ihm zu: „Hör' auf zu schlagen und laß' die Zügel locker! Das arme Tier kann ja gar nicht schneller vorankommen, wenn du es festhältst!" Der Kutscher brüllte nur: „Halt' den Mund und misch' dich nicht ein! Ich kenne mein Pferd besser als du!"

Einer der Fahrgäste fragte: „Wer war das?" Der Kutscher brummelte ärgerlich: „Ist mir doch egal!" Da hörte er eine Stimme (es war das Pferd, das sprach): „Es war Krishna, der die Rösser von Arjunas Streitwagen lenkte. Er versteht etwas von Pferden!" Der Kutscher drehte sich um, weil er glaubte, einer der Wageninsassen habe gesprochen. „Gut, soll er sich meinetwegen mit Arjunas Pferden auskennen – aber was weiß er schon von meinem?"

Den Gopīs, den Milchmädchen von Brindāvan, erging es ähnlich mit den Menschen: In ihrem Schmerz über die Trennung von Krishna fühlten sie sich eher von einer Biene verstanden als von den Menschen. Oft baten sie die Bienen, bei ihrem Herrn Fürsprache einzulegen. Eine der Gopīs bat eine Biene, sie möge doch Krishna dazu überreden, den Blumenkranz zu tragen, den sie für Ihn geflochten hatte. Eine andere bat sie, Krishna auszurichten, Er möge Licht in die Dunkelheit ihres Herzens schicken. Selbst Rādhā bat eine Biene, Krishna eine Botschaft von ihr zu übermitteln: Er möge die Wüste ihres Herzens grün werden lassen, damit Seine Füße dort weichen, zarten Boden fänden.

Der Mensch ist das am höchsten entwickelte Säugetier. Er ist das Endresultat einer unsagbar langen Zeit stetiger Aufwärtsentwicklung. Leider strebt er nicht bewußt danach, seiner Stellung in der Schöpfung gerecht zu werden.

Die Tiere beriefen eine Weltkonferenz ein, um zu prüfen, ob der Anspruch des Menschen, er sei die Krone der Schöpfung und damit Herr über alle lebenden Wesen, zu Recht bestehe. In letzter Zeit waren nämlich die Stimmen, die dies bezweifelten, immer lauter geworden und nicht mehr zu überhören.

Den Vorsitz der Konferenz übernahm der erfahrene Löwe. Als erster meldete sich der Tiger zu Wort. Er sagte: „Hiermit möchte ich meinen entschiedenen Protest anmelden, was den Vorrang des Menschen gegenüber uns Tieren betrifft. Ich meine, die Konferenz sollte ihm das Recht absprechen, auch nur einen weiteren Tag den Titel ‚Krone der Schöpfung' zu tragen!"

Der nächste Redner war der Leopard: „Ich unterstütze den Antrag von Bruder Tiger. Und ich werde auch begründen, warum: Der Mensch ist eine Schande für die ganze Familie der Säugetiere. Es genügt ihm nicht, giftige Getränke herzustellen und sie in sich hineinzuschütten, nein, er ist auch noch stolz auf seine Dummheit!

Erwiesenermaßen betrügt er seine eigenen Artgenossen; man stelle sich das einmal vor! Er verbraucht seine enorme Leistungskraft und die Energiequellen der Erde dafür, teuflische Waffen zu produzieren, um seine Brüder und Schwestern von der Erdoberfläche auszumerzen. Man fragt sich, ob es überhaupt erlaubt sein sollte, daß er sich noch auf freiem Fuß befindet!

Weitere Indizien für seine offensichtliche Geistesgestörtheit sind diese: Er treibt Pferde und Hunde dazu an, in mörderischer Geschwindigkeit zu rasen und verspielt sein Geld, während sie in sinnloser Jagd über die Bahnen hetzen. Er ist grausam, gierig, ehrlos, unersättlich und schamlos. Ein schlechtes Beispiel für uns Tiere!

Gründe, die seine unheilvolle Entwicklung entschuldigen würden, wie etwa ein Mangel an Intelligenz oder Empfindungsfähigkeit, gibt es keine. Im Gegenteil, man muß davon ausgehen, daß er voll verantwortlich ist für sein Tun. Er ist zweifellos höchst intelligent, und es gibt Exemplare der Gattung Mensch, an denen erkennbar wird, daß er durchaus zu den edelsten Gefühlen befähigt ist! Daher ziehe ich folgendes Fazit: Es ist unentschuldbar, daß er in ein so extrem erniedrigendes und abstoßendes Verhalten abgesunken ist!" Der Leopard schloß: „Die Konferenz täte gut daran, einige Vertreter der Menschen einzuladen und ihnen Anschauungsunterricht in einfachem, bescheidenem, aber rechtschaffenem Lebensstil zu geben: Wir Tiere wissen niemals, ob und wann wir zu essen bekommen; wir besitzen keinen bestimmten Platz, an dem wir regelmäßig ausruhen können. Wir haben keine Kleidung außer unserem Fell. Und doch, so wage ich zu behaupten, ist das geringste unter uns ein würdigeres Kind Gottes als das Ungeheuer namens ‚Mensch'!"

Da erhob sich der Fuchs und sagte: „Ich stimme den Ausführungen des Bruders Leopard in allen Punkten zu, möchte aber noch ein weiteres Thema anschneiden: die Sexualität. Wir Tiere haben bestimmte Zeiten, zu denen wir uns paaren. Aber der Mensch hat – zu seiner Schande – alle sittlichen und vernunftbedingten Hürden umgestoßen. ‚Zurückhaltung' ist für ihn ein Fremdwort und das Wort 'Enthaltsamkeit' hat er längst aus seinem Vokabular gestrichen. Seine Willkür ist ihm zum Gesetz geworden. So wurde er zwangsläufig zum Verhängnis für sich und alles Leben auf der Erde."

Als der Fuchs sich wieder gesetzt hatte, erhob sich der Löwe, um das Gesagte zusammenzufassen. „Verehrte Versammlung! Ihr habt die verschiedenen Punkte unserer Anklage gehört. Mir scheint, die Argumente der Redner geben ein realistisches Bild der traurigen Wirklichkeit ab. Wir befinden mit Recht, daß der Anspruch des Menschen, die Krone der Schöpfung darzustellen, durch sein Verhalten nicht gestützt, sondern vielmehr untergraben wird.

Aber ich möchte nicht versäumen, ausdrücklich darauf hinweisen, daß es ungerecht wäre, alle Menschen über einen Kamm zu scheren. Ich möchte die Versammlung dazu anhalten, aufmerksam zu unterscheiden zwischen Menschen, die ihren Gattungsnamen nur zum Schein tragen, und solchen, die dem Namen ‚Mensch' wirklich gerecht werden. Das sind diejenigen, die sich über den animalisch-triebhaften Anteil ihrer Natur erhoben haben. Das konnten sie, weil sie rechten Gebrauch machten von Unterscheidungskraft und Entsagung. Diese beiden Fähigkeiten zeichnen den wahren Menschen aus und stehen auch nur dem Menschen zur Verfügung.

In diesem Sinne wahre Menschen – und damit möchte ich schließen – sollten von allen Tieren als ihre Herren und Meister anerkannt werden. Die oben beschriebenen dagegen haben schwerste Verurteilung verdient!"

SPIRITUELLE DISZIPLIN

143 Immer hübsch langsam!

In einer kleinen Stadt lebte einmal ein Ehepaar. Täglich redete die Frau auf ihren Mann ein, er möge doch wenigstens ein paar Minuten des Tages dem Gebet und dem Gedanken an Gott widmen. Aber der Mann wollte davon nichts wissen. Er sagte, er habe Wichtigeres zu tun. Das Gebet könne warten. Überhaupt sei Beten nur etwas für alte Leute, die nicht mehr im Geschäftsleben stünden und für so etwas Muße hätten. Seine Frau gab sich mit seiner Antwort nicht zufrieden. Aber es blieb ihr nichts anderes übrig, als auf eine günstige Gelegenheit zu warten, wo ihre Worte sein Gehör finden würden.

Eines Tages wurde der Mann sehr krank und mußte das Bett hüten. Die Ärzte verschrieben ihm Medikamente, von denen er dreimal täglich einige nehmen sollte. Die Frau pflegte ihn und sagte, sie würde ihm die Medikamente in der richtigen Dosierung geben. Aber was tat sie? Sie behielt sie in ihrer Tasche und gab ihm kein einziges!

Der Mann war fassungslos: „Warum gibst du mir meine Tabletten nicht?“ Er bat sie, er beschimpfte sie, aber es half nichts, sie blieb hart. Als er sie fragte: „Willst du vielleicht, daß ich sterbe?“ erwiderte sie: „Du kannst doch warten mit der Medizin. Warum solltest du es so eilig haben, sie einzunehmen? Laß die Krankheit ruhig noch weiter fortschreiten. Nur immer mit der Ruhe! Du hast immer noch genug Zeit, sie zu nehmen. Die Medizin kann warten, genauso, wie das Gebet warten konnte.“

Glücklicherweise sah der Mann ein, daß seine Einstellung kurzsichtig war. Er änderte sich und wurde von beiden Krankheiten geheilt.

144 Zeitvergeudung?

In Benares lebte einmal ein Arzt, der morgens und abends jeweils fünf Minuten betete und meditierte. Als seine Kollegen davon erfuhren, machten sie sich über ihn lustig. Eines Tages sprach ihn einer von ihnen an: „Deine Zeit ist so kostbar, daß du es dir eigentlich gar nicht leisten kannst, zehn ganze Minuten auf einen Aberglauben zu verschwenden, den dir irgendjemand in deiner Kindheit aufgeschwatzt hat!“ Aber er antwortete: „Wenn es Gott wirklich nicht gibt, sind diese zehn Minuten wohl vergeudet. Aber, angenommen, es gibt ihn: vergeudet ihr dann nicht euer ganzes Leben? Mir ist es auf jeden Fall lieber, zehn Minuten täglich zu vergeuden als mein ganzes Leben. Und im übrigen – warum wollt ihr mir nicht die Freude gönnen? Ich nehme euch damit ja nichts von eurer Freude weg. Also laßt mir meine.“ Von da an sagten sie nichts mehr.

145 Bananenwettessen

Zwei Studenten schlossen eine Wette ab, wer von ihnen am schnellsten eine bestimmte Menge Bananen essen könnte. Sie bestellten einen neutralen Schiedsrichter und standen nun vor den Körben voll Bananen. Der eine beschloß, mit den Schalen zu beginnen. Das süße Fruchtfleisch würde dann kein Problem mehr sein. Der andere dachte, wenn er zuerst schnell das Innere äße, würde er anschließend noch genug Zeit haben, die bitteren Schalen zu kauen.

Nachdem der erste die Schalen gegessen hatte, tat ihm der Bauch so weh, daß er das Fruchtfleisch nicht mehr herunterbrachte. Auch der andere mußte aufhören, nachdem er das Innere gegessen hatte. Es war kein Platz mehr für die Schalen. Beide hatten die Wette verloren, aber wie unterschiedlich fühlten sie sich!

Der eine fühlte Bitterkeit im Übermaß, der andere Süße. Die meisten Menschen wenden sich Gott und guter Gesellschaft erst dann zu, wenn sie den größten Teil ihres Lebens hinter sich haben. Sie essen erst die Schalen und haben dann nur noch wenig Raum für das Süße. Der erste Platz sollte Gott gehören, dann stellen sich Freude und Friede von selbst ein.

146 Für den spirituellen Weg ist es nie zu früh

Es war einmal ein Geizhals, der lebte in einem verfallenen Haus. Das Dach war undicht, und wenn es heftig regnete, blieb im Hause nichts mehr trocken. Aber er unternahm nichts, um dem Übel abzuhelfen. Seine Nachbarn lachten ihn aus und versuchten, ihm deutlich zu machen, daß er das Dach reparieren lassen müsse, wenn sein Haus nicht ganz und gar verfallen sollte. Aber er war davon nicht zu überzeugen. In der Regenzeit sagte er: „Wie sollte ich das Dach jetzt wohl reparieren lassen? Ich muß warten, bis die Regenzeit vorüber ist!“ Und in der Trockenzeit pflegte er zu sagen: „Es regnet nicht mehr. Was kümmern mich die undichten Stellen im Dach?"

Duldet keine Löcher im Dach, denn die nächste Regenzeit kommt bestimmt! Repariert das Dach jetzt! Im übertragenen Sinne heißt das: Macht euch jetzt vertraut mit dem spirituellen Leben, lest Bücher, die euch dazu anleiten! Fangt an, die ersten Lektionen zu üben: Schweigen, Gebet und Anrufung des Heiligen Namens. Es ist nie zu früh, den spirituellen Weg zu beschreiten!

147 Die verbotene Frucht

Es war einmal ein berühmt-berüchtigter Räuber, der weihte seinen Sohn in die Geheimnisse seines Gewerbes ein. Er lehrte ihn, daß es zu den ungeschriebenen Gesetzen seines Clans gehöre, niemals auch nur für eine Sekunde den Geschichten aus den Heiligen Schriften zuzuhören. „Bleib ja niemals stehen und lausche, wenn jemand aus den Purānas oder dem Bhāgavatam vorliest", ermahnte er seinen Sprößling. Der hielt sich streng an den Brauch seines Räuberclans und machte Karriere.

Eines Nachts aber, als er sich mit seiner Beute durch dunkle Gassen schlich, um der Polizei nicht in die Arme zu laufen, trat er sich einen Glassplitter ein. Schnell setzte er sich nieder, um den Splitter zu entfernen und das Blut zu stillen. Zufällig befand er sich dabei gerade hinter einem Haus, in dem jemand vor einigen Zuhörern aus dem Bhāgavatam vorlas und einige Textstellen näher erläuterte. So konnte er nicht umhin, während der zwei Minuten, die es dauerte, bis sein blutender Fuß versorgt war, etwas aus einer Heiligen Schrift zu hören. Das wirkte, als wenn ein Funke in einen Haufen Holzwolle gefallen wäre! In diesem kurzen Augenblick hörte er, wie der Redner das Wesen Gottes beschrieb: „Er hat weder Ohren, noch Augen, noch Glieder: Er *hat* tausend Gestalten, aber Er *ist* keine Gestalt." Diese Beschreibung prägte sich ihm so tief ein, daß er sie nie wieder vergaß.

Einige Zeit später bekam die Polizei Hinweise auf die Raubzüge der Räubersippe. Um sie zu überführen und zu Geständnissen zu zwingen, begaben sich mehrere Polizisten in Verkleidung in die Gegend, wo die Räuber sich meist aufhielten. Der Polizeihauptmann hatte sich als schwarze Göttin Kālī verkleidet, die anderen als Priester und Gläubige. Sie brüllten die Räuber an, beschimpften und bedrohten sie und befahlen ihnen schließlich, aus ihren Wohnungen herauszukommen und der Göttin zu Füßen zu fallen.

Viele ließen sich einschüchtern und taten es, weil sie glaubten, die Göttin selbst sei leibhaftig erschienen, um sie zu strafen. Unser Räuber aber, der die Sätze aus dem Bhāgavatam gehört hatte – auch wenn es nur zwei Minuten waren – wußte genug, um seine Haut zu retten. Er fürchtete sich nicht im geringsten. Er stellte sich mutig vor den als ‚Kālī' verkleideten Polizeihauptmann hin und riß ihm die Maske vom Gesicht. Da bekamen auch die anderen Räuber wieder Mut und jagten die Polizisten davon.

Als diese unverrichteterdinge abgezogen waren, dachte der Räuber: „Wenn mir schon zwei Minuten dieser verbotenen Frucht so gut bekommen sind, wieviel werde ich erst gewinnen, wenn ich mich mein ganzes Leben lang mit den Geschichten von Gott beschäftige?" Er kehrte dem Räuberleben den Rücken und wurde ein Gott Suchender.

148 Die wichtigsten Teile am Fahrzeug

Kennt ihr die Geschichte von dem jungen Mann, der einmal bei Dunkelheit auf seinem Fahrrad durch eine stark belebte Straße raste? Ein Polizist sah ihn und rief ihm zu, er solle anhalten und absteigen, er habe ja kein Licht an seinem Fahrrad. Aber der Bursche schrie: „Aus dem Weg! Du hast recht, ich habe keine Lampe, aber nimm dich in acht, ich hab' auch keine Bremse!"

Heutzutage befinden sich alle Menschen in solch beklagenswerter Lage. Niemand besitzt das Licht der Weisheit, geschweige denn die Bremse der Selbstdisziplin. Wie soll man so auf dem Weg zum Ziel vorankommen, ohne sich und andere zu gefährden? Der Radfahrer braucht beides. Auch ein Mensch braucht Weisheit und Selbstkontrolle, denn ohne diese beiden verscherzt er sich die Möglichkeit seiner Rettung.

149 Entwickelt göttliche Eigenschaften!

Zum Menschsein gehört es, daß man die göttlichen Eigenschaften Liebe, Dankbarkeit, Nicht-Verhaftetsein und Unterscheidungskraft zum Ausdruck bringt. Tut ein Mensch das nicht, sinkt er unter das Niveau des Tieres und wird zu einer Gefahr für das Leben auf der Erde. (Für alle Werte gibt es viele Beispiele in der indischen Tradition:)

Als Rāma sich anschickte, in Seinem Wolkengefährt in das himmlische Ayodhyā zurückzukehren, kam ein Hund angerannt und flehte, Er möchte ihn doch bitte mitnehmen. Als Rāma ihn nach dem Grund für sein wunderliches Ansinnen fragte, antwortete der Hund, die Menschen seien schlimmer geworden als Würmer und Flöhe. Sie hätten sogar damit begonnen, Hunde zu quälen, die ihnen immer treu gedient hätten!

Ein Mensch muß so leben, daß er durch sein Verhalten auf keinen Fall anderen Wesen Schmerzen zufügt, auch nicht den Tieren. Darüber hinaus sollte er ihnen stets dankbar sein für die Gaben, die er von ihnen erhält.

Kārtavīrya, die alle Wünsche erfüllende himmlische Kuh, wurde von Jamadagni mit ausgesuchter Gastfreundlichkeit bewirtet, aber dieser Bösewicht nutzte sie dabei schamlos aus, obwohl seine Gastfreundschaft erst durch ihre Hilfe möglich wurde.

Bhartrihari wurde beim Tode der Königin so sehr von Schmerz und Trauer überwältigt, daß er sich tagelang nicht mehr vom Verbrennungsplatz wegrührte und nur noch weinte. Ein weiser Mönch sah ihn in seinem Schmerz und näherte sich ihm mit einem Lehmkrug in der Hand. Als er dem Trauernden nahe genug gekommen war, 'entglitt' ihm der Krug und zerbrach. Der Mönch warf sich zu Boden, schlug mit den Fäusten auf die Erde, schrie und weinte laut und gebärdete sich, als sei er ganz von Sinnen über den Verlust des Kruges. Da kniete sich Bhartrihari neben ihn, legte den Arm um ihn und sagte, der zerbrochene Krug würde nicht wieder ganz werden, auch nicht durch die größte Trauer. Bei seinen eigenen Worten begriff er plötzlich die Sinnlosigkeit seiner eigenen Traurigkeit und hörte auf zu weinen.

Ihr kommt nach Puttaparthi, hört euch die Ansprachen an, nickt zustimmend mit dem Kopf und klatscht Beifall. Aber sobald ihr euch auf den Heimweg gemacht habt und durch das Tor hinausfahrt, ist alle Erkenntnis wie weggeblasen. Und oft ist es so, daß ihr die Lektionen, die ihr gehört habt, in unüberlegter Weise anwendet und darüber in Nöte geratet.

Es war einmal ein Kaufmann, der oft und gerne Vorträge besuchte. Einmal hörte er einen Redner sagen, daß man Kühe nicht weitertreiben soll, während sie grasen. Als eines Tages eine Kuh in seinen Laden eindrang und sich an dem Korn, welches er zum Verkauf ausgestellt hatte, gütlich tat, schaute er ihr tatenlos zu. Später einmal wurde dem gleichen Kaufmann gesagt, man dürfe das Gehörte nicht zu wörtlich nehmen. Er solle nicht etwa meinen, er könne die gleiche Weisheit auf alle Situationen anwenden. Daraufhin belehrte er seinen Sohn: „Schau, du sitzt während des Vortrags am Boden auf einem Tuch. Sobald der Vortrag zu Ende ist, stehst du auf und schüttelst das Tuch kräftig aus, um nicht den Staub mit nach Hause zu tragen, nicht wahr? Hör zu: genauso mußt du dir auch alle Gedanken und Ideen, die du während des Vortrags aufgenommen hast, aus dem Kopf schlagen, bevor du nach Hause gehst!"

150 Die Lampe der Weisheit

Ein Mensch sehnte sich danach, Gott zu erkennen. Er wünschte, jemand möge ihm das Auge der Weisheit öffnen, und darum ging er zu einem Meister, der abgeschieden von der Welt in einer einsamen Grotte lebte.

Als er die Grotte betrat, bemerkte er einen schwachen Lichtschein. Aber noch während er sich vorwärtstastete, verlosch das Licht. Im Dunkeln bekommt man es mit der Angst zu tun, und in der Angst denkt man an Gott. So ging es auch diesem Mann. Er begann, laut vor sich hin zu sagen: *„Om namah shivāya, Om namah shivāya, Om namah shivāya..."*

Das hörte der Meister im Innern der Grotte. „Wer ist da?" rief er, und der Mann antwortete: „Einer, der deinen Segen erbittet!" Der Meister war aber ein großer Heiliger, welcher zum Leben nichts anderes brauchte als Luft zum Atmen. Er konnte Gedanken lesen, deshalb kannte er das Anliegen des Besuchers: „Auf deinen Wunsch werde ich später eingehen. Mach' uns doch bitte erst einmal Licht!"

Der Besucher nahm ein Streichholz und wollte die Öllampe anzünden, aber es gelang ihm nicht. Wieder und wieder versuchte er es, aber der Docht wollte nicht brennen! „Jetzt habe ich fast alle Streichhölzer verbraucht und immer noch kein Licht gemacht!" rief er ungehalten. Der Meister gab ihm einen Rat: „Schau doch einmal nach, ob überhaupt noch Öl drin ist!" Er untersuchte die Lampe und merkte, daß die Ölwanne nur Wasser enthielt. „Was soll ich tun?" „Schraube sie auf, schütte das Wasser aus und fülle sie mit Öl!" Er tat es, aber immer noch fing der Docht kein Feuer.

„Sicher hat er sich mit Wasser vollgesaugt", sagte der Meister, „geh' hinaus in die Sonne und laß' ihn draußen trocknen!" Er tat es, und – siehe da! – diesmal klappte es!

Jetzt endlich war es soweit, daß er dem Meister seinen Herzenswunsch vortragen konnte: „Bitte sag' mir, wie ich weise werde, damit ich Gott erkennen kann!" Der Meister antwortete: „Deine Frage überrascht mich, denn die Antwort wurde dir durch dein Tun bereits gegeben." „Ach," sagte da der Besucher, „ich bin ein ungebildeter Mann und kann nicht verstehen, was das alles bedeutet! Bitte hilf mir!"

Geduldig erklärte der Meister es ihm: „Die Lampe ist dein Herz; der Docht deine Seele. Dieser Docht hat sich vollgesaugt mit dem Wasser deiner weltlichen Wünsche. Wie könnte er so jemals im Licht der Weisheit brennen? Geh nun und drücke alles Wasser weltlichen Begehrens aus und fülle dein Herz mit dem Öl des göttlichen Namens. Dann nimm den Docht, deine Seele, und trockne ihn in den Sonnenstrahlen der Loslösung von allem, was dich an diese Welt fesselt. Danach komm hierher zurück, und das Auge der Weisheit wird sich dir sicherlich öffnen!"

DER NAME GOTTES

151 Der direkte Weg

Die himmlischen Heerscharen, die Ganas, die das ständige Gefolge Shivas bilden, brauchten einen Anführer. Um den Besten für dieses Amt zu ermitteln, beschlossen die Götter, ein Wettrennen um die ganze Welt zu veranstalten. Wer als Erster zu den Füßen Shivas zurückkehrte, sollte Sieger sein.

Auf das Startzeichen hin rasten alle Götter auf ihren jeweiligen Reittieren los. Auch Ganesha, der jüngere Sohn Shivas, wollte unbedingt teilnehmen. Alles schmunzelte, als er sich mit seinem großen Elefantenkopf und seinem kugelrunden Bauch auf die Ratte, sein Reittier, setzte und sich bemühte, voranzukommen. Das war natürlich nicht so einfach!

Er war noch nicht weit gekommen, da begegnete ihm Nārada, der Götterbote. Der begrüßte ihn freundlich und fragte: „Nun, wohin soll die Reise geh'n?" Aber Ganesha antwortete nicht. Er ärgerte sich, denn was soeben geschehen war, bedeutete ein zweifach böses Omen. Man sagt nämlich, es bringe Unglück, wenn der erste, der einem beim Antritt einer Reise begegnet, ein einzelner Brahmane ist. Nicht einmal die Tatsache, daß Nārada als Sohn Brahmās der Höchste unter den Brahmanen war, stellte eine Ausnahme zu dieser Regel dar! Und nun hatte er zu allem Überfluß auch noch gefragt, wohin die Reise gehen solle, was das zweite böse Omen bedeutete!

Mit einiger Mühe gelang es Nārada, den zornigen kleinen Ganesha zu besänftigen und herauszubringen, was er vorhatte. „Ich möchte so gerne gewinnen, und nun geht alles schief!" klagte Ganesha. Nārada tröstete ihn und redete ihm gut zu: „Hör zu! Ich will dir sagen, wie du doch noch gewinnen kannst! Du weißt doch, daß der Name ‚Rāma' das Saatkorn ist, aus dem der gigantische Baum ‚Universum' hervorgegangen ist. Deshalb rate ich dir: Schreibe den Namen ‚Rāma' in den Sand, reite einmal um ihn herum, eile zurück zu deinem Vater und verlange den Siegespreis!"

Ganesha tat, wie Nārada ihm geraten hatte. Shiva war erstaunt, daß ausgerechnet Ganesha mit seiner Ratte der erste war. Aber als er von seinem Rundritt hörte, mußte er ihm recht geben. So wurde Ganesha zum Herrn der Ganas (*gana-pati*) ernannt. Außerdem durfte er sich ‚Anführer von allen' (*vināyaka*) nennen.

152 Zwei Silben für alle

Es gibt eine Legende in der klassischen Überlieferung, die deutlich macht, welcher Wert dem Namen ‚*Rāma*' zukommt:

Der Weise Prachetas verfaßte einmal ein Gedicht, das hundert mal hunderttausend Verse enthielt. Die drei Welten: Himmel, Erde und Unterwelt, stritten um den Besitz des gesamten Gedichtes. Der Streit nahm katastrophale Formen an, und so brachte Gott sie dazu, miteinander zu verhandeln.

Er erreichte schließlich, daß sie sich einigten: Das Gedicht wurde in drei Teile aufgeteilt, so daß jede der Welten ein Drittel davon erhielt. Das heißt, jede bekam dreiunddreißig Millionen dreihundertdreiunddreißig Tausend und dreihundertdreiunddreißig Verse.

Ein Vers blieb übrig. Dieser Vers hatte zweiunddreißig Silben. Als auch dieser Vers unter den drei Anwärterinnen aufgeteilt worden war und jede zehn Silben erhalten hatte, waren zwei Silben übriggeblieben. Aber wie sollte man zwei Silben unter Dreien aufteilen?

Da entschied Gott so: Diese beiden Silben sollten allen drei Welten gemeinsam gehören und von ihnen allen gleichermaßen verehrt werden. Die Silben waren ‚ra' und ‚ma'. Sie sind der unermeßlich kostbare Schlüssel zur Erlösung: *Rāma*!

153 Der Name Gottes ist kein Murmelspiel

Ein kleiner Junge hatte einen kostbaren Edelstein gefunden und spielte damit auf der Straße, als sei es eine gewöhnliche Murmel. Eines Tages kam ein Kaufmann an ihm vorbei, der mit Juwelen handelte. Mit kundigem Blick erkannte er sofort, welchen Wert der Junge dort mit seinen Füßen trat. Er sprach ihn an: „Du bekommst fünfzig Rupien von mir, wenn du mir den Stein gibst!" Aber der Junge hatte noch keine Vorstellung davon, was man für fünfzig Rupien kaufen kann, und so verstand er auch nicht, wie wertvoll sein Stein war!

Er lief zur Mutter und erzählte ihr, ein Fremder sei vorbeigekommen und habe ihm fünfzig Rupien für seinen Stein geben wollen. Die Mutter wunderte sich, daß jemand diesem Stein so großen Wert beimaß. Sie sagte: „Spiele damit lieber nicht mehr auf der Straße. Bleib' mit deiner Murmel im Hof! Du kannst ja deine Freunde auch in unseren Garten einladen." Der Wert des Steins war erkannt worden, und sogleich wurden Beschränkungen eingeführt.

Der Kaufmann fand die ganze Nacht keinen Schlaf. Ständig dachte er darüber nach, wie er es fertigbringen könnte, diesen unwissenden Leuten den Stein abzuhandeln. Er konnte ihn dann nämlich mit Riesengewinn an einen Millionär oder einen König weiterverkaufen!

Am Morgen suchte er das Haus des Jungen auf und wanderte vor dem Gartentor auf und ab, in der Hoffnung, noch einmal mit ihm reden zu können. Als er den Jungen beim Spielen beobachtete und mit ansehen mußte, wie achtlos er mit dem Edelstein umging, so, als sei es nur ein einfacher Kiesel, tat es ihm in der Seele weh: Der Junge schleuderte den Stein auf den Boden, trat mit dem Fuß danach und ließ ihn ins Gebüsch rollen. Um ein Haar hätte er ihn verloren! Wieder sprach ihn der Kaufmann an: „Hundert Rupien für deinen Stein!" Als der Junge nicht reagierte, steigerte er das Angebot: „Fünfhundert Rupien!"

So sehr bedrängte er den Jungen, daß dieser schließlich weinend zur Mutter lief: „Dieser Fremde gibt keine Ruh! Immerzu beobachtet er mich. Er will unbedingt meinen schönen Stein haben und ruft dauernd irgendwelche Zahlen, die ich nicht verstehe!" Die Mutter kam und fuhr den Kaufmann zornig an: „Jetzt lassen Sie doch endlich das Kind in Ruhe spielen! Was haben Sie hier eigentlich zu suchen? Machen Sie, daß Sie weiterkommen!"

Der Kaufmann wollte die Gelegenheit nicht ungenutzt verstreichen lassen: „Ich biete Ihnen eintausend Rupien in bar für den Stein!" Da wurde die Mutter hellhörig. Fortan verbot sie ihrem Sohn, außerhalb des Hauses mit dem Stein zu spielen.

Aber der Kaufmann ließ sich nicht so rasch entmutigen. Am nächsten Tag erschien er wieder vor dem Haus. In der Hand hielt er ein Bündel von zehn tausend Rupien-Scheinen. Die Mutter weigerte sich, den Stein herauszugeben. Aber sie verwahrte ihn danach in einem Kästchen, das sie gut abschließen konnte. Als er anderntags mit fünfzigtausend Rupien kam, brachte sie den Stein auf die Bank und deponierte ihn in einem Safe.

Auch ihr spielt Murmeln mit dem Namen Gottes, denn ihr seid euch seines Wertes nicht bewußt. Wenn ihr erst einmal seinen Wert erkannt habt, werdet ihr ihn wie den kostbarsten aller Schätze in der innersten Kammer eures Herzens aufbewahren. Ihr müßt wissen, daß der Name Gottes der Schlüssel zum Gelingen ist bei eurer Suche nach Trost, Vertrauen, Mut, Erleuchtung und Befreiung.

154 Nārada und der Bauer

Kummer und Sorgen werden dir immer begegnen, in der einen oder anderen Form, in Vergangenheit, Gegenwart und Zukunft, beim Wachen, Träumen und Schlafen. Aber vertraue nur fest auf den Herrn, verrichte alle deine Aufgaben als Dienst an Ihm, und du wirst sehen, wie sich alle Sorgen von selbst auflösen!

Nārada, der dichtende und singende Götterbote, rühmte sich einst vor Vishnu, es gäbe keinen größeren Jünger des Herrn als ihn. Solches Eigenlob konnte Vishnu nicht stehenlassen, da es gegen die wichtigste Eigenschaft eines Jüngers verstieß: frei zu sein von jeglicher Form von Ego! Vishnu antwortete: „Nārada! Du weißt, wie sehr ich dich liebe und schätze. Du singst ohne Unterlaß das Lob Gottes und verbreitest unter Göttern und Menschen die Weisheit von der erlösenden Kraft des göttlichen Namens. Dennoch gibt es jemanden, der mich durch seine Hingabe noch tiefer beeindruckt als du. Es ist ein einfacher Bauer, der sein kleines Stück Land bewirtschaftet. Ich möchte gerne, daß du ihn aufsuchst und etwas von seiner Hingabe lernst!“

Was für eine Beleidigung! Gekränkt machte Nārada sich auf den Weg in das Dorf, das Vishnu ihm genannt hatte. Er würde es Ihm schon zeigen, wer der größere Verehrer des Herrn war! Den bezeichneten Bauern hatte er schnell herausgefunden. Der war aber so sehr von seinen Pflichten in Stall und Haus und auf dem Feld in Anspruch genommen, daß er von dem Besucher gar keine Notiz nahm. Nārada ließ ihn keine Minute aus den Augen, aber so genau er ihn auch beobachtete – er mußte feststellen, daß der Bauer den Namen Gottes nicht öfter als dreimal täglich aussprach: früh morgens, wenn er aufstand, mittags, wenn er sein Mahl einnahm und abends vor dem Schlafengehen.

Nun war Nārada wirklich empört: Er, der größte Sänger vor dem Herrn, sollte diesem armseligen Exemplar eines Jüngers an Hingabe unterlegen sein? Er, der nichts anderes tat als immer nur den Namen des Herrn zu wiederholen und damit auch andere zu inspirieren? Und dieser Bauer mit seinen ungeschlachten Arbeitshänden, welcher den Namen des Herrn nicht öfter als dreimal am Tag aussprach, sollte ihn übertreffen?

Außer sich vor Zorn über die zu Unrecht erlittene Schmach eilte er zum Himmel. Vishnu sah ihn kommen und lachte: „Du hast noch nicht begriffen, worin die Größe dieses kleinen Bauern liegt! Komm, nimm diesen Krug, der randvoll mit Wasser gefüllt ist, setze ihn auf deinen Kopf und gehe damit bis zum anderen Ende des Gartens. Aber daß du mir ja keinen einzigen Tropfen verschüttest!"

Nārada tat, wie ihm aufgetragen wurde. Als er zurückkam, fragte Vishnu: „Nun, wie oft hast du den Namen Gottes ausgesprochen?" Nārada errötete: „Ich muß gestehen, aus lauter Sorge, das Wasser zu verschütten, habe ich den Namen Gottes ganz vergessen!"

„Jetzt siehst du, was ich dir zeigen wollte!" sagte Vishnu. „Der Bauer trägt auf seinem Haupt Bürden, die sehr viel kostbarer und empfindlicher sind als ein Wasserkrug! Er muß sorgfältig darauf achten, daß sie nicht zu Schaden kommen. Meinst du nicht auch, daß er unsere höchste Anerkennung verdient, dafür, daß er sich bei all seiner Verantwortung noch dreimal täglich an den Herrn erinnert?"

Es wird euch großen Gewinn bringen, wenn ihr in Dankbarkeit an Gott denkt, wenigstens dreimal oder auch nur zweimal am Tag. Der Name Gottes wird euch Frieden geben. Gebt eure weltlichen Pflichten nicht auf, sondern verrichtet sie mit dem Namen Gottes auf den Lippen. So zieht ihr Seine Gnade auf euch herab.

155 Der Name des Herrn stoppt das ‚Rollen'

Vor etwa fünfhundert Jahren lebte in Kerala ein großer Heiliger namens Bilvamangala. Er pflegte Krishna anzurufen, worauf dieser ihm regelmäßig erschien, denn Bilvamangalas Hingabe und seine Konzentration auf Gott in allem, was er tat, waren unvergleichlich!

Ein Kranker, der unter chronischen Magenschmerzen litt, hörte von Bilvamangala und beschwor ihn, er möge doch bitte Krishna fragen, ob er jemals von den Schmerzen geheilt werden würde oder nicht. Bilvamangala war bereit, ihm den Gefallen zu tun, und als Krishna ihm das nächste Mal erschien, stellte er Ihm die Frage. Krishna antwortete: „Wenn das Rollen aufhört, werden sie vorübergehen."

Der unglückliche Mann verstand darunter, daß sie erst dann vergehen würden, wenn er aufhörte, sich von einer Seite auf die andere zu rollen. Das machte seine Verzweiflung noch größer, denn seine Schmerzen zwangen ihn dazu, sich auf seinem Lager zu wälzen.

Er verließ Kerala, um einen noch heiligeren Mann zu suchen, der ihm eine zufriedenstellende Antwort geben könnte. Bilvamangala hatte ihm gesagt, er habe die Qual als Folge seiner Taten in früheren Leben zu tragen. Unter dem Ausdruck ‚Rollen' verstand Bilvamangala den Kreislauf von Geburt zu Geburt.

Die Straße nach Kāshī führte an einem Dorf vorbei, wo alle Vorübergehenden kostenlos gespeist wurden. Diese Speisungsstelle wurde von einer frommen Frau unterhalten, die hieß Kururammā. Als sie ihn sah und merkte, daß er Schmerzen hatte, sprach sie ihn freundlich an. Er vertraute ihr an, daß er beschlossen hatte, sich im Ganges zu ertränken. Man habe ihm nämlich gesagt, es gäbe kein Entrinnen vor den Folgen der Sünden, die man in früheren Leben begangen habe.

Kururammā lachte nur und schalt ihn einen Narren. Sie flüsterte ihm den Mantra ‚*gopījanavallabhāya namaḥ*' ins Ohr und versicherte ihm, wenn er ihn ständig wiederhole, werde ihn der Name des Herrn vollständig heilen. Der Kranke begann mit der Wiederholung des Namens, als die Schmerzen wieder sehr stark wurden, und wirklich – zu seiner Überraschung ließen sie nach und vergingen ganz und gar. Sie kamen selbst dann nicht wieder, als er sich zur Probe in den Magen boxte!

Er beendete seine Pilgerreise nach Kāshī und kehrte danach nach Kerala zurück. Dort angekommen, suchte er sofort Bilvamangala auf, der sich voller Mitgefühl nach seinen Schmerzen erkundigte, denn er war ja der Ansicht, der Mann habe sich sein Leiden in einem vergangenen Leben eingebrockt und müsse es nach dem eisernen Gesetz des Karma bis zum Schluß aushalten.

Als er erfuhr, daß die Schmerzen vergangen waren, rief er Krishna und fragte Ihn, was Er eigentlich mit dem Ausdruck ‚Rollen' gemeint habe. Er, Bilvamangala, habe darunter nämlich verstanden, es bedeute, von einer Geburt in die nächste zu rollen und sich dabei gute wie schlechte Früchte einzuhandeln. Der Kranke habe darunter verstanden, sich vor Schmerzen auf dem Lager herumzuwälzen.

Aber Krishna klärte ihn auf, was Er damit gemeint hatte, nämlich: in dieser gegenständlichen Welt mit ihren sich ständig verändernden Erscheinungen haltlos umhergeworfen zu werden. Als der Mann im Namen Gottes lebte und nichts anderes mehr im Sinn hatte, hörte das Rollen auf.

Der Name Gottes und die Fesseln des Schicksals bleiben nicht nebeneinander bestehen. Die Folgen unserer Handlungen in früheren Leben lösen sich auf wie Nebelschwaden unter der Sonne, wenn wir uns in der Wiederholung des Namens üben. Das war selbst für Bilvamangala eine Offenbarung!

156 Die richtige Adresse

Die Pāndava-Brüder und ihre Gefährten waren im höchsten Maße Gott ergeben. Einst wurde Draupadī, ihre Königin, von ihren Vettern, den ruchlosen Kauravas, vor einer großen Versammlung im königlichen Ratssaal öffentlich erniedrigt und entehrt. Aber sie rief nicht ihre Gemahle zu Hilfe, die großen und gefürchteten Helden so mancher Schlacht, denen die Götter selbst ihre unschlagbaren Waffen geschenkt hatten – nein, sie rief nach Krishna, denn für sie war Er ihr allernächster Verwandter, ihr Schutz und ihre Waffe.

Etliche Jahre später stichelte Draupadī Krishna ein wenig und sagte, Er habe sie bei jener Gelegenheit ja recht lange auf Seine Hilfe warten lassen. Aber Krishna bat sie, sie möge doch einmal wiederholen, bei welchem Namen sie Ihn gerufen habe. „Ich rief Dich damals bei diesen Namen: O Gott, mein Herr, der Du in den Herzen der Gopīs wohnst! Der Du durch die Wälder von Brindāvan streifst. Bewohner von Dvārakā!“ Da erklärte ihr Krishna, warum sie so lange auf Seine Hilfe warten mußte: Sie hatte ihren Hilferuf an die falsche Adresse gerichtet. „Deine Worte zwangen mich, zuerst nach Brindāvan und Dvārakā zu gehen, bevor ich zu dir kommen konnte. Hättest du ‚Bewohner meines Herzens‘ gerufen, wäre ich sofort zur Stelle gewesen.“

Darum sollt ihr euch darum bemühen, Gott fest in eurem Herzen zu behalten und in dem Bewußtsein zu leben, daß Er immer da ist.

157 Kein rettender Schrei

Eines Nachts reisten Shiva und Pārvatī am Himmel über der Erde entlang, da bemerkten sie einen Mann, der sich viele Meter über dem Erdboden mit letzter Kraft an einen Ast klammerte. Er schien vollends erschöpft zu sein und mußte jeden Moment herunterfallen. Pārvatī wandte sich an ihren Gemahl und bat ihn, er möge sich des armen Mannes annehmen und ihn retten. Aber Shiva meinte, sie könne es ebenso gut tun; ihm wäre es lieber, sie würde ihn retten! Inzwischen wurde die Lage des Mannes immer heikler. Shiva und Pārvatī einigten sich, wenn er im Fallen ‚Mutter!' riefe, sollte Pārvatī ihn auffangen, riefe er dagegen ‚Vater!' sollte Shiva ihm zur Hilfe eilen und dafür sorgen, daß seine Glieder heil blieben. Der Mann fiel, aber er rief weder ‚Mutter!' noch ‚Vater!', sondern „Weh mir!" Und so mußten sie ihn sich selbst überlassen.

158 Wandel wider Willen

Der König der Dämonen, Rāvana, hatte Rāmas Gemahlin, Sītā, nach Lankā entführt und hielt sie in Gefangenschaft. (Anm. d. Übers.)

Er ließ nichts unversucht, um sie dazu zu bewegen, sich ihm zu ergeben, in seinen Harem einzutreten und seine Frau zu werden: Er drohte ihr mit dem Tode, machte ihr Geschenke und versprach ihr die Sterne vom Himmel: mit süßen Worten und mit grausamer Folter versuchte er es, aber sie blieb standhaft.

Endlich glaubte er, das richtige Mittel gefunden zu haben: Mit Hilfe seiner Zauberkraft nahm er die Gestalt Rāmas an und dachte, nun würde er sein Ziel erreichen. Aber in dem Augenblick, als er eins geworden war mit der göttlichen Gestalt, flohen alle unrechten Gedanken von ihm. Nur die gute Absicht herrschte noch in ihm. Da verwarf er auch diesen letzten Trick als nutzlos.

159 Vom rechten Gebrauch der Sprache

An der Sprache eines Menschen erkennt man seine Erziehung:

„He du da, du Bauer! Hast du was gehört? Sind hier Soldaten vorbeimarschiert?“ fragte jemand einen blinden Bauern. Minuten später sprach ihn ein anderer an: „Hallo, Blinder! Sag‘ mal, sind hier Soldaten vorbeigekommen?“ Ein wenig später kam eine dritte Stimme: „Guten Tag, Herr... äh... haben Sie vielleicht gehört, ob hier Soldaten vorbeimarschiert sind?“ Zuletzt trat jemand ganz nahe an ihn heran, legte die Hand auf seine Schulter und fragte: „Mein Guter, sag‘ mir doch bitte, ob hier Soldaten vorbeimarschiert sind!“

Der Blinde konnte später die Fragesteller richtig beschreiben: Der erste war ein einfacher Soldat, der zweite ein Feldwebel, der dritte ein Offizier und der vierte der König selbst.

Die Wahl der Worte verrät die Herkunft eines Menschen. Die Zunge ist Waffe und Schutzschild des Gemüts; sie ist Hüterin des Lebens. Zu vieles, zu lautes, undiszipliniertes, haß- und wuterfülltes Reden – alles hat einen Einfluß auf die Gesundheit eines Menschen. Diese Arten des Sprechens rufen in anderen Aggression und Abwehr hervor, sie verletzen, sie regen auf, sie machen wütend und schaffen Kluften.

Warum heißt es wohl, Schweigen sei Gold? Ein schweigsamer Mensch hat keine Feinde; allerdings auch wenige Freunde. Er hat Muße genug und Gelegenheit dazu, in sich zu gehen und seine eigenen Fehler und Schwächen anzuschauen. Er hat nicht den Hang, Fehler in anderen zu suchen.

Wenn dein Fuß ausgleitet, trägst du vielleicht einen Kochenbruch davon; aber wenn deine Zunge ausrutscht, zerbrichst du den Glauben oder die Freude eines anderen.

Solch einen Bruch kann man niemals mehr richten. Solch eine Wunde wird immer eitern. Deshalb sollst du deine Zunge mit größter Vorsicht benutzen. Je sanfter, je weniger, je liebevoller du sprichst – desto besser für dich und deine Umgebung!

160 Klang ist verwandelnde Energie

Die ganze Welt ist erfüllt von Klang, darum kann man mit dem Klang viel bewirken. In der Tat gibt es nichts in dieser Welt, was man nicht durch Klang vollbringen könnte. (Ch.K.I) Dazu ein kleines Beispiel:

Ein Meister hatte etwa zehn Schüler, die er in seinem Ashram unterrichtete. Eines Tages bekam der Ashram Besuch von einer hochgestellten, einflußreichen Persönlichkeit. Der Meister erwies dem Besucher aber nicht die Ehre, ihn am Tor des Ashrams zu begrüßen. Da war der hohe Gast beleidigt. Er begab sich geradewegs in den Unterrichtsraum und stellte den Meister zur Rede: „Warum nehmen Sie keine Notiz von mir? Sie sind nicht einmal ans Tor gekommen, um mich zu empfangen! Was tun Sie eigentlich hier?“ Der Meister antwortete: „Ich bin vollauf damit beschäftigt, diesen Kindern ein paar wesentliche Dinge beizubringen.“ Der Besucher lächelte ironisch: „Und nur weil Sie ihnen ein paar Weisheiten vortragen, meinen Sie, die Herzen der Kinder würden davon beeinflußt und sie könnten sogar noch fromm werden?“ Der Meister entgegnete voll Überzeugung: „Ja, natürlich! Es besteht die größte Wahrscheinlichkeit, daß die Kinder durch meine Lehre zu einem guten Leben motiviert werden.“

Der andere widersprach heftig: „Das glaube ich nicht!“ Darauf sagte der Meister: „Wenn Sie das nicht glauben können, bedeutet das ganz einfach, daß Sie kein Gottvertrauen haben! Aber das ist Ihr Problem und noch lange kein Grund für mich, das Unterrichten aufzugeben!“

Der Mann nahm sich so wichtig, daß er meinte, seine Ansicht unbedingt durchsetzen zu müssen. Er verlegte sich aufs Streiten: „Das kann doch nicht Ihr Ernst sein, daß Sie an solche Ammenmärchen glauben! Durch Worte allein kann man überhaupt nichts ausrichten! Was sind denn Worte schon: Zum einen Ohr hinein, zum anderen hinaus!“ Aber der Meister war klug und im Umgang mit solchen Menschen erfahren. Er winkte einen der kleinsten Jungen herbei und sagte in gedämpftem Ton, aber doch laut genug, daß der Besucher es hören konnte: „Pack jetzt diesen Kerl am Schlafittchen und wirf ihn zur Tür hinaus!“

Bei diesen Worten geriet der Besucher völlig außer sich. Sein Blutdruck schnellte hoch, seine Augen liefen rot an, und wutentbrannt wollte er sich auf den Meister stürzen. Der war ganz ruhig geblieben und fragte ihn mit sanftem Lächeln: „Mein Herr, worüber regen Sie sich denn auf? Wir haben Sie doch gar nicht angerührt und Sie weder geschlagen noch hinausgeworfen! Wie kommt es, daß bloße Worte ausgerechnet Sie so treffen konnten? Gerade eben waren Sie noch der festen Überzeugung, daß man mit Worten gar nichts bewirkt! Demnach scheint Ihre Aussage doch nicht ganz stichhaltig zu sein. Vielmehr ist es in Wirklichkeit so, daß man mit Worten jede Art von Empfindung hervorrufen kann – wie man sieht: zumindest Wut! Meine Erfahrung sagt mir, daß aber auch Zuneigung und Liebe erweckt werden können. Durch Worte läßt sich jedermanns Wohlwollen und Freundschaft gewinnen.“

Wenn euch also daran gelegen ist, Freundlichkeit in der Welt zu fördern, tut das, indem ihr liebevolle Worte gebraucht, auf sanfte Weise sprecht und über heilige Dinge redet. Gebraucht ihr dagegen grobe, schroffe Worte, werdet ihr zum freundlichen Umgang der Menschen miteinander nichts beitragen.

161 Die Welt ist ein wunscherfüllender Baum

Da Gott aus unserem Herzen kommt in Form der Sprache, müssen wir uns bemühen, unsere Rede so klar und rein wie möglich zu halten. Gott ist die Wahrheit selbst. Deshalb soll alles, was wir sagen, so beschaffen sein, daß wir getrost hinzufügen können: ‚Möge es so sein!' Dazu gibt es eine kleine Geschichte:

Es war ein besonders heißer Sommer. Ein Reisender wanderte eine staubige Straße entlang. Nachdem er eine gute Strecke gegangen war, wurde er müde. Am Wegesrand stand ein großer Baum. Da beschloß er, sich ein wenig auszuruhen. Als er sich glücklich im Schatten ausgestreckt hatte, sagte er zu sich selbst: „Einen kühlen Platz habe ich nun gefunden. Aber wie froh wäre ich, wenn ich auch noch ein Glas frisches Wasser hätte!"

Kaum hatte er es ausgesprochen, kam ein Becher Wasser vom Baum herabgeschwebt. Er trank, fühlte sich erfrischt und dachte: ‚Jetzt habe ich meinen Durst gestillt, aber wie schön wäre es, wenn es hier ein gutes Bett gäbe, denn der Boden ist doch recht hart und uneben!'

Unverzüglich kam ein großes, weiches Bett vom Baum herab. Da rief er freudig: „Nicht einmal bei mir zu Haus habe ich eine so bequeme Lagerstatt! Wenn das meine Frau sehen könnte, wie würde sie sich freuen!"

Augenblicklich erschien seine Frau vor ihm. Er schaute sie zweifelnd an und fragte sich: „Ist das nun wirklich meine Frau, oder ist es vielleicht ein Dämon, der mich fressen will?" Kaum hatte er das gesagt, wurde sie ein Dämon und verschlang ihn.

Der Baum, in dessen Schatten er gesessen hatte, war ‚*Kalpavriksha*'. Kalpavriksha ist der Baum, welcher demjenigen, der in seinem Schatten sitzt, alle Wünsche erfüllt. Während der Reisende sich unter dem Baum befand und an alle möglichen angenehmen Dinge dachte, wurde alles sofort Wirklichkeit. Leider wurde aber auch das Schlechte, an das er dachte, sofort Wirklichkeit.

Diese Welt ist Teil des Kalpavriksha-Baumes. Wir sitzen in seinem Schatten: Denken wir Schlechtes, widerfährt uns Schlechtes, denken wir Gutes, geschieht uns Gutes. Sind also unsere Gedanken, unsere Betrachtungen und unsere Taten rein, wird uns dieser Wunschbaum ‚Welt‘ die guten Dinge geben, die wir herbeiwünschen. Beides, Gutes wie Schlechtes, kommt allein aus unserem eigenen Inneren, niemals von außerhalb! Das ist der Grund, warum wir zuallererst unsere Herzen so rein wie möglich machen müssen!

GEWOHNHEITEN

162 Gib zumindest eine schlechte Gewohnheit auf!

Ein Mann, der viele schlechte Gewohnheiten hatte und zum Dieb geworden war, hörte eines Tages, daß ein großer Meister in seiner Stadt weilte. Er suchte ihn auf und bat, er möge ihn in das spirituelle Leben einweihen. Der Meister sagte, dazu müsse er zumindest *eine* schlechte Gewohnheit aufgeben.

Umgehend beschloß er, nicht mehr zu lügen. Noch am gleichen Abend schlich er sich im Schutze der Dunkelheit zum Palast des Königs, um dort einzubrechen. Auf der Terrasse des Palastes stieß er auf einen anderen Mann. „Wer bist du, und was willst du hier?“ flüsterte der andere. „Ich bin ein Dieb und will einbrechen.“ „Ich auch,“ entgegnete der andere, „komm, laß uns gemeinsame Sache machen!“ Sie sprachen miteinander ab, daß sie die Beute brüderlich teilen würden, dann brachen sie in die Schatzkammer ein. Als sie die Edelsteine unter sich aufteilten, bekam der ehrliche Dieb plötzlich Mitleid mit dem König, der nun ohne jede Reserve vor völlig leerer Staatskasse dastehen würde. Er schlug seinem Komplizen vor, wenigstens einen Diamanten liegenzulassen. Der war damit einverstanden. Als sie fertig waren und sich voneinander verabschiedeten, sagte der eine Einbrecher, der kein anderer war als der König selbst, zum ehrlichen

Dieb: „Wir haben gut miteinander gearbeitet. Gib mir deine Adresse, vielleicht unternehmen wir wieder einmal etwas zusammen."

Am nächsten Morgen verbreitete sich die Nachricht, die Schatzkammer sei geplündert worden. Der König beauftragte seinen Finanzminister, die Sache zu untersuchen und den Schaden festzustellen. Als der Minister allein in die Schatzkammer kam, fand er den übriggelassenen Diamanten. Er wunderte sich, daß die Einbrecher ihn übersehen hatten und steckte ihn in seine eigene Tasche. Dann meldete er dem König, die Staatskasse sei restlos ausgeraubt.

Daraufhin ließ der König seinen nächtlichen Kumpanen kommen und forderte ihn auf, den Hergang der Tat zu schildern. Der ehrliche Dieb gab freimütig zu, mit seinem Komplizen zusammen alle Schätze bis auf einen größeren Diamanten gestohlen zu haben. Nun wurde nach dem übriggebliebenen Diamanten geforscht, und es dauerte nicht lange, da fand man ihn in der Hosentasche des Ministers! Natürlich wurde er sofort wegen Unehrlichkeit seines Amtes enthoben, und an seiner Statt ernannte der König den ehrlichen Dieb zum Minister.

Der gab daraufhin auch seine anderen schlechten Gewohnheiten auf und wurde zur Freude seines Guru über die Grenzen des Königreichs hinaus als ehrbarer Schatzmeister bekannt.

163 Eine von drei Sünden

Ein König ließ einst bekanntgeben, er werde jeden Brahmanen reich belohnen, der bereit wäre, eine der drei folgenden Sünden zu begehen: Schwören, daß die Veden erlogen seien, Alkohol trinken, oder, als drittes, Ehebruch begehen.

Viel Zeit verstrich, ohne daß sich ein Brahmane fand, der eine dieser für seinen Stand schlimmsten Sünden begehen wollte. Schließlich meldete sich aber doch einer, der war so arm, daß er fast verhungerte. Er erklärte sich bereit, Alkohol zu trinken – diese Sünde schien ihm mit dem geringsten Risiko verbunden zu sein. Aber kaum hatte er getrunken, fing er auch schon an, zu fluchen und zu schwören. In seinem Rausch lief er auf die Straße und schrie, die Veden seien ausgemachte Lügenmärchen. Dann brach er in ein fremdes Haus ein und bedrängte die Hausfrau. Kurz, er verhielt sich wie der schlimmste Tunichtgut im ganzen Land. Eine Sünde hatte zur anderen geführt!

164 Wie man eine schlechte Angewohnheit loswird

Manchmal meinen wir, unsere schlechten Angewohnheiten seien so tief verwurzelt, daß wir sie unmöglich loswerden könnten. Dennoch solltet ihr niemals den festen Entschluß aufgeben, euch von ihnen zu befreien. Sie bilden sich langsam und verfestigen sich fast unmerklich als Folgen des eigenen Tuns. Man sollte sich stets bewußt machen, welche von seinen schlechten Angewohnheiten man noch im Griff hat und welche nicht. (Ch.K.I)

Ein Mann gewöhnte sich an den Genuß von Opium, und nach kurzer Zeit war er süchtig geworden. Die Abhängigkeit schadete ihm und seiner Familie sehr, denn er verbrauchte sein ganzes Einkommen für Opium. Bald konnte er auch nicht mehr zur Arbeit gehen, da er sich immer häufiger im Delirium befand.

Eines Tages kam ein berühmter Weiser in die Stadt und spendete vielen Hilfesuchenden Trost und Rat. Unter den Ratsuchenden war auch der Opiumsüchtige. Als der Weise ihn bemerkte, schaute er ihn kopfschüttelnd an: „Du wirst deine Gesundheit und deine Familie ruinieren, wenn du nicht aufhörst, Opium zu essen!" Der Süchtige entgegnete: „Ich habe nicht die Kraft, davon abzulassen! Was soll ich nur tun?" Da ließ sich der Weise die Menge zeigen, die er täglich aß, nahm ein etwa gleich großes Stück Kreide in die Hand und sagte: „Kaue nur jeden Tag soviel Opium wie dieses Stück Kreide, aber nicht mehr!" Daran wollte sich der

Süchtige gerne halten. Aber dann fügte der Weise hinzu: „Ich will aber, daß du mit dieser Kreide jeden Tag dreimal OM auf eine Tafel schreibst!"

So wurde das Stück jeden Tag ein wenig kleiner, und schließlich war er von seiner Sucht befreit.

165 Wehret den Anfängen!

Mit ihrem Söhnchen auf dem Arm ging eine junge Mutter auf den Markt. Sie kamen nahe an einer Obsthändlerin vorbei, die einen Korb mit Früchten trug. Da streckte das Kind seinen Arm aus, nahm sich eine Banane und fing an, sie zu essen. Die Mutter bemerkte es und fragte das Kind, wie es an die Banane gekommen sei. Der Kleine sagte, er habe sie sich aus dem Korb der Händlerin genommen. Da zwinkerte sie ihm zu und sagte: „Du kleiner Lausbub!"

Als der Junge größer geworden war, fand er nichts dabei, kleine Diebereien zu begehen. Er stahl in Läden und aus Handtaschen. Als er erwachsen war, beging er Einbrüche. Im Zuge eines Raubüberfalls wurde er sogar zum Mörder. Schließlich wurde er verhaftet. Man brachte ihn ins Gefängnis und verurteilte ihn zum Tode.

Vor der Vollstreckung des Todesurteils wünschte er, noch einmal seine Mutter zu sehen. Sie wurde hereingebracht. Tränenüberströmt beklagte sie das tragische Los ihres Sohnes. Er winkte sie näher zu sich heran, als ob er sie zum Abschied noch einmal umarmen wollte. Aber plötzlich legte er die Hände um ihren Hals und versuchte, sie zu erdrosseln. Die Wärter sprangen herbei und rissen die beiden auseinander. Da schrie der Sohn: „Sie ist an allem schuld! Sie hat die Strafe verdient! Ihretwegen bin ich auf die schiefe Bahn geraten! Hätte sie mich damals, als ich mit drei Jahren die Banane vom Korb der Obsthändlerin stahl, zurechtgewiesen statt sich über mich zu amüsieren, wäre ich niemals zum Verbrecher geworden!"

166 Gedanken gehen über in die Speise

Willst du Gedanken, Gefühle und Verstand läutern, damit sie die Wahrheit richtig widerspiegeln, mußt du bei der Nahrung anfangen. Nahrung ist für denjenigen, der den spirituellen Weg gehen will, von ausschlaggebender Bedeutung.

In Malur, im Staate Mysore, lebte einst ein frommer Brahmane, der ein großer Gelehrter war. Seine Frau war mindestens ebenso fromm wie er. Kein Tag verging, an dem er nicht Andachten und Versenkungsübungen verrichtete. Weit und breit schätzte man ihn wegen seines tadellosen Charakters.

Eines Tages klopfte ein Wandermönch namens Nityānanda bei ihm an und bat um Almosen. Das freute den Brahmanen über alle Maßen. Er bat den Mönch, doch am nächsten Abend zum Essen zu kommen, es würde ihm eine Ehre sein, ihm ein Gastmahl auszurichten. Darauf schmückte er Haus und Hof mit frischem Grün und traf aufwendige Vorbereitungen für den Empfang des ehrwürdigen Gastes.

Aber etwa um elf Uhr vormittags setzte bei seiner Frau die Regel ein, und das bedeutete, daß sie das Essen nicht zubereiten durfte, denn nach der Sitte war sie in dieser Zeit ‚unrein'.

Eine Nachbarin erbot sich, das Mahl herzurichten. Man ließ sie kommen, und sie hatte noch genügend Zeit, sich mit der Küche vertraut zu machen. Alles ging gut, und alle waren, den Umständen entsprechend, zufrieden und glücklich.

Nur dem Mönch ging es nicht gut. Zu seinem Leidwesen wurde er während des Essens von dem starken Verlangen gequält, den Silberbecher, den der Gastgeber für ihn aufgedeckt hatte, heimlich einzustecken. Und obgleich er sich mit aller Willenskraft gegen den Gedanken zu wehren suchte, gewann der schlechte Impuls schließlich doch die Oberhand, und er verließ das Gastmahl mit dem Becher in den Falten seines Gewandes.

Die ganze Nacht konnte er kein Auge zutun, so sehr plagte ihn sein schlechtes Gewissen, denn er empfand sein Fehlverhalten als Schmach für seinen Meister und für die Rishis, die er mit heiligen Formeln anzurufen pflegte. Seine Ruhe war hin, und so rannte er bei Morgengrauen zum Hause des Brahmanen, fiel ihm zu Füßen und gab ihm unter Tränen der Reue den silbernen Becher zurück.

Alle wunderten sich, wie ein solch heiliger Mann so tief fallen konnte. Da kam jemand auf die Idee, das seltsame Verhalten des Mönches könne durch die Gedanken der Köchin beim Zubereiten des Essens verursacht worden sein. Als man daraufhin die Lebensgeschichte der Nachbarin näher untersuchte, stellte sich heraus, daß sie unter Kleptomanie litt! Ihre zwanghaften Gedanken ans Stehlen waren auf subtile Weise in die Speise übergegangen!

Weil Speisen von den Gedanken dessen, der sie zubereitet, durchdrungen werden, wird spirituell Strebenden geraten, sich ab einer gewissen Entwicklungsstufe nur noch von Früchten und Knollengewächsen zu ernähren.

167 Nahrung ist die Grundlage des Charakters

Es gibt subtile Einflüsse, welche von den Personen, die mit Nahrungsmitteln umgehen und Speisen zubereiten, in das Essen übergehen und dann von denen, die es verzehren, aufgenommen werden. Nahrung ist die Grundlage des Charakters. Der Zustand des Gemüts wird beeinflußt durch den des Körpers. Ich erzähle euch jetzt eine Begebenheit, die sich vor etwa achtzig Jahren ereignete:

In Badrināth lebte ein großer Yogī namens Hamsarāja, der stets das Lob Gottes sang. Er hatte auch einen Schüler, der ebenso ernsthaft und aufrichtig bemüht war wie er. Dieser junge Mann hatte einen Traum, der ihn tagelang verfolgte und ihm keine Ruhe ließ: Im Traum sah er ein etwa sechzehnjähriges Mädchen, das herzzerreißend weinte und um Hilfe rief: „Ist denn niemand da, der mich erretten kann?“ Der Schüler wunderte sich über diesen seltsamen Traum. Er konnte den Gedanken an das traurige Mädchen und sein verzweifeltes Rufen nicht mehr loswerden. Schließlich sprach er mit seinem Meister darüber.

Hamsarāja war ein wirklicher ‚Hamsa‘: ein Schwan, der, wie ihr wißt, mit seinem Schnabel Milch von Wasser trennen kann. Hamsarāja also analysierte die Situation kraft seines großen Wahrnehmungs- und Unterscheidungsvermögens und fand die Ursache des schrecklichen Erlebnisses heraus.

Er forderte den jungen Mann dazu auf, sich jede Kleinigkeit ins Gedächtnis zu rufen: „Was hast du an dem Tag gemacht, als dir das Mädchen im Traum erschien?“ – „Wohin bist du gegangen?“ – „Was hast du gegessen?“ Es stellte sich heraus, daß er an jenem Tag mit einem Freund zusammen auf ein Fest gegangen war und ein paar Kleinigkeiten verzehrt hatte. Sie forschten nach und erfuhren, daß ein armer Brahmane das Fest gegeben hatte. Hamsarāja gab dem Schüler den Auftrag, hinzugehen und herauszufinden, aus welchem Anlaß und mit welchen Mitteln der Brahmane das Fest für die Einsiedler von Badrināth veranstaltet hatte.

Der Schüler grollte innerlich und verwünschte den Tag, an dem er den Traum gehabt hatte. Das hatte er nun davon! Sein Meister schickte ihn wahllos in der Gegend herum, um völlig belanglose Dinge in Erfahrung zu bringen! Er fragte sich, in welcher Weise das alles wohl seinen spirituellen Übungen (*sādhana*) zuträglich sein sollte!

Doch gehorsam wie er war, machte er sich auf und betrieb Nachforschungen über das Fest, seinen Anlaß und über die Herkunft der Mittel. Und so kam zutage, daß das nötige Geld von einem sechzigjährigen Geldverleiher zur Verfügung gestellt worden war, nachdem der Brahmane ihm seine Tochter zur Frau gegeben hatte! Diese flehte nun die heiligen Männer an, einem weggegebenen Kind Menschlichkeit zu erweisen.

Was Hamsarāja seinen Schüler auf diese Weise lehrte,

war dies: Bevor man eine so persönliche Gabe wie Speise annimmt, sollte man erst ihre Herkunft sowie die Beweggründe und Wünsche des Gebers prüfen!

168 Mit Becher und Nadel

Tiruvalluvar, der berühmte Heilige aus Tamil Nadu, Verfasser des Epos ‚Kural', stellte immer, wenn er aß, einen mit Wasser gefüllten Becher mit einer Nadel neben sich. Einer seiner Gastgeber fragte ihn, welchem Zweck seine Gewohnheit diene. Da sagte er: „Alle Nahrung ist heilig. Man darf sie nicht verschwenden. Jedes Körnchen ist wertvoll. Wenn ich esse, fällt manchmal ein Korn oder ein Stückchen Gemüse vom Tellerrand oder von meinen Fingern auf den Boden. Dann hebe ich es mit Hilfe der Nadel auf, spüle es im Becher und esse es."

Was für ein Vorbild denen, die mehr wegwerfen und verschwenden als sie essen!

169 Die Verschwenderin

Der Charakter eines Menschen zeigt sich in seinem Verhalten. Um jemanden einzuschätzen, braucht man nur zu beobachten, was er tut. Weitere Zeugnisse braucht man nicht.

In einem Dorf lebten zwei Frauen, die waren Nachbarinnen. Die eine hatte fünf Kühe, die andere eine. Die wohlhabendere war verschwenderisch, anspruchsvoll und achtlos. Sie wirtschaftete so schlecht, daß sie des öfteren Milch von ihrer ärmeren Nachbarin borgen mußte.

Die Nachbarin half ihr auch in anderen Dingen aus, obwohl sie nur die eine Kuh und noch dazu eine große Familie hatte. Etwa fünfzig Liter hatte sie auf diese Weise der anderen schon geliehen. Da verendete ihre Kuh. Sie ging zu ihrer Nachbarin und bat, sie möge ihr die fünfzig Liter in Raten von je einem Liter pro Tag zurückgeben. Die andere aber geriet in Zorn und behauptete, niemals Milch von ihr bekommen zu haben.

Die Sache kam vor das Schiedsgericht. Die Frau mit den fünf Kühen sagte, das Ansinnen ihrer Nachbarin sei lächerlich. Warum sollte wohl gerade sie, als Besitzerin von fünf Kühen, Milch bei einer Frau borgen, die nur eine einzige Kuh ihr eigen nannte?

Der Schiedsrichter war ein Menschenkenner. Er wußte, wie man die Wahrheit herausfindet. Jede der beiden Frauen bekam von ihm fünf Krüge voll Wasser und den Auftrag, hinauszugehen und sich die Füße zu waschen. Danach sollten sie wieder in den Gerichtssaal kommen. Die Frau mit den fünf Kühen goß das ganze Wasser mit Schwung über ihre Beine und kam hinein mit Füßen, die noch genauso schmutzig waren wie zuvor. Die andere säuberte ihre Füße gründlich mit dem Inhalt eines einzigen Wasserkrugs und ließ die vier übrigen unangetastet.

Durch diesen einfachen Vorgang offenbarte jede ihren Charakter. Die eine war sparsam und achtsam im Umgang mit den Dingen, die andere aber war verschwenderisch und litt deshalb ständig Mangel. Der Richter entschied, daß die Frau mit den fünf Kühen die Milch zurückzuzahlen hatte.

RECHTE SEHWEISE

170 Solche Augen wünsche ich mir

Surdāsa war ein großer Mystiker, Sänger und Dichter. Er war blind. Einst erschien ihm Krishna und fragte ihn in Seiner Güte und Barmherzigkeit: „Surdāsa, möchtest du, daß Ich dir das Augenlicht schenke, damit du die Herrlichkeit der Schöpfung sehen kannst?“

„Herr," entgegnete Surdāsa, „die meisten Menschen besitzen Augen, wie Du sie mir geben willst. Und dennoch leben sie im Dunkeln, da sie Dich nicht sehen in allen Formen und Wesen. Sie besitzen Ohren und hören doch nicht die Melodie Deiner Flöte. Wenn Du mir Augen gibst, sollen es solche sein, die Deine Schönheit in allem sehen, und Ohren, die Deine Flöte hören aus allen Enden der Welt."

171 Die Kamera

Unsere Wahrnehmung ist wie das Objektiv einer Kamera: Wenn du die Menschen zu deiner Rechten photographieren willst, das Objektiv aber auf die Leute zu deiner Linken richtest – wie soll es dir jemals gelingen?

Unser Leib ist die Kamera; unser wahrnehmender Geist (mind) das Objektiv. Herz oder Bewußtsein (heart) ist die Photoplatte; der Gedanke (thought) das Blitzlicht; Intelligenz (*buddhi*) der Auslöser.

Wenn du Frieden und Glück in dein Bewußtsein aufnehmen möchtest, mußt du das ‚Objektiv' auch auf die Dinge richten, die sie dir verschaffen können, ohne daß Unerwünschtes in dein Inneres eindringt.

172 Wie Denken und Erleben zusammenhängen

Euer Glück oder Unglück hängt davon ab, wie ihr die Dinge seht. Eure Sehweise färbt eure Einstellung und euren Realitätsbegriff.

Rāmadas besang einst die Fahrten von Anjaneya nach Lankā. In seinen Liedern erwähnte er auch die weißen Lilien des Inselreiches. Anjaneya hörte es und wollte die Beschreibung sogleich richtigstellen. Er sagte: „Ich habe dort niemals eine weiße Lilie gesehen. Die Lilien von Lankā sind rot!" Rāmadas beharrte aber darauf, sie seien weiß. Anjaneya fand, soviel dichterische Freiheit grenze an Frechheit. Er ärgerte sich, daß Rāmadas sich nicht einmal von einem Augenzeugen berichtigen lassen wollte und bat Rāma, dem Streit ein Ende zu machen. Zu seiner Überraschung gab Rāma Rāmadas recht. Er sagte: „Du, Anjaneya, hast statt der weißen Lilien rote gesehen, weil deine Augen von deiner Wut auf die Sippe der dämonischen Rākshasas von Lankā rot gefärbt waren!“

173 Du kannst die Welt nicht grün malen

Ehe du Gottes in jedem Wesen des Universums, in jeder Zelle und in jedem Atom gewahr werden kannst, mußt du Ihn erst in dir selbst spüren. All dein Tun, jedes deiner Worte und jeder Gedanke müssen von diesem Gewahrsein erfüllt sein.

Es war einmal ein Millionär, der an starken Magen- und Kopfschmerzen litt. Scharenweise kamen die Ärzte herbei und bemühten sich um ihn. Sie verabreichten ihm Unmengen von Medikamenten und ungezählte Spritzen. Aber seine Schmerzen vergingen davon nicht – im Gegenteil – sie wurden immer ärger.

Eines Tages kam ein heilkundiger Mönch an seinem Haus vorbei. Sogleich zog man ihn zu Rate. Er sprach freundlich mit dem Millionär und stellte abschließend fest: „Die Schuld an deinem Leiden liegt an deinen Augen. Fang bei deinen Augen an, korrigiere deine Sicht, und du wirst sehen – auch Kopf und Magen werden dir keinen Kummer mehr machen! Um aber deine Sicht zu heilen, darfst du immer nur eine Farbe vor Augen haben. Ich würde sagen, du solltest dich auf Grün konzentrieren! Das heißt natürlich, daß dein Blick weder auf Gelb noch auf Rot noch auf irgendeine andere Farbe fallen darf!“

Gleich ließ der Millionär Dutzende von Anstreichern einstellen, kaufte tonnenweise grüne Farbe ein und wies sie an, alles, worauf sein Blick fallen könnte, grün anzustreichen. Ebenso wie die vorausgesagte Ashtagraha-Katastrophe den

Priestern des Landes zu reicher Ernte verhalf, wurde auch die Krankheit des Millionärs zur willkommenen Ernte aller Anstreicher der Umgebung! (Die Ashtagraha-Katastrophe war das astrologische Phänomen einer bedrohlichen linearen Konstellation von acht Himmelskörpern, von der abergläubische Menschen annahmen, man könne sich durch exorzistische Maßnahmen vor ihrem unheilvollen Einfluß retten.)

Als der Wandermönch nach etwa zehn Tagen wieder vorbeikam, rannten die Anstreicher mit einem Eimer grüner Farbe auf ihn zu und wollten damit beginnen, sein rotes Gewand grün anzumalen. Aber er wehrte sie ab und fragte: „Was in aller Welt soll denn das bedeuten?“ Sie antworteten: „Der Blick unseres Herrn darf nur auf Grün fallen, sonst bekommt er sofort wieder Kopfschmerzen!“

Der Mönch lief gleich ins Haus und sagte zum Millionär: „Was ist das für ein Unfug? Du hast Zehntausende von Rupien für Farbe und Anstreicherlohn verschwendet, dein Haus, deine Möbel und deine ganze Umgebung verschandelt, und dabei hättest du den gleichen Erfolg viel billiger haben können: Eine Brille mit grünen Gläsern für vier Rupien hätte völlig ausgereicht! Man kann die Welt nicht grün malen!“

URTEILEN

174 Achtung und Nichtachtung

Ob andere dich achten oder nicht achten hat nichts zu bedeuten. Es ist nur Gerede.

Hört dazu eine kleine Geschichte: In einem Dorf lebten einst zwei Männer. Der eine pflegte stets zu Pferde zu reisen, der andere legte auch weite Strecken immer zu Fuß zurück, mit dem Sitzkissen unter dem Arm.

Eines Tages machten sie sich beide gleichzeitig auf den Weg in ein entferntes Dorf. Zuerst ergab es sich so, daß derjenige, der das Kissen unter dem Arm trug, vorausging. Der andere folgte hoch zu Roß. Unterwegs kamen sie durch ein kleines Dorf. Die Dorfbewohner sahen das Kissen unter dem Arm des Fußgängers und hielten es für ein Bündel Papiere. Sie glaubten nun, er sei der Diener, der seinem Herrn die Dokumente voraustrug. Den Reiter hielten sie für einen Offizier, denn zu jener Zeit gab es noch keine Autos, und alle Offiziere reisten zu Pferde.

Als die beiden am Zielort angekommen waren, kehrte der Wanderer sogleich in einem Gasthaus ein und machte es sich auf seinem weichen Kissen bequem. Der andere suchte unterdessen nach einem Platz, wo er sein Pferd anbinden konnte. Die Dorfbewohner sahen beide und hielten den Mann auf dem Kissen für einen Offizier und den anderen, der das Pferd versorgte, für seinen Diener.

Das ist nur ein Beispiel dafür, wie Achtung und Nichtachtung in der Welt zustandekommen. Der Mann, von dem man in dem einen Dorf annahm, er sei ein Offizier, wurde im nächsten für einen Diener gehalten. Der andere, den man zuerst für den Diener hielt, galt im anderen Dorf als Offizier.

Nur die Vorstellung in den Köpfen der Zuschauenden ist dafür verantwortlich, was jemand in der Welt gilt. In diesem Fall folgten Achtung oder Nichtachtung nicht aus dem Wert, den der Betreffende aus sich heraus besitzt, sondern aus dem äußeren Anschein.

175 Der Charakter bestimmt das Sehen

Die Fähigkeit, Gutes im anderen zu sehen, ist nicht jedem gegeben. Dafür gibt es ein Beispiel im Mahābhārata-Epos.

Lange vor Ausbruch des Krieges zwischen den Kauravas und Pāndavas rief Krishna eines Tages Duryodhana, den ältesten der Kaurava-Brüder, zu sich, denn er wollte ihn auf die Probe stellen. Er sagte ihm, er plane etwas überaus Wichtiges und brauche zur Durchführung seines Planes einen absolut zuverlässigen, charakterlich einwandfreien Mann. „Könntest du mir vielleicht einen solchen Mann ausfindig machen?“ fragte er Duryodhana. Der versprach es und machte sich auf die Suche.

Nach einigen Tagen intensiven Forschens kam er zurück: „Es tut mir leid, lieber Krishna,“ sagte er, „aber unter den Männern, die ich kenne und mit denen ich gesprochen habe, ist keiner, der den Anforderungen, die du stellst, genügen würde. Ich glaube, wenn du sicher gehen willst, solltest du mich in dein Vertrauen ziehen. Ich bin wohl doch derjenige, der deiner Vorstellung am ehesten entspricht.“

Etwas später bat Krishna Dharmarāja, den ältesten der Pāndava-Prinzen, zu sich. Ihm gab er den Auftrag, nach einem Mann Ausschau zu halten, der durch und durch verdorben und von so schlechtem Charakter sei, daß man sich keinen Schlechteren vorstellen könne. Dharmarāja machte sich auf den Weg und fing an zu suchen. Nach einigen Tagen kam er zurück: „So aufmerksam ich auch suchte, lieber Krishna,“ sagte er, „ich konnte doch niemanden finden, der so schlecht ist, daß man sich nicht noch einen Schlechteren vorstellen könnte. Ich fürchte, ich selbst passe am ehesten auf deine Beschreibung.“

Für das Urteil, das Duryodhana und Dharmarāja über sich selbst abgaben, sind nicht die objektiven Gegebenheiten maßgebend. Ihre eigenen Charaktereigenschaften und ihre Art, sich und andere zu sehen, formten ihre Meinung über ihre Wirklichkeit.

Niemand kann wirklich darüber befinden, wer gut oder schlecht ist. Das einzig Richtige ist, sich Gott zu überantworten und ständig an sich selbst zu arbeiten.

176 Auf Einladung des Neugeborenen

Krishna war erst wenige Wochen alt und ruhte auf Yashodās Schoß, als eines Tages ein unbekannter alter Einsiedler Nandas Haus betrat.

Diese Begebenheit könnt ihr natürlich nicht in den Büchern nachlesen. Ich muß sie euch selbst erzählen.

Die Dienerinnen eilten herbei, denn sie befürchteten, das Baby würde anfangen zu schreien beim Anblick des ungepflegten alten Mannes. Doch der Alte ließ sich nicht abhalten und näherte sich dem Kind voll Ehrfurcht. Yashodā wehrte ihm und schickte ihn hinaus, aber als er sich zum Gehen wandte, fing das Kind an zu weinen. Als er sich wieder umdrehte und näher herzukam, war es zufrieden.

Der Einsiedler sagte, er sei gekommen, um ‚*Krishna-Paramātma*' zu huldigen. Nie zuvor hatte jemand das Kind so genannt. Kein Wunder, daß das Baby weinte, als man ihn wegschicken wollte! Diesem Alten war durch die Gnade Gottes offenbart worden, daß der Avatar auf der Erde erschienen war. Das Baby selbst hatte ihn zu sich gerufen, um ihm die Gnade Seines Anblicks zu gewähren!

GUTE UND SCHLECHTE GESELLSCHAFT

177 Milch und Wasser

Gieße einen Liter Wasser in hundert Liter Milch: Was wird aus dem Wasser? Es nimmt die Eigenschaften der Milch an und wird zum gleichen Preis wie sie verkauft. Durch seine Verbindung mit der Milch wird sein Wert vergrößert.

Aber gieße einen Liter Milch in hundert Liter Wasser: Was wird aus der Milch? Sie büßt ihre nahrhaften, gesunden Eigenschaften ein und wird so fad wie Wasser.

Das gleiche bewirkt gute oder schlechte Gesellschaft an uns.

178 Die Folgen der Gemeinschaft mit Wilden und Törichten

Es war einmal ein Jäger, der hatte ein Bärenkind gefangen und zog es mit viel Liebe und Sorgfalt zum Haustier auf. Das Bärlein erwiderte seine Liebe und entwickelte sich prächtig. Viele Jahre lang lebten sie zusammen wie gute Freunde.

Eines Tages durchstreifte der Jäger mit seinem Liebling den Wald. Das Bärlein war inzwischen zu einem kräftigen Bären herangewachsen. Plötzlich überfiel den Jäger große Müdigkeit. Er legte sich ins Gras und befahl dem Bären, dafür zu sorgen, daß er nicht gestört würde.

Der Bär hielt eifrig Wache. Nichts regte sich. Auf einmal kam eine Fliege, die surrend ihre Kreise zog und sich ausgerechnet auf der Nase seines Herrn niederließ. Er wedelte mit seiner Pranke, und gleich flog sie davon, aber nur, um kurz darauf zurückzukehren und sich wieder auf die Nase zu setzen. Wieder verscheuchte sie der Bär mit seiner Tatze.

Das Spiel wiederholte sich mehrmals: Die freche Fliege ließ sich einfach nicht davon überzeugen, daß die Nase seines Herrn kein Rastplatz war! Schließlich packte ihn die Wut! Mit voller Wucht ließ er seine schwere Pranke auf Fliege samt Nase niedersausen. Das war ein verheerender Schlag! Sein Herr war auf der Stelle tot.

So kann es dem ergehen, der Gemeinschaft mit den Wilden und Törichten pflegt! Wie lieb sie auch immer sein mögen – ihre Dummheit wird ihn ins Unglück stürzen!

179 Aus Sand wird Gold

Es gibt eine Legende, die mit dem Bau des großen Tempels in Kalahasthi verbunden ist. Der Legende entsprechend wurde er von dem Weisen Agasthya mit Hilfe des Heiligen Bharadvāja erbaut. Jeden Abend, wenn die Sonne unterging, rief Agasthya alle Arbeiter einzeln zu sich und ließ sie vor ihm im Sand Platz nehmen. Dann schütteten zwei Männer nach seinen Anweisungen Sand in den Schoß des Arbeiters. Darin bestand der Lohn. Der Sand hatte aber die wunderbare Eigenschaft, sich je nach dem Arbeitseinsatz des einzelnen in Gold zu verwandeln. Hatte er an dem Tag viel gearbeitet, verwandelte sich eine große Menge Sand in Gold. Hatte er weniger gearbeitet, gab es weniger Gold. Hatte ein Arbeiter an dem Tag überhaupt nicht gearbeitet, blieb der Sand Sand.

Es gab keine Ungerechtigkeit, kein Grollen, keine Übervorteilung. Alle arbeiteten im Bewußtsein der Allgegenwart und der Gerechtigkeit des Allmächtigen. Alle waren zufrieden mit dem Gold, das sie bekamen, denn es war immer genau ihr Anteil, nicht mehr, nicht weniger.

Solche Arbeit ist ehrlich, die im Bewußtsein der ständigen Gegenwart Gottes verrichtet wird. Der Herr wird solche Arbeit mit Gnade belohnen, die aufrichtig und mit Freuden getan wird. Arbeit sollte nicht aus Furcht vor Höhergestellten und Vorgesetzten getan werden. Wenn die Herzen rein sind, wird auch die Arbeit rein sein.

180 Alexander der Große lernt von den Indern

Es gibt eine Geschichte von Alexander dem Großen, die ein Licht auf die Größe der indischen Kultur wirft: Alexander wanderte oft unerkannt durch die Dörfer der Umgebung seines Lagers, um die Sitten und Gebräuche des fremden Landes zu studieren, in welches die Vorsehung ihn geführt hatte.

Eines Tages bot sich ihm eine Szene, die ihm höchst seltsam vorkam: Ein Mann bat einen anderen inständig, er möge doch einen Kessel voll Gold annehmen. Aber der andere würdigte das Gold nicht eines Blickes. Alexander wollte gerne wissen, worum es ginge. Da sagte man ihm, was sich zugetragen hatte: Der eine hatte einen Kessel voll Gold in dem Acker gefunden, den er vom anderen gekauft hatte. Er wollte ihn dem ehemaligen Besitzer übergeben, aber der weigerte sich, ihn als sein Eigentum anzuerkennen. Der Käufer argumentierte, er habe doch nur das Land gekauft und deshalb keinerlei Anspruch auf das Gold, das sich in dem Acker befand und von dessen Vorhandensein er nichts gewußt hatte. Der ehemalige Besitzer wiederum bestand darauf, er habe kein Recht auf irgendeinen Gegenstand, der auf oder in dem Acker gefunden würde, nachdem er ihn verkauft hätte.

So ging es lange hin und her. Keiner wollte nachgeben. Schließlich berief man den Rat der Dorfältesten ein: die sollten nun über die Sache befinden. Noch während Alexander zuschaute, waren sie zu einer guten Lösung gekommen: Der Sohn des Käufers und die Tochter des Verkäufers sollten heiraten, und das Gold sollten sie als Mitgift erhalten!

Alexander war beeindruckt von so viel Großmut und Rechtschaffenheit. Er schämte sich seiner Habgier, denn er war ausgezogen, um den Besitz eines anderen Volkes durch Waffengewalt an sich zu reißen.

Die Ideale, die der indischen Kultur zugrundeliegen, sollten zumindest von jedem Inder und jeder Inderin studiert und praktiziert werden, damit die Welt aus ihrem Vorbild lernen kann.

181 Unverhofftes Vermögen

Große Reue überkam Dharmarāja, als der Krieg gegen die Kauravas vorbei war: Millionen waren in der Schlacht von Kurukshetra gefallen, das Land verwüstet, die Bevölkerung verarmt.

Da beschloß er, ein dreifaches Pferdeopfer abzuhalten, um die Gnade der Götter wieder auf das Land herabzuziehen. Aber es fehlte ihm das dafür erforderliche Geld. Auch seine Nachbarn und Verbündeten waren durch den Krieg so ausgeblutet, daß sie ihn nicht unterstützen konnten. Krishna sagte: „Herrscher kommen nur durch die harte Arbeit ihrer Untertanen zu Geld. Geld, das deine Untertanen im Schweiße ihres Angesichts verdient haben, darfst du nicht aus ihnen herauspressen, um damit die Sünden wiedergutzumachen, die dich belasten. Das wäre eine zusätzliche Sünde!"

Dharmarāja wußte sich keinen Rat mehr. Krishna mußte ihm helfen! Aber der hatte die Lösung schon gefunden. Er sagte: „Vor langer, langer Zeit hielt ein Herrscher namens Marut eine Opferfeier ab, die in ihrem Ausmaß bis heute von keiner anderen erreicht wurde. Goldbarren, so groß wie Ziegelsteine, wurden an Priester und Pandits verschenkt. Die Ärmsten des Landes bekamen Tausende von Nachbildungen von Kühen und Häusern aus massivem Gold. Als die so Beschenkten damals in ihre Heimatorte zurückkehrten, wurde ihnen die goldene Last so schwer, daß sie sie am Straßenrand liegen ließen. Viele Teile liegen heute noch da, und du kannst sie ausgraben. Ich kenne den Ort. Geh' und hol' dir den Schatz!"

Aber Dharmarāja hatte Zweifel: „Gehören sie nicht denjenigen, die sie geschenkt bekamen? Wie können wir sie einfach ohne Erlaubnis an uns nehmen?" Aber Krishna zerstreute seine Bedenken: „Sie ließen sie absichtlich zurück; außerdem lebt keiner von ihnen mehr, und die Nachkommen sind nicht mehr herauszufinden. Es ist viel zu lange her. Und da die Goldschätze noch dazu unter der Erde liegen, kannst du frei über sie verfügen, denn alle unterirdischen Güter gehören rechtmäßig dem Herrscher des Landes. Und der bist du. Kein anderer hat einen Anspruch darauf." Da ließ Dharmarāja das Gold ausgraben, und die Opferfeier wurde begangen.

182 Das Selbstverdiente

Zu König Bhoja kam einst ein wandernder Sänger und bat um eine Gabe. Der König bot ihm einen Beutel Geld an, aber der Sänger verschmähte ihn mit der Begründung: „Ich möchte, daß Ihr mir Geld gebt, welches Ihr durch eigene Arbeit verdient habt – nicht das, wofür andere sich geplagt haben!" Dem König gefiel dieser Gedanke, und er lud den Sänger ein, am nächsten Tag wiederzukommen.

Am folgenden Tag zählte der König sechzehn Kupfermünzen in die geöffnete Hand des Sängers. Er hatte sie bei einem Schmied verdient, bei dem er das rotglühende Eisen geschlagen hatte. Als die Münzen die Hand des Sängers berührten, verwandelten sie sich in goldene. Die Arbeit des Königs hatte sie vergoldet.

Man sollte nur das verschenken, was man rechtmäßig verdient hat.

183 Der Unzufriedene ist so gut wie verloren

Widersteht der Versuchung, dem Verlangen der Sinne nachzugeben und alles haben zu wollen, was die Welt zu bieten hat! Häuft keine materiellen Güter an! Setzt euren Wünschen Schranken!

Dies ist eine Geschichte aus der Zeit, als Kaiser Raghu das Land regierte. Ein Schüler hatte seine Studien abgeschlossen und fragte seinen Meister, was für ein Geschenk (*dakshinā*) er ihm machen dürfe. ('*Dakshinā*' nennt man die Gabe, mit der man seine Dankbarkeit erweist.) Der Lehrer antwortete, er wünsche sich kein anderes Geschenk als die

Dankbarkeit seines Schülers. Es sei genug, wenn er seiner Lehre gemäß lebe und damit seinem Lehrer Ehre mache.

Aber der Schüler bestand darauf, der Meister müsse unbedingt einen Wunsch äußern. „Bitte, nennt mir eine Summe Geldes oder bestimmte Dinge, die ich Euch schenken darf!" Um ihn abzuschrecken und endlich Ruhe zu haben, nannte der Lehrer eine astronomische Summe: „Du hast sechzehn Wissenschaften von mir gelernt, bring mir also sechzehn mal hunderttausend Golddukaten!"

Der Schüler nahm die Sache ernst. Sofort faßte er einen Plan, wie er das Geld beschaffen könnte. Er ging zu Kaiser Raghu und brachte es fertig, ihm das Versprechen abzunehmen, daß er ihm jeden Wunsch erfüllen würde. Dann nannte er seinen Wunsch: Sechzehnmal hunderttausend Golddukaten!

Der Kaiser erschrak. Obwohl er über ein großes Reich herrschte, lebte er wie ein Asket. Soviel Geld besaß er nicht. Aber um sein Wort nicht zu brechen, überfiel er den Gott des Reichtums, Kubera, und erbeutete eine riesige Menge Gold, welches er sogleich dem Schüler anbot: „Nimm das Gold, gib deinem Lehrer soviel er haben will und behalte den Rest für dich!"

Der Schüler aber lehnte es ab, auch nur eine einzige Münze mehr zu nehmen als er für seinen Lehrer brauchte. „Aber ich habe es doch nur für dich erbeutet," sagte der Kaiser, „es gehört dir allein, nimm es doch!" Der junge Mann jedoch widerstand der Versuchung und blieb fest.

Das ist wahrlich heldenhaft! ‚*Asamtusht dvijo nashtah*' – der Unzufriedene ist so gut wie verloren. Verlaß dich auf Gott und stehe zu deinem Geschick. Er ist in dir, mit dir. Er weiß am besten, was Er dir gibt und wann. Er ist die Liebe selbst.

184 Geld verdirbt den Charakter

Eine Frau hatte einen einzigen Sohn, der früh seinen Vater verloren hatte. Da sie wohlhabend waren, verwöhnte sie ihn, und als er heranwuchs, nahm er schlechte Gewohnheiten an und geriet in üble Gesellschaft.

Bekanntlich sammeln sich die Frösche nur um einen vollen Teich. Sobald er ausgetrocknet ist, hüpfen sie davon. Viele ‚Freunde' werden sich um dich scharen, solange du reich und angesehen bist. Sobald aber die Mittel erschöpft sind, machen sich die ‚Freunde' stillschweigend davon.

So war auch dieser junge Mann umgeben von falschen Freunden, die von seinem Geld profitieren wollten. Bald hatte seine Verschwendung das tragbare Ausmaß bei weitem überschritten. Jeden Tag kam er zur Mutter, um Geld von ihr zu holen, mit dem Erfolg, daß ihre mütterliche Liebe schnell dahinschwand und sie bald nur noch Abneigung und Haß empfand. In dem jungen Mann ging etwas Ähnliches vor sich: seine Anhänglichkeit verflog, und die Achtung vor der Mutter wich der Geringschätzung.

Die Mutter dachte: „Er wird mich ruinieren! Um unseren guten Ruf ist es schon geschehen, aber nun schändet er auch noch das Andenken seines Vaters! Für einen solchen Sohn wäre es das Beste, er wäre tot!" Immer öfter verspürte sie den Wunsch, ihn umzubringen. Zur gleichen Zeit dachte der Sohn: „Meine Mutter unterdrückt mich. Ständig muß sie mich kritisieren und geizt mit dem Geld. Es ist nicht auszuhalten mit ihr! Ich wünschte, sie wäre tot!"

Eines Tages war es so weit: Der Sohn hatte alles dazu hergerichtet, seine Mutter zu erschlagen! Die aber hatte Gift unter sein Essen gemischt! Als sie ihm gerade das Essen servierte, schlug er sie mit einer Eisenstange nieder. Dann nahm er hastig ein paar Bissen zu sich und war wenig später auch tot.

Der Überfluß an Geld hatte die Liebe zwischen Mutter und Sohn zerstört. Sollte der Sinn des Wohlstands darin liegen, solche Katastrophen herbeizuführen? Man sollte

Reichtum niemals als wichtigstes Ziel im Leben betrachten. Das Wichtigste im Leben ist die Rechtschaffenheit (*dharma*). Durch unsere Rechtschaffenheit können wir die Gnade Gottes erringen. Man braucht ausreichend Geld zur Erfüllung der lebensnotwendigen Bedürfnisse, aber alles, was darüber hinaus geht, sollte man wohltätigen Zwecken zukommen lassen. (Ch.K.I)

HABSUCHT, GEIZ

185 Tagträume

Mit einem Korb voll leerer Flaschen auf dem Kopf machte sich ein Straßenkehrer auf den Weg zum Markt. Dort hoffte er, die Flaschen für zehn Rupien verkaufen zu können.

‚Wenn ich so weitermache', dachte er, ‚habe ich in zehn Tagen hundert Rupien verdient. Mit dem Startkapital könnte ich dann ein anderes, lukrativeres Geschäft aufmachen, und in ein paar Monaten müßte ich dann eine ganz hübsche Summe verdient haben. Vielleicht bringe ich es sogar auf einige hunderttausend Rupien. Dafür baue ich mir dann einen Bungalow mit Garten, stelle ein paar Diener an und genieße das Leben.'

Er sah sich schon in einer Hollywoodschaukel im Garten sitzen, die Enkel fröhlich spielend um ihn her. Da fiel ihm aber auf, daß sich unter seiner Enkelschar auch das Kind eines Dieners befand. Ärgerlich fuhr er hoch, um das freche Kind zu packen. Klirr! machte es da. Die Flaschen waren auf die Straße gefallen und in tausend Scherben zerbrochen – ebenso wie seine Aussicht auf das Anfangskapital.

Auf dem brüchigen Fundament von Habsucht und Geiz lassen sich Träume schwerlich verwirklichen.

186 Eine Schulbubenrechnung

Es war einmal ein Schüler, der sah einer Prüfung in Mathematik mit Bangen entgegen, denn Mathematik war nicht seine Stärke. Als der Prüfungstag herannahte, ging er zum Tempel Sai Babas und gelobte, ihm fünf Kilo süßen Reis zu opfern, wenn die Fragen so leicht ausfielen, daß er sie alle richtig beantworten konnte. Der Prüfungsbogen erwies sich als harmlos: Die Fragen bewegten sich innerhalb der Grenzen seiner Fähigkeiten, und nach fünf Stunden hatte er alle korrekt gelöst. Nun blieb ihm noch eine ganze Stunde bis zur Abgabe des Bogens.

Er nahm ein Blatt Papier und begann, eine Liste der Zutaten für das Reisgericht aufzustellen, das er Sai Baba versprochen hatte. Er besaß zehn Rupien. Aber als er die Preise zusammenzählte – für Reis, Zucker, Cashew-Nüsse, Kardamon, Butter, Weinbeeren usw. – kam er auf mehr als fünfzehn Rupien. Er versuchte, hier und dort ein wenig einzusparen, aber wie er es auch drehte und wendete, stets kam eine Summe von mehr als zehn Rupien dabei heraus!

‚Eigentlich', dachte er, ‚braucht Sai Baba das Reisgericht ja gar nicht. Sicherlich ist Er schon zufrieden, wenn ich Ihm ein paar schöne Früchte opfere.' Aber als er wieder anfing zu rechnen, fand er, daß Früchte auch recht teuer waren. Blumen waren vielleicht doch preiswerter!

Da fiel ihm etwas ein: ‚In der Gītā steht doch, daß Gott gesagt hat, Er fände Gefallen an einem Blatt, einer Blüte, einer Frucht oder einem Schluck Wasser als Opfergabe.' Ein Schluck Wasser aus dem elterlichen Brunnen wäre sicher ein angemessenes Opfer für die Gnade, die er heute erfahren hatte! Den Zehner konnte er sich aufheben für den Film, den er schon immer gerne sehen wollte. Dann berechnete er, was das Kino kosten würde und fand, daß er gut noch einen Freund dazu einladen konnte.

An diesem Punkt seiner Berechnung rief der aufsichtführende Lehrer, die Zeit sei vorüber, die Antwortbögen müßten jetzt abgegeben werden. Unser Freund wurde dadurch ziemlich abrupt aus seinen Phantasien herausgerissen. In der Eile gab er das Blatt ab, auf dem er die Kosten für Reisgericht, Früchte, Blumen und Kino ausgerechnet hatte. Als er zu Hause in seine Tasche guckte, sah er zu seinem Entsetzen, daß das Prüfungs-Antwortblatt darin steckte!

Alles ist Wirkung, die auf eine bestimmte Ursache erfolgt, eine Sache des Widerhalls, der Spiegelung. Was wir einem anderen zu tun gedenken, fällt auf uns selbst zurück. Unsere Gedanken sind die wahre Ursache. Gott ist weder zornig noch rachsüchtig: Er ist der unbeeinflußbare Zeuge des Spiels. Ihr straft euch selbst für eure schlechten Gedanken und Taten. So ist es in Wirklichkeit.

187 Ein Oberdieb

Solltest du vorhaben, jemanden zu betrügen, denke daran, daß mit Sicherheit einer auftauchen wird, der dich seinerseits betrügen wird.

Es war einmal ein Dieb, der sich in allen Tricks und Kniffen seiner Branche auskannte. Nicht einen gab es, den er nicht beherrschte! Eines Tages hatte er wieder einmal eine Tour beendet und machte sich mit einem ansehnlichen Bündel Diebesgut auf den Heimweg. Da sah er einen kleinen Jungen schluchzend am Rande eines großen Wasserbeckens stehen. Er blieb stehen und fragte ihn nach dem Grund seiner Traurigkeit. Unter Tränen sagte der Kleine (und wie ihr wißt, ist es gleichgültig, wie jung oder alt jemand ist, nur die Intelligenz spielt eine Rolle): „Ich wollte baden, und nun ist mir mein goldenes Halskettchen ins Wasser gefallen! Hier an dieser Stelle wollte ich ins Wasser springen, aber dann hab‘ ich gesehen, daß es viel zu tief für mich ist."

Der Dieb dachte bei sich: „Vielleicht kann ich mir dieses Kettchen auch noch holen!" Er legte sein Bündel ab und stieg ins Wasser, um den Boden nach der Kette abzusuchen. Da schnappte sich der Junge das Bündel und rannte wie der Blitz davon. Als der Dieb ohne goldene Kette – es hatte sie nie gegeben – wieder aus dem Wasser auftauchte, merkte er, daß er hereingelegt worden war.

188 Lakshmī und Nārāyana testen die Herzen

Das Verlangen, einen höheren Lebensstandard zu erreichen, ist ein Durst, der niemals gestillt werden kann. Dieses Verlangen führt nämlich zur ständigen Jagd nach mehr Annehmlichkeiten und mehr Befriedigung der Sinne. Wünsche haben es an sich, sich zu multiplizieren! Sobald ein Wunsch befriedigt worden ist, stellt sich auch schon der nächste ein. So verstrickt man sich immer tiefer in belastende Abhängigkeiten. Im Überfluß liegt eine tödliche Versuchung. Kein Peitschenhieb kann den Juckreiz auslöschen, den die Lust am Geldgewinn auslöst.

Lakshmī, die Göttin des Reichtums und Nārāyana, ihr Gemahl, stritten einst, wer von beiden in den Herzen der Menschen den höchsten Rang einnähme. Sie konnten sich nicht einigen, und so beschlossen sie, es auf eine Probe ankommen zu lassen.

Lakshmī nahm die Gestalt einer spirituellen Meisterin an, die eine Besonderheit besaß: Immer, wenn ein Devotee ihr verehrungsvoll die Füße gewaschen hatte, verwandelten sich die Gefäße, die er oder sie dazu benutzt hatte, in pures Gold!

Aus diesem Grund war sie natürlich überall gern gesehen. Wo immer sie erschien, strömten die Devotees in Scharen herbei und schleppten so viele Kupfer-, Messing- und Aluminiumgefäße mit sich, wie sie irgend tragen konnten!

Unterdessen hatte sich auch Nārāyana als Mensch verkörpert und erschien als Verkünder der Heiligen Schriften. Viele Menschen versammelten sich um ihn, und er lehrte sie, wie sie glücklich und zufrieden werden konnten. Er unterwies sie in den spirituellen Wegen, die die größten Weisen der Menschheit immer wieder beschrieben haben.

Als seine Zuhörer aber erfuhren, daß Lakshmī jedes Metall in Gold verwandelte, kehrten sie ihm augenblicklich den Rücken und rannten ihr nach. Aber was noch schlimmer war: Sie jagten ihn davon, sobald Lakshmī in der Nähe auftauchte, denn sie befürchteten, er würde sie von der gewinnbringenden Verehrung der Meisterin abhalten!

189 Landhunger

Ein Mann besaß hundert Morgen Land im Süden. Das war ihm aber nicht genug. Er hätte gerne mehr Land gehabt, mindestens tausend Morgen. Darum machte er sich auf und reiste durch das Land. Er suchte eine Gegend, wo es noch viel unbebautes, aber gutes Land gab.

Endlich kam er in ein Königreich im Himalaja. Der dortige König empfing ihn freundlich und bot ihm an, sich soviel Land zu nehmen wie er wollte. Die Größe des Besitzes sollte einzig und allein von seiner Ausdauer abhängen. „Geh bei Sonnenaufgang los, und wenn du bei Sonnenuntergang zum Ausgangspunkt zurückgekehrt bist, soll dir alles Land gehören, welches du umwandert hast", sagte der König.

Das war wirklich ein großzügiges Angebot! Der landhungrige Fremdling wartete ungeduldig auf die ersten Strahlen der aufgehenden Sonne. Dann marschierte er eilig los. Er wollte so viel Land wie irgend möglich umwandern.

Bis zum späten Nachmittag war er ununterbrochen gegangen. Als die Sonne sich dem Horizont näherte, war er vom Ausgangspunkt noch weit entfernt. Er mußte sich beeilen, wenn er den Kreis schließen wollte. Da fing er an zu rennen. Völlig außer Atem und erschöpft näherte er sich der vereinbarten Stelle. Drei Meter davor brach er tot zusammen. Seine Habgier hatte ihn das Leben gekostet!

190 Die ideale Kuh

Eine Bäuerin ging zum Viehmarkt, um eine Kuh zu kaufen. Mit kritischem Blick musterte sie die Tiere. Aber die Kuh, die sie wollte, fand sie nicht: *Ihre* Kuh sollte keine Hörner haben; sie mußte gutmütig sein; außerdem sollte sie ein Kuhkalb bei sich führen, sollte mit sehr wenig Gras auskommen, aber viel Milch geben, und ihr Dung sollte reichlich und von guter, dunkelgrüner Farbe sein, um einen ordentlichen Bodenbelag für ihre Hütte abzugeben. Und zu guter Letzt sollte sie auch noch eine schöne, rötliche Farbe haben. Kein Wunder, daß sie enttäuscht nach Hause gehen mußte!

191 Die Lebenslinie

Es war einmal ein Student, der wollte gerne etwas über seine Zukunft erfahren und suchte zu diesem Zweck einen Handleser auf. Er streckte ihm seine Handfläche hin, und der Handleser untersuchte sie sorgfältig. Dann sagte er: „Ich sehe hier, daß du es in deinem Studium sehr weit bringen wirst." Was für eine erfreuliche Auskunft! Der Student war sehr zufrieden! „Ich sehe ebenfalls, daß du viel Geld verdienen wirst." Da freute der Student sich sehr! „Diese Linien hier weisen darauf hin, daß hohes Ansehen und Wohlstand deine ständigen Begleiter sein werden." Das war mehr, als der Student erwartet hätte. Mehr Glück konnte ein Mensch nicht fassen! Dann las der Handleser weiter: „Oh, was sehe ich da? Deine Lebenslinie ist kurz und endet plötzlich – und zwar schon recht bald!" Da fiel der Student vor Schreck in Ohnmacht.

Die heutige Erziehung besitzt keine Lebenslinie. Sie vermittelt den Menschen nicht die Fähigkeiten und die innere Einstellung, die sie brauchen, um ihr Leben in wahrem Frieden und Zufriedenheit zu verbringen!

192 Wünsche binden, Verzicht befreit

Wenn jemand einen Affen fangen will, wendet er einen alten Trick an: Er nimmt ein Gefäß mit einem engen Hals und füllt es mit Süßigkeiten, die Affen gerne mögen. In seiner Gier nach den süßen Sachen steckt der Affe seine Hand in das Gefäß und greift sich eine Handvoll. Die gefüllte Faust paßt nun aber nicht mehr durch die Öffnung. Nur wenn er seine Hand öffnet und das Futter losläßt, kann er sich befreien. Seine eigene Gier macht ihn zum Gefangenen des Gefäßes.

Die Welt ist das Gefäß, und unsere weltlichen Verstrikkungen (*samsāras*) wie zum Beispiel die Familie, sind die enge Öffnung. Wünsche und Verlangen sind die Süßigkeiten im Gefäß. Wenn du deine Wünsche losläßt, kannst du dich frei bewegen. Um frei zu werden, muß man zunächst verzichten und loslassen. Die Philosophen nennen das ‚Entsagung'. Du denkst, die Welt hielte dich gefangen, doch nicht die Welt ist dafür verantwortlich, sondern dein eigenes Verlangen ist es, was dich fesselt!

193 Der Meister spricht zu Naren

Eines Nachts fand Naren (der spätere Swami Vivekānanda) keinen Schlaf: Widerstreitende Gefühle und Gedanken ließen ihn nicht zur Ruhe kommen. Sein Meister Rāmakrishna schlief im gleichen Raum. Plötzlich hörte Naren, wie Rāmakrishna im Traum sprach. Seine Worte waren klar zu verstehen: „O Mensch, königlicher Herrscher über die Gedankenkraft. Alle Zärtlichkeit und Seligkeit des formlosen, alleinigen Gottes ist in dir. Du bist die verkörperte Gottheit. Tummle dich im reinen See der Betrachtung Gottes. Warum solltest du dein Leben vergeuden im trüben Teich der sinnlichen Lüste?" Das waren die Worte des göttlichen

Meisters an Naren. Er nahm sie sich zu Herzen und richtete sein Leben danach aus.

194 Was soll man sich von Gott wünschen?

Es war einmal ein reicher Mann, der hatte eine einzige Tochter. Sie war ein gutes Mädchen, aber leider hatte sie einen Schönheitsfehler: ihre Nase war eingedrückt. Als sie herangewachsen war, wollte er sie gerne verheiraten, aber alle, die sich für das Mädchen interessierten, gingen wieder, obwohl ihre Aussteuer beachtlich war.

Zu jener Zeit gab es noch keine Schönheitschirurgen, und in seiner Ratlosigkeit versprach der Vater demjenigen, der bereit wäre, seine Tochter zu heiraten, eine hohe Belohnung zusätzlich zur Aussteuer. So fand sich zu guter Letzt doch noch ein Schwiegersohn, und die Hochzeit wurde gefeiert. Das junge Paar war fromm und gottesfürchtig. Sie beschlossen, sich auf eine Pilgerreise zu begeben, besuchten viele Tempel und badeten in zahlreichen heiligen Flüssen.

Eines Tages trafen sie einen Weisen. Der sah auf den ersten Blick, daß die beiden nicht glücklich waren. Es mangelte ihnen an nichts, beide waren gesund und wohlhabend, aber die junge Frau fühlte stets die Blicke der Leute auf sich und meinte zu hören, wie sie sich über ihre Nase lustig machten. Da sagte der Weise: „Nur Gott, der deine Nase geschaffen hat, kann dir auch eine andere geben."

Da sagte die Frau zu ihrem Mann: „Gott wohnt im Himalaja. Laß uns hinfahren und ein paar Wochen dort verbringen!" Er war einverstanden, und bald waren sie im Himalaja angelangt. Sogleich fing sie inständig an zu beten. Sie hatte Glück: Gott erschien ihr und fragte sie, was sie sich wünsche. Da sagte sie: „Bitte, gib mir eine schöne, große Nase!" Und Gott sprach: „So sei es!" Als Er gegangen war, schaute sie sofort in den Spiegel. Aber was war das? Sie betrachtete ihr Spiegelbild mit der prächtigen neuen Nase und fand sich häßlicher als zuvor!

Weinend kniete sie nieder und betete mit noch größerer Inbrunst. Und wieder erschien Gott vor ihr und fragte, was sie sich wünsche. Sie schluchzte: „Solch eine Nase will ich nicht!" Und Gott sprach: „So sei es!" Augenblicklich spürte sie, daß ihre Nase nun vollständig verschwunden war.

Was lehrt uns diese Geschichte? Obwohl Gott selbst vor euch steht, mit euch spielt und zu euch spricht, wißt ihr nicht, was ihr euch wünschen sollt. In eurer Verwirrung bittet ihr um irgendetwas, was ihr eigentlich gar nicht wollt und bringt euch dadurch nur in Schwierigkeiten. Gott ist stets bereit, euch alles zu geben, was ihr wollt, aber ihr scheint nicht zu wissen, was für euch gut ist und was ihr wirklich braucht. Da ihr nicht wißt, was ihr euch wünschen sollt und wann, tut ihr besser daran, euch Gott ganz zu überantworten und Ihn einfach um Seine Gnade zu bitten. (Ch.K.I)

195 Wie Bindung Freude und Leid verursacht

‚*Moha*' heißt ‚Wahn' (und ist das Verhaftetsein an die Welt der Erscheinungen, die als einzige Wirklichkeit angesehen wird. Anm. d. Übers.) Der Wahn hat zur Folge, daß man bestimmte Dinge begehrt. Begehren aber hat die Eigenschaft, sich im gleichen Maße, wie es gestillt wird, zu vervielfältigen.

Hier ist ein Beispiel: In einem Haus lebt ein Mädchen. In einem anderen Haus wohnt ein junger Mann. Die beiden Häuser befinden sich in nächster Nachbarschaft, aber weder das Mädchen hat den jungen Mann je gesehen, noch hat der junge Mann eine Ahnung von der Existenz des Mädchens.

Eines Tages wird das Mädchen ernsthaft krank. Die Bewohner des Hauses rennen aufgeregt umher. Man ruft Ärzte herbei, und der Krankenwagen holt sie mit Martinshorn und Blaulicht ab. Der Junge im Nachbarhaus hört den Lärm. Er ärgert sich über die Störung, schließt das Fenster und liest weiter.

Nach einiger Zeit will es das Schicksal, daß die beiden

miteinander verheiratet werden. Die Hochzeit findet am Vormittag statt. Am Nachmittag bekommt die Braut Bauchweh. Diesmal macht sich der junge Mann die größten Sorgen um sein Mädchen! Was hat seine Einstellung verändert? Allein die Tatsache, daß er mit ihr verheiratet ist, bewirkt, daß ihn schon ein wenig Bauchweh in Unruhe versetzt! Bei der ersten, gefährlichen Erkrankung des Mädchens hatte er nicht die geringste Notiz davon genommen. Damals bestand noch keine Liebe und keine Bindung. Das Gefühl von ‚Mein' ist die Ursache von beidem, Freude und Leid.

196 Dornen auf dem Weg

Eines Morgens um neun Uhr findet die Hochzeit eines jungen Paares statt. Am Abend des gleichen Tages gehen die beiden Neuvermählten spazieren. An diesem ersten Tag ihres Ehelebens denkt der junge Mann an nichts anderes als an das Wohlergehen seiner Frau. Sie gehen nebeneinander her. Da sieht der Mann Dornen auf dem Weg. Schnell nimmt er seine Frau bei der Hand und zieht sie auf die Seite, damit sie sich nicht verletzt.

Ein halbes Jahr später: Die beiden gehen spazieren. Wieder sieht der Mann Dornen auf dem Weg. Beiläufig sagt er: „Paß auf, da sind Dornen! Tritt nicht hinein!"

Ein ganzes Jahr später: Beim gemeinsamen Spaziergang sieht der Mann Dornen auf dem Weg. Seine Frau geht darauf zu, ohne sie zu bemerken. Er ruft ärgerlich: „Lauf doch nicht in die Dornen! Kannst du nicht aufpassen? Bist du blind?"

Achtet einmal darauf, wie die Liebe zwischen Mann und Frau sich innerhalb eines Jahres verändern kann!

197 Im Würgegriff der Wünsche

Vor etwa zwanzig Jahren kam ein junger Mann zu mir und bat mich, ihm zu helfen, ein gutes Examen zu machen. Ich sagte ihm, er solle sein Möglichstes tun und das Resultat getrost Gott überlassen. Dann segnete ich ihn zum Abschied.

Er schloß mit einer guten Note ab und kam zu mir, um mich zu bitten, ich solle ihn segnen, damit er einen guten Arbeitsplatz bekäme. Innerhalb eines Monats hatte er eine gute Arbeit gefunden. Nach einigen Monaten kam er wieder zu mir: „Ich habe eine gute Arbeit gefunden und bin sehr zufrieden. Nun möchte ich gerne heiraten, denn ich habe in unserem Büro ein sehr nettes Mädchen kennengelernt."

Ich ermahnte ihn, zuerst das Einverständnis seiner Eltern einzuholen, denn es könne ja sein, daß sie gegen die Verbindung etwas einzuwenden hätten. Aber er wollte nicht auf mich hören und meinte, auch wenn sie nicht einverstanden wären, würde er das Mädchen auf jeden Fall heiraten, denn er könne ohne sie nicht leben.

Er übte dann solchen Druck auf seine Eltern aus, daß sie sich schließlich keinen anderen Rat wußten, als ihre Einwilligung zu geben. Die Hochzeit wurde gefeiert, und nach einem Jahr kam das junge Paar zu mir und bat: „Swami, wir wünschen uns einen Sohn. Bitte, gib deinen Segen dazu!"

Als sie einen Sohn bekommen hatten, brauchten sie mehr Geld. Die junge Frau konnte nun nicht mehr arbeiten, und so kam er wieder einmal zu mir und bat mich, ich möchte ihm doch zu einer Beförderung verhelfen. Er hatte Glück, wurde befördert und bekam ein höheres Gehalt. In wirtschaftlichen Dingen war er nicht sehr bewandert, aber er hatte großes Vertrauen zu Swami, und mit meinem Segen bekam er, was er brauchte.

Fünf Jahre lang sah ich ihn nicht wieder. Er schien glücklich zu sein. Innerhalb dieser fünf Jahre bekamen sie vier Kinder. Aber nach fünf Jahren kam er zu mir und sagte: „Swami, ich habe das Familienleben satt. Meine Familie ist mir zur Last geworden. Gibt es denn keinen Ausweg aus dieser Misere? Am liebsten würde ich bei dir bleiben. Könntest du mir nicht eine kleine Arbeit im Ashram geben? Wenn ich nur daran denke, daß ich wieder nach Hause muß, wird mir ganz übel. Meine Familie ist für mich wie der Würgegriff einer Schlange!“ Ich fragte ihn: „Hat die Schlange dich hinterrücks gefangen, oder hast du sie dazu eingeladen?“

198 Körperliche Schönheit

Ein Mahārāja hatte einen einzigen Sohn. Der war von kräftigem Wuchs und wohlgestaltet. Als er etwa zweiundzwanzig Jahre alt war, sagte der Vater, es sei nun Zeit für ihn, an Heirat zu denken. Der Prinz sagte, er wolle gerne heiraten, aber der Vater möge ihm erlauben, sich seine Braut unter den Töchtern des Landes selber auszusuchen. Der Mahārāja war einverstanden.

Eines Tages ritt der Prinz über eine Brücke. Da sah er ein Mädchen unterhalb der Brücke zum Fluß gehen, um dort zu baden. Sie war so schön, daß er sich sofort in sie verliebte. Er fand heraus, daß sie die Tochter eines wohlhabenden Kaufmanns in der Stadt war, welcher der *Vaishya*-Kaste, dem Stand der Händler und Bauern, angehörte. Sie war sehr fromm, hatte die Heiligen Schriften studiert und hielt nichts von weltlichen Verstrickungen wie Ehe, Familie und dergleichen.

Als eine Abordnung des Königs bei dem Kaufmann vorsprach und ihn bat, er möge der Heirat seiner Tochter mit dem Königssohn zustimmen, hörten sie zu ihrem Erstaunen, daß er von dieser Idee gar nicht begeistert war, denn er war der Ansicht, es sei für ihn besser, einen Schwiegersohn aus seiner eigenen Kaste zu bekommen.

Die Tochter machte die Angelegenheit noch komplizierter, indem sie sagte, sie würde überhaupt nicht heiraten. Da drohte der Palast beiden schwere Strafen an.

Aber die Tochter ersann eine List, wie sie und ihr Vater der Strafe entgehen konnten: Sie ließ dem Abgesandten des Palastes ausrichten, daß sie mit dem Prinzen gerne unter vier Augen sprechen würde. Die Begegnung solle in acht Tagen stattfinden, und wenn der Prinz sie dann noch wolle, wäre sie bereit, ihn zu heiraten. Ihr Vorschlag wurde angenommen.

Von der Stunde an nahm sie täglich stärkste Abführmittel ein und sammelte ihre Exkremente in Kannen. Am achten Tag fuhr eine königliche Karosse vor und brachte sie in den Palast. Die Kannen mit den Exkrementen nahm sie mit. Sie sorgte dafür, daß sie in dem Raum, in dem sie mit dem Prinzen zusammentreffen sollte, aufgestellt wurden. Niemand ahnte, was sie enthielten.

In freudiger Erwartung kam der Prinz herein. Bei ihrem Anblick schrak er entsetzt zurück. Vor ihm stand ein lebendes Skelett, erschreckend anzusehen mit seinen hohlen Wangen und den tiefliegenden Augen. Er fragte: „Bist du es noch? Wo ist deine Schönheit geblieben?" Da öffnete sie die Kannen mit ihren Exkrementen. Der Prinz verzichtete auf die Ehe mit ihr, und das Mädchen war zufrieden, daß sie ihn lehren konnte, wie vergänglich die Schönheit des Leibes ist.

199 Vollendete Entsagung

Ein Mensch, der Gott mehr als alles andere liebt, gelangt schließlich zu der inneren Einstellung der vollkommenen Hingabe, die ‚*sharanāgati*' genannt wird. Es ist eine Einstellung, die einem Menschen den Mut und die Kraft gibt, mit jeder Notsituation fertig zu werden. Diese Art von innerer Einstellung nennt man auch ‚*vairāgya*', innere Freiheit vom Verhaftetsein an das Weltliche oder ‚Entsagung'.

Die Geschichte von Mohajith ist ein gutes Beispiel für die höchste Form der Entsagung. Mohajith war ein Prinz, der zu einem Weisen in die Waldeinsiedelei ging, um sich Ratschläge für seinen spirituellen Weg geben zu lassen. Der Weise fragte ihn: „Ist es wirklich so, daß du die wahnhafte Liebe zur Welt überwunden hast, wie dein Name besagt?" Der Prinz erwiderte: „Nicht nur ich! Alle Bewohner unseres Königsreiches haben Wahn und Verblendung überwunden!"

Der Weise wollte sich davon überzeugen, ob der Prinz die Wahrheit sprach: Er erbat sich den Mantel des Prinzen, tauchte ihn in Blut und eilte zum Königspalast. Dort angekommen rief er laut klagend: „O weh, o weh, etwas Furchtbares ist geschehen!“ Eine Magd, die gerade vorbeiging, hob erstaunt die Braue und fragte: „Guter Mann, warum bist du denn so aufgeregt?“ Er stammelte atemlos: „Prinz Mohajith ist im Wald von Räubern überfallen worden! Sie haben ihn umgebracht! Lauf schnell in den Palast und benachrichtige die königliche Familie!“ Die Magd antwortete ruhig und gelassen: „Er wurde geboren, und nun ist er gestorben. Was ist daran so Besonderes, daß ich deswegen meine Arbeit unterbrechen und die Familie des Prinzen stören sollte?“

Als der Weise es schließlich geschafft hatte, zum König vorgelassen zu werden, um ihm die traurige Nachricht zu überbringen, blieb dieser ruhig und unerschüttert auf seinem Thron sitzen und sagte leise: „Für kurze Zeit hatte sich der Vogel zur Rast niedergelassen. Nun hat er sich erhoben und ist weitergeflogen.“

Auch die Königin an seiner Seite blieb unbewegt. Sie sagte: „Diese Erde ist eine Herberge. Menschen kommen und bleiben über Nacht, und wenn der Morgen graut, brechen sie auf, einer nach dem anderen. Jeder geht seinen Weg. Bruder, Schwester, Mutter, Vater und Kind sind Namen für die Bande, die unter den Reisenden entstehen in der kurzen Zeit des Zusammenseins.“

Wie die Eltern des angeblich toten Prinzen war auch seine junge Gemahlin nicht aus der Fassung zu bringen: „Mann und Frau“, sagte sie, „sind wie zwei Baumstämme, die den Fluß hinuntertreiben. Eine Weile schwimmen sie nebeneinander her, und wenn die Strömung will, werden sie getrennt. Beide müssen die See erreichen, ein jeder zu seiner Zeit. Warum über die Trennung trauern? Es mußte so sein.“

Der Weise aus dem Wald war tief beeindruckt von der Entsagungskraft bei Herrschern und Untertanen dieser Stadt. Er kehrte zurück in die Einsiedelei. Dort fand er den Prinzen vor. „Ich habe dir eine traurige Nachricht mitgebracht", sagte er, „kurz nachdem du in den Wald gegangen bist, wurde die Stadt überfallen. Alle Mitglieder der königlichen Familie sind erschlagen worden, die Macht ist an den Feind übergegangen, und alle deine Untertanen wurden gefangengenommen".

Der Prinz nahm die Nachricht gelassen auf: „Alles Sichtbare ist nichts als eine Schaumblase auf dem Wasser," sagte er, „es ist kurzlebig und nicht von Dauer. Laß es den Weg der Schaumblase gehen. Du aber lenke mich zum Ewigen und Unvergänglichen!"

200 Wo ist Heimat?

Es war einmal ein Mann aus Puttaparthi, der war aus seiner Heimat ausgewandert und lebte als Einsiedler am Ufer des Ganges, einige Meilen nördlich von Hardvār. Seine Askese war so streng, daß andere Mönche ihn oft bewunderten.

Eines Tages, als er sein tägliches Bad im Fluß nahm, sah er in unmittelbarer Nähe eine Gruppe von Pilgern, die aus ihrem Bus ausgestiegen waren, um sich von der langen Fahrt zu erfrischen. Fetzen ihrer Unterhaltung drangen an sein Ohr. Da hörte er, daß sie seine Muttersprache, Telugu, sprachen!

Er kam näher, sprach einige von der Gruppe an und fragte, woher sie kämen. Sie antworteten: „Aus dem Bezirk Rayalasima." „Und genauer?" „Aus dem Kreis Anantapur." Er wollte es noch genauer wissen. „Aus Penukonda Taluk!" „So, und aus welchem Dorf?" Da stellte sich heraus, daß sie aus Puttaparthi kamen. Wie groß war da seine Freude! Gleich erkundigte er sich nach seiner Familie, seinen Verwandten und Bekannten. Als er aber hörte, daß einige von ihnen gestorben waren, wurde er traurig und fing an zu weinen.

Die Jahre seiner Askese hatten anscheinend wenig dazu beigetragen, seine Bindungen aufzulösen. Seine geistigen Errungenschaften waren wie weggeblasen, und das alles als Folge seiner Vorliebe für seine Muttersprache! Wie schade!

Übt euch von nun an im Loslassen eurer emotionalen Verhaftung! Übt es in kleinen Schritten. Früher oder später wird der Tag kommen, an dem ihr alles zurücklassen müßt, was euch jetzt lieb und teuer ist!

201 Mein Fels

In der Nähe von Hardvār lebte einst ein Mönch, der Haus und Herd schon vor vielen Jahren verlassen hatte und sich nur von den Gaben ernährte, die er sich erbettelte. Alles Eßbare, das er geschenkt bekam, pflegte er auf einem flachen Felsen, der aus dem Ganges herausragte, aufzubewahren. Dieser Fels war auch sein Tisch, von dem er aß.

Eines Tages kam er mit den erbettelten Speisen zurück zu seinem Felsen und mußte zu seinem Ärger sehen, daß ein anderer Mönch sich dort niedergelassen hatte, um zu essen! ‚Was für eine Frechheit', dachte er und rief: „Was machst du da auf *meinem* Felsen?"

Da sagte der Neuankömmling: „Hast du nicht alle Unterscheidung zwischen Mein und Dein aufgegeben? Hast du nicht dein Haupt geschoren, damit dich niemand von denen, die einst zu dir gehörten, wiedererkennt? Strebst du nicht danach, frei von aller Verhaftung zu sein? Aber sieh, du hast dich an diesen Felsen gebunden. Wie willst du mit einem schweren Fels am Halse jemals den Ozean des weltlichen Lebens, *Samsāra*, überqueren? Ich glaube, du bildest dir deine innere Unabhängigkeit nur ein!"

Der Mönch dankte dem anderen, daß er ihn von seiner Verblendung befreit hatte.

202 Kamele klettern in die Freiheit

Solange jemand sein Leben damit verbringt, die Wünsche seiner Sinne zu befriedigen und weltliche Ziele zu verfolgen, kann er Gott nicht verwirklichen.

Es war einmal ein König, der alle Fremden, die durch sein Königreich kamen, fragte, welches der beste Weg zur Erlösung sei. Jeder gab eine andere Antwort, je nachdem, welcher Religion er angehörte und was er gelesen oder gehört hatte. Mit diesem ewig gleichen Frage-und-Antwort-Spiel verbrachte er Jahre.

Der Kammerdiener des Königs, der sich immer in der Nähe seines Herrn aufhalten mußte, hatte es satt! Ständig die gleichen Gespräche, ohne daß sich im Leben des Königs irgendetwas änderte! Er sann nach, wie er seinem Herrn eine Lehre erteilen konnte.

Eines Tages – der König unterhielt sich im großen Empfangssaal wie üblich über den Weg zur Erlösung – stürzte der Kammerdiener mit lautem Rufen in den Saal. Der König, ungehalten: „Mußt du immer so schreien? Was ist los?" Der Diener rief: „Die Kamele sind los! Sie sind ausgebrochen und klettern über die Palastmauer ins Freie!" Da sagte der König ärgerlich: „Was erzählst du da für Unsinn! Seit wann können Kamele klettern?"

Der Diener entgegnete: „Wenn Ihr meint, Ihr könntet den spirituellen Weg gehen und Erlösung erlangen, ohne auf Überfluß und Luxus zu verzichten, sollte es Euch auch nicht verwundern, wenn Kamele über eine Mauer in die Freiheit klettern!"

Der große Mystiker und Dichter-Sänger Tyāgarāja wurde einst vom Mahārāja von Thanjavur, einem Nachfahren des großen Kaisers Shivaji, eingeladen, bei Hofe zu singen. Eine solche Einladung bedeutete, daß der Künstler anschließend mit Geschenken (*nidhi*) überhäuft werden würde.

Aber der weise Tyāgarāja sah darin eine Versuchung. ‚Was bereitet mir mehr Freude,' fragte er sich, ‚Geschenke – *nidhi* – oder der Gewährer aller Freuden selbst, nämlich die göttliche Gegenwart – *sannidhi*?' Natürlich war ihm die Antwort klar.

Tyāgarājas Bruder aber, der schon fest mit den kostbaren Geschenken gerechnet hatte, wurde sehr böse auf Tyāgarāja, als dieser dem Kaiser eine Absage erteilte. Er warf seinen Bruder aus dem Haus und ließ ihn nie wieder herein. So groß war sein Zorn, daß er auch die Bilder, in denen Tyāgarāja Rāma verehrte als den Bewohner der Herzen aller Menschen, in den Fluß warf!

Ein anderer großer Heiliger, der Dichter und Sänger Tukārām, wurde einst durch Kaiser Shivaji geehrt und reich beschenkt mit einem prachtvoll verzierten Prunkwagen sowie Körben voll Edelsteinen. Aber Tukārām sagte: „Rāma! Ich werde meine Hände nicht von Deinen Füßen lösen, um nach den Geschenken zu greifen. Ich weiß, Du wartest nur darauf, daß Du mir entkommen kannst in dem Moment, wo ich meinen Griff lockere, um etwas anderes als Deine Füße zu fassen!"

Als Tyāgarāja im Sterben lag, bettete seine Frau seinen Kopf auf ihren Schoß. Als der Heilige in der Ekstase des Todeskampfes „Rāma! Rāma!" rief, fielen ihre Tränen auf sein Gesicht. Da rief er: „Oh, ich gehöre Rāma! Du gehörst noch *Kāma* (dem irdischen Verlangen)!"

Wandelt eure Liebe zu den Erscheinungen dieser Welt um in die Liebe zu Gott. Verschwendet nicht eine einzige Sekunde mit sinnlosem Geschwätz oder dem Austausch hohler Höflichkeiten. Beugt euch vor Gott und nehmt an, was immer Sein Wille sein mag! Dann könnt auch ihr Gott selbst zum Führer und Beschützer haben.

204 Weisheit wirkt Wandlung

Es war einmal ein mächtiger König, der führte sein Heer über die schneebedeckten Berge, die sein Reich begrenzten, um in das Gebiet seines Nachbarn einzufallen.

Auf der verschneiten Paßhöhe sah er einen Eremiten auf einem Felsen sitzen. Er hatte seinen Kopf zwischen die Knie gesteckt, wohl, um ihn vor dem eisigen Wind zu schützen, der zwischen den Gipfeln pfiff. Er war völlig unbekleidet. Dem König tat der Alte leid, daher nahm er seinen Mantel ab und bot ihn dem Eremiten an. (Der Eremit war ein ‚*Yogī*‘, d.h. ein Asket, der seine Sinne und sein Gemüt vollkommen unter Kontrolle hat.) Der aber lehnte dankend ab: „Gott hat mich ausreichend gekleidet, um mich vor Hitze und Kälte zu schützen. Er versorgt mich mit allem was ich brauche!"

Verwundert fragte ihn der König, wo denn seine Kleidung sei. Er antwortete: „Gott selbst hat sie für mich gewebt. Ich trage sie seit meiner Geburt und werde sie bis zu meinem Grabe tragen. Sieh her: Es ist meine Haut! Gib deinen Mantel irgendeinem Bettler, der auf der Wanderschaft ist oder einem Armen!"

Der König lächelte mitleidig. Wer konnte wohl ärmer sein als dieser hier? Er fragte: „Gibt es denn Arme in der Nähe? Wo kann ich sie finden?" Da wollte der Eremit wissen, wohin er zöge und aus welchem Grund. Er sagte: „Ich ziehe in das Gebiet meines Feindes, um sein Reich zu erobern und meines damit zu vergrößern."

Nun war es der Eremit, der lächelte. Er sagte: „Wenn du mit einem Königreich nicht zufrieden bist, und wenn du sogar dazu bereit bist, dein Leben und das Leben Tausender von Männern zu opfern, nur um ein paar Quadratmeilen mehr Land zu bekommen, bist du wahrlich viel ärmer als ich. So beschenke dich also selbst mit diesem Mantel, denn du brauchst ihn dringender als ich!“

Da schämte sich der König. Er sah ein, wie sinnlos Ruhm und Überfluß sind, kehrte in seine Hauptstadt zurück und dankte dem Eremiten, der ihm die Augen für seine innere Armut geöffnet hatte.

Große Menschen verbreiten das Licht ihrer Weisheit durch jedes ihrer Worte und jede ihrer Taten.

205 Das Mönchsgewand

Als Swami Vivekānanda eines Tages durch die Straßen von Kalkutta ging, wurde er von einem Mann in vornehmer Kleidung angesprochen: „Wozu tragt Ihr eigentlich dieses Mönchsgewand? Etwa, um damit zu zeigen, daß Ihr der Welt entsagt und alle Wünsche aufgegeben habt? Ist das nicht eine Art Zur-Schau-Stellung, die nur beweist, daß Ihr noch Ego habt?“

Swami Vivekānanda lachte und sagte: „Mein lieber Freund! Das ist ganz und gar nicht meine Absicht. Ich trage dieses Gewand, damit die Bettler gleich sehen, daß ich ein Mönch bin und kein Geld habe. Damit sparen sie sich die Mühe, bei mir zu betteln, und ich kann mich frei bewegen, ohne belästigt zu werden. Ich trage nur Schätze spiritueller Art bei mir, kein Bargeld. Wer mich um solche Schätze bittet, dem gebe ich gerne davon.“

206 Ein Stück Papier

Der Heilige Samartha Rāmdās machte seine Bettelrunde. Auf seinem Weg kam er am Palast des Kaisers Shivaji vorbei. Er trat ein und rief: „Gebt mir ein Almosen!“ Der Kaiser kam selbst heraus, trat voll Ehrfurcht vor ihn und reichte ihm ein Stück Papier. „Soll ich meinen Hunger etwa mit Papier stillen?“ fragte Rāmdās scherzend. „Bitte, lies, was ich darauf geschrieben habe“, sagte der Kaiser leise. Das Papier war aber ein Dokument, welches besagte, daß Shivaji eigenhändig sein ganzes Reich und alles, was er besaß, der Sorge und Herrschaft des Heiligen überantwortet hatte. Da lachte Rāmdās und sagte: „Danke, aber nun regiere du mein Reich anstatt meiner! Und sorge dafür, daß immer die Gute Ordnung herrscht!“ Er gab ihm das Papier zurück und ging weiter betteln.

207 Gleichmut gegenüber der Welt führt zu Gott

Von Shrī Rāmakrishna kommt folgender Rat: Wenn du nicht möchtest, daß deine Finger beim Schälen einer saftigen Jack-Fruit klebrig werden, brauchst du sie nur vorher mit ein paar Tropfen Öl einzureiben. „Ebenso“, sagte er, „kannst du es vermeiden, daß die Welt ihre Spuren in dir hinterläßt, indem du ein paar Tropfen ‚Gleichgültigkeit‘ auf dein Gemüt anwendest.“

Solche Gleichgültigkeit weltlichen Dingen gegenüber führt zum tiefsten Verlangen nach Gott.

Der große Heilige Caitanya wanderte nach Brindāvan. Jedes Stäubchen war ihm dort heilig, hatte doch Krishna vor Hunderten von Jahren an diesem Ort gelebt! In Brindāvan sah und hörte, fühlte, schmeckte und roch Caitanya nichts anderes als Krishna. Er vergaß die Welt um sich herum so vollkommen, daß er weder Hunger oder Durst verspürte und auch keinen Sinn mehr hatte für gesellschaftliche Gepflogenheiten.

Ein Verlangen war ihm aber doch noch geblieben: Zu gerne hätte er von der geweihten Speise, die man Krishna im Tempel darbrachte, gekostet! Doch eines Nachts erschien ihm Krishna und schalt ihn wegen dieses letzten irdischen Wunsches! Als Caitanya schließlich auch dieses Verlangen noch abgelegt hatte und es ihn nach nichts anderem als nach Gott dürstete, nahm Krishna Gestalt an und materialisierte sich aus Caitanyas eigenen Inneren heraus. Göttliches *Caitanya* (Bewußtheit) leuchtete durch den Menschen Caitanya.

So sollt auch ihr lernen, euer Gewahrsein auf Gott allein auszurichten und niemals davon abzuweichen!

208 Sei Herr deines Denkens

Alle Schallplatten sind aus dem gleichen Material gemacht. Ebenso bestehen auch alle Herzen aus dem gleichen Bewußtsein (*caitanya*). Die Rillen in den Platten sehen alle gleich aus, und auch die Spuren, die Kummer und Freude in den Herzen hinterlassen haben, sind mehr oder weniger dieselben. Dadurch, daß die Nadel des Tonabnehmers über die Rillen fährt, wird der Ton – mit Hilfe der Verstärker – hörbar gemacht. Die ‚Nadel' ist das Denken (*manas*), welches über glückliche und unglückliche Eindrücke im Gedächtnis fährt, sie in Gedanken und Gefühle umsetzt, sie verstärkt und damit bewirkt, daß du dich entweder erhoben oder auch niedergedrückt fühlst. Ist die Nadel in gutem Zustand, hört sich die Musik, die sie hervorbringt, gut an; ist sie aber stumpf oder gar abgebrochen, gibt es ein quälendes Gekreisch.

Man könnte das Denken auch mit dem Wind vergleichen, der die Gerüche aus der Umgebung zu uns heranträgt, gute sowie schlechte. Wenn dein Denken sich Schlechtem zuwendet, verdirbt es dir die Laune. Beschäftigt es sich aber mit dem Guten, macht es dich glücklich. Wie der Wind die Wolken aus allen Himmelsrichtungen vor sich her treibt, bringt dir auch dein Denken all deine enttäuschten Hoffnungen in Erinnerung. Und wiederum ist es dein Denken, welches gleich dem Wind die Wolken, die dein Bewußtsein verdunkelt und in düstere Zweifel gehüllt haben, verjagt!

Bleibe du der Herr deines Denkens, und du wirst in Frieden sein. Das ist das Geheimnis von innerem Frieden, *Shānti*! (Ch.K.I)

209 König Janaka – Meister in Gelassenheit

König Janaka war ein Herrscher, dem es gelang, trotz seiner vielfältigen weltlichen Verpflichtungen, die sein Amt ihm auferlegte, seine Gedanken ganz auf Gott auszurichten.

Eines Tages hörte er, daß sich der große Seher (*rishi*) Shuka in einer Waldeinsiedelei in der Nähe der Hauptstadt Mithilā aufhielt und Schüler um sich versammelte. Sogleich machte er sich auf, um Shuka zu fragen, ob er seinem Unterricht beiwohnen dürfe. Shuka begrüßte ihn freundlich und nahm ihn als Schüler an.

Eines Morgens verspätete sich König Janaka. Shuka wartete mit seinem Vortrag, bis er eintraf. Die anderen Schüler murrten: „Das ist nicht in Ordnung. Es heißt doch, Shuka messe dem Rang eines Menschen keine Bedeutung bei, und nun nimmt er Rücksicht auf Janaka, nur weil er König ist!" Sie verloren das Vertrauen zu ihrem Meister und waren eifersüchtig auf König Janaka.

Shuka bemerkte, daß sich Neid und Eifersucht unter seinen Schülern breitgemacht hatten und beschloß, ihnen eine Lehre zu erteilen. Bei nächster Gelegenheit schuf er eine Situation, die alle glauben ließ, die Hauptstadt stünde in Flammen. Alle malten sich sogleich aus, wie das Feuer in ihren Häusern und Familien wütete. Hals über Kopf rannten sie davon, um zu retten, was zu retten war.

Nur König Janaka rührte sich nicht vom Fleck. Shuka rief ihm zu: „Die Flammen haben bereits auf den Königspalast übergegriffen! Lauf schnell und hilf, daß deine Familie nicht umkommt!" Aber Janaka entgegnete lächelnd: „Nichts kann Gottes Willen aufhalten. Was geschehen soll, wird geschehen!"

Die anderen Schüler waren inzwischen in der Stadt angekommen. Was fanden sie vor? Ganz Mithilā lag in tiefstem Frieden: keine Spur von Feuersbrunst! Da begriffen sie, daß Shuka sie auf's Glatteis geführt hatte und kehrten beschämt zurück. Sie mußten zugeben, daß König Janaka ihnen an Gelassenheit und Beständigkeit weit überlegen war.

210 Auch dies wird vorübergehen

Die Sinne sind die Störenfriede, denn sie verleiten dich zu der fälschlichen Annahme, du seist identisch mit dem Körper. Zwinge sie dazu, dir zu gehorchen, wie man den Stier mit dem Nasenring zwingt, das Pferd mit der Kandarre, den Elefanten mit dem Haken.

Als die Pāndava-Brüder gegen Ende ihres irdischen Lebens den Himalaja durchquerten, war Dharmarāja noch nicht ganz frei von Befürchtungen und innerer Unruhe. Deshalb bat er Krishna, Er möge doch eine kurze Zeit bei ihnen bleiben.

Als Krishna sich dann verabschiedete, drückte Er Dharmarāja eine kleine Pergamentrolle in die Hand und sagte, er solle sie erst dann lesen, wenn er in wirklicher Not sei. Bei einer späteren Gelegenheit öffnete Dharmarāja die Rolle und las, was darauf geschrieben stand: ‚Auch dies wird vorübergehen!'

Die Botschaft bedeutet: Wozu sich sorgen um dieses vorübergehende Schauspiel? Bewahre deinen Gleichmut, im Glück wie auch im Unglück, und wisse: beides ist vergänglich!

211 Annahme verweigert

Gautama Buddha saß meditierend unter einem Baum. Da kamen einige Männer aus der Umgebung und setzten sich zu ihm.

Einer von ihnen hatte Anstoß an seiner Lehre genommen und an der Wirkung, die sie auf die Menschen hatte. Er erhob sich und fing an, seinen Unmut zu äußern. In kürzester Zeit hatte er sich so sehr in Wut hineingesteigert, daß seine Worte immer wüster wurden. Schließlich überschüttete er Buddha mit den häßlichsten Ausdrücken.

Aber der saß lächelnd da. Nicht das geringste Zeichen von Mißbilligung oder Verstimmung war ihm anzusehen. Das brachte den Mann noch mehr in Rage. Er schäumte vor Wut.

Nach einiger Zeit wurde er müde. Seine Konzentration ließ nach, sein Wortschatz war erschöpft, und er fing an, sich zu verhaspeln. Nun richtete Buddha das Wort an ihn: „Bruder, bist du fertig?"

Da fuhr der Mann auf: „Hast du denn nicht einmal Ehrgefühl? Hältst du es nicht für nötig, dich zu verteidigen, wenn man dich beleidigt? Was für ein gefühlloser Dickhäuter, was für ein grober Klotz du bist!"

„Wenn du jemandem ein Geschenk machen willst", sagte Buddha leise, „aber der andere weist es zurück – was machst du dann mit dem Geschenk?" Er antwortete: „Ich behalte es natürlich für mich." „Gut, dann behalte auch du dein Geschenk aus Beschuldigungen für dich, Bruder. Ich nehme es nicht, und darum brauchte ich auch nicht darauf zu reagieren!"

212 Falscher Friede

Es gibt keinen Menschen, der nicht Liebe verspürt – in welcher Form auch immer. Jeder liebt irgendetwas: die Kinder, die Tiere oder die Armen, seine Arbeit oder sein Idol. Diese Liebe ist göttlich, ein Funke der innewohnenden Gottheit.

Alle kennen das Gefühl der Wonne (*ānanda*) – wie schwach oder kurzlebig es auch immer sein mag. Auch Wonne ist ein Funke Gottes. Alle haben schon einmal Frieden, innere Ungebundenheit und Mitgefühl in sich verspürt. Auch diese Empfindungen sind Widerspiegelungen des

Göttlichen im menschlichen Gemüt. Es sind erstrebenswerte geistig-psychische Qualitäten, die in demjenigen voll zur Entfaltung kommen, der die Tugenden schätzt und sich in ihnen übt.

Wer aber Ruhe und Frieden hält aus Hilflosigkeit und Schwäche heraus, hat nichts vollbracht. Ein Beispiel für solch falschen Frieden gibt uns die Geschichte von Tenali Rāmakrishna und dem Dieb, der nur scheinbar die Tugend des gleichmütigen Ausharrens beherrschte:

Eines Nachts bemerkte Tenali Rāmakrishna, daß sich ein Dieb in seinen Hof eingeschlichen hatte und sich unter einem Busch am Brunnen verborgen hielt. Tenali Rāmakrishna rief laut nach seiner Frau: „Komm bitte schnell und bring Seil und Eimer mit, ich brauche Wasser!“ Seine Frau kam herbeigeeilt, und gemeinsam schöpften sie Wasser aus dem Brunnen.

Unterdessen saß der Dieb unbeweglich im Gebüsch und wartete darauf, daß das Paar wieder ins Haus gehen würde. Er hatte Zeit und konnte seinem Geschäft auch später noch nachgehen!

Tenali Rāmakrishna aber hatte eine Idee, wie er den Dieb in Bedrängnis bringen konnte: Er tat so, als sei ihm etwas im Halse steckengeblieben, schüttete sich Wasser in den Mund, gurgelte laut und ausgiebig und spuckte es in hohem Bogen auf den Busch, genau auf die Stelle, wo der Dieb kauerte. Der ganze Schwall traf dessen Gesicht.

Der arme Kerl konnte weder davonlaufen noch protestieren. Aus Angst, sich zu rühren und bemerkt zu werden, bewies er perfekte Ruhe und Standhaftigkeit. Ob das aber eine Tugend ist? Schätzt ihr ihn wegen dieser Art von Standhaftigkeit? Ein erzwungener Friede nützt euch nichts. Nur aus innerer Einstellung praktizierte Selbstkontrolle läßt euch wahrhaftig stark sein!

213 Allein ein beständiger Geist kann spirituelle Dinge erfassen

Hier ist eine kleine Episode aus dem Leben Rāmakrishna Paramahamsas:

Mitten in seiner Ansprache bemerkte er, daß eine seiner Schülerinnen, Rānī Rasamanī, mit ihren Gedanken nicht bei der Sache war. Sofort erhob er sich, ging geradewegs auf sie zu und versetzte ihr zwei schallende Ohrfeigen. Die anderen, die Zeugen dieses Vorfalls wurden, wunderten sich und dachten, er habe den Verstand verloren.

Die Rānī war natürlich sehr bestürzt. Sie versuchte zu verstehen, was sie falsch gemacht hatte, denn ohne triftigen Grund hätte ihr Meister sie sicher nicht so grob behandelt! Wenn man seine Fehler erkannt hat, begeht man sie ja nicht mehr. In der Tat war sich die Rānī ihres Fehlers nicht bewußt, deshalb wunderte sie sich sehr.

Da sagte Rāmakrishna, wenn sie zu ihm käme, nur um über ihre geschäftlichen Angelegenheiten nachzudenken, anstatt dem Vortrag zu folgen, könne sie ebensogut zu Hause bleiben!

Das gilt auch für einige von euch, die hierhergekommen sind und dasitzen, um zu hören, was hier gesprochen wird. Sie rascheln und flattern wie Blätter im Wind. Sie sind unruhig und spähen nach links und nach rechts wie die Krähen. Sie scheinen nicht stillsitzen zu können. Ihre Augen wandern umher, und mit ihren Gedanken sind sie überall, nur nicht bei dem, was hier gesagt wird. Alles, was hier geschieht, läßt sie kalt. Nicht einmal richtig sitzen können sie!

Ohne zielgerichteten Geist könnt ihr spirituelle Dinge nicht erfassen! Solche Menschen geben auch anderen ein schlechtes Beispiel. Leute mit unstetem Geist können keine Vereinigung mit dem Göttlichen erfahren, auch wenn man sie von ihrer äußeren Erscheinung her für gute Devotees halten mag.

214 *Entweder – oder*

Laßt mich euch erzählen, was in einem Dorf geschah: Man wollte ein Theaterstück aufführen. Ein Teil der Schauspielergruppe hatte sich für das Drama ‚Lankādāhana' entschieden und es eingeübt. Der andere Teil der Truppe aber hatte beschlossen, ‚Haricandra' aufzuführen. Die Rolle der Gemahlin Haricandras, Königin Candramatī, mußten sie mit einer Schauspielerin der Lankādāhana-Gruppe besetzen, denn außer ihr war sonst niemand für diese Rolle geeignet.

Beide Stücke kamen zur Aufführung, indem man ihre Szenen abwechselnd darstellte. Alles ging gut, bis zu dem Moment, wo der kleine Prinz, der Sohn Haricandras, am Schlangenbiß starb. Da weigerte sich die ‚Mutter' zu weinen, denn der ‚Sohn' gehörte zur rivalisierenden Gruppe! Sogleich rächte sich Haricandra an Candramatī und ließ es Hiebe auf sie herabregnen, um sie für ihre Gefühllosigkeit zu strafen. Das Drama schlug einen ganz anderen Kurs ein, nämlich den von Haß und Rachsucht.

Daraufhin trieb Anjaneya von der ‚Lankādāhana'-Gruppe die Dinge auf die Spitze: Getreu seiner Rolle sprang er mit brennendem Schwanz auf die Bühne und setzte das Theater in Brand – zur Gaudi seiner Anhänger und zum Entsetzen der anderen.

Ihr müßt euch entscheiden, ob ihr ‚Haricandra' oder ‚Lankādāhana' spielen wollt. Es wird in einer Katastrophe enden, wenn ihr beide Stücke gleichzeitig darzustellen versucht. Am besten entscheidet ihr euch nur für ‚Haricandra', der die Wahrheitsliebe verkörperte, und verzichtet auf das Spiel mit dem Feuer!

215 *Wo seid ihr mit euren Gedanken?*

Viele Menschen nehmen die Gedanken, die in guter Gesellschaft geäußert werden, nicht auf, weil sie von ihren vorgefaßten Meinungen, ihren fixen Ideen und ihrer Voreingenommenheit nicht lassen wollen. Kumbhakarna, der tausend Jahre lang schlafende Dämonenprinz, lädt sie ein in sein Reich, und so dösen sie vor sich hin und nicken schließlich ein. Andere sind wohl wach, mit ihren Gedanken aber weit weg bei Dingen, die mit dem Gespräch gar nichts zu tun haben, etwa bei ihrem Geschäft oder dergleichen. Und wieder andere gibt es, die gucken nur umher. So kommt es, daß nur eine kleine Minderheit der Teilnehmer die guten Gedanken des Zusammenseins aufnimmt.

Es war einmal ein Pandit, der hielt eine Serie von sieben Vorlesungen über das Rāmāyana-Epos. Eine Frau, die erst vor kurzem ihren Ehemann verloren hatte, kam zu den Vorlesungen, um darin Trost zu finden. Sie versäumte keinen Vortrag, saß stets in der ersten Reihe, schaute in ihr Buch und weinte. Der Pandit nahm an, sie sei wohl sehr fromm und seine Worte rührten ihr Herz an.

Nach der letzten Vorlesung wurde gesegnete Speise (*prasād*) verteilt. Der Pandit bestimmte, daß die Witwe wegen ihrer regelmäßigen Teilnahme und ihrer beeindruckenden Gottesliebe als erste bekommen sollte. Während er ihr die Speise reichte, fragte er sie: „Sagen Sie, wie haben Ihnen die Vorträge über das Rāmāyana gefallen?" Sie antwortete: „Es tut mir leid, aber ich habe gar nicht gewußt, daß Sie über das Rāmāyana gesprochen haben. Ich glaubte, es sei das Mahābhārata. Wissen Sie, ich bin so furchtbar traurig, denn mein Mann ist gestorben, und die schwarze Kordel am Bucheinband hat mich immerzu an die Kordel erinnert, die mein lieber Mann als Gürtel trug!"

216 Überlaß alles *Ihm!*

Sehnsucht nach Gott führt zur Hingabe an Gott, und Hingabe führt zur höchsten Freude. Überlaß alles Seinem Willen; nimm alles dankbar an, Gutes oder Schlechtes, Angenehmes oder Unangenehmes.

Es war einmal ein reicher Kaufmann in Bagdad, der war fromm und gottesfürchtig. Er hatte eine Tochter, die sein ein und alles war, denn sie war die Tugendhaftigkeit in Person. Der Vater war entschlossen, sie keinem anderen Mann zur Ehe zu geben, als dem, der Gott über alles liebte. Weitere Qualitäten verlangte er nicht von seinem zukünftigen Schwiegersohn.

So begann er, nach einem Bräutigam Ausschau zu halten. Er suchte in den Karawansereien, in den Moscheen und an Orten, an denen sich heilige Männer zu versammeln pflegten. An einem Freitag sah er einen hellhäutigen, wohlgestalteten jungen Mann in der Moschee knien. Alle anderen Beter hatten die Moschee schon längst verlassen.

Er war tief ins Gebet versunken, und man konnte ihm ansehen, daß es ihm ernst war. Der Kaufmann trat näher und sprach ihn an: „Sag, würdest du gerne meine Tochter heiraten?“ Da blickte der junge Mann erstaunt auf und sagte: „Ich bin der Ärmste der Armen. Das Dach, unter dem ich wohne, ist schadhaft, und der Boden meiner Hütte, der mein Ruhelager ist, besteht aus Pflastersteinen. Welche Frau wird einen solchen Bettler heiraten wollen? Aber wenn deine Tochter meinem spirituellen Weg zustimmt und bereit ist, auch meine Armut mit mir zu teilen, werde ich sie gerne heiraten!“

Der Kaufmann war überzeugt, den richtigen Bräutigam gefunden zu haben. Die Hochzeit wurde bald gefeiert. Die junge Frau zog zu ihrem Mann und begann sogleich mit der Hausarbeit. Sie war überglücklich, daß ihr Mann ihre innere Einstellung teilte. Auch er war wie sie ein Pilger auf dem Weg zu Gott! Während sie fröhlich fegte und putzte, entdeckte sie in einer Ecke der Hütte eine Schale Brot. „Lieber Mann," fragte sie, „wozu bewahrst du das Brot hier auf?" Er antwortete: „Ich habe es aufgehoben für den Fall, daß ich morgen nicht genug Essen erbettele für uns beide!"

Da entrüstete sich seine Frau: „Wie kannst du so wenig Vertrauen zu Allah haben! Ich schäme mich für dich! Er, der uns den Hunger gibt, wird uns sicher auch Brot geben. Mit einem Menschen, der nicht an die Güte und Barmherzigkeit Gottes glaubt, kann ich nicht leben!" Sie ging davon und kam nie wieder.

217 Kabīr webt ein Gewand für seinen Herrn

Kabīr webte ein Gewand für den Herrn, seinen Rāma. Niemand half ihm dabei. Er webte ohne Unterlaß und sprach dabei: „Rāma ... Rāma ... Rāma ... Rāma". Das Tuch wurde lang und länger. Es war schon zehn Meter lang, und immer noch hörte Kabīr nicht mit dem Weben auf – ohne Ruhepause und ohne etwas zu sich zu nehmen. Die Freude am Handwerk und seine Hingabe an seinen geliebten Herrn waren ihm Speise und Trank genug. Als er dem Tempeldiener das fertige Tuch übergab, um die heilige Statue damit zu bekleiden, paßte das Gewand genau in Länge und Breite. Es war kein Fingerbreit zuviel!

218 Bei Bettlern betteln?

Ein Fakir sprach einst im Palast des Kaisers Akbar vor, um von ihm etwas zu erbitten. Man sagte ihm, er möge sich gedulden, der Kaiser sei gerade in der Moschee beim Gebet. Da rief der Fakir: „Was kann der eine Bettler schon dem anderen geben?" und ging.

Vor Gott sind alle Bettler. Heldenmütig ist derjenige, der weder bittet noch jammert, weder schmeichelt noch verhandelt. Er überläßt alles Gott, der am besten weiß, was er braucht. Wenn es Gottes Wille ist, wird er Nahrung und Obdach haben, wenn nicht – soll Gottes Wille geschehen!

219 Schickt sie Gott!

Es gibt ein sicheres Rezept dafür, glücklich und unbeschwert zu sein: Du mußt dir nur Gott zum Führer und Leitstern erwählen, dann wird Er selbst dich von der Tiefe deines Herzens aus lenken und beschützen.

Kaiser Shivaji sandte einst eine Delegation seines Hofes zu seinem Lehrer und Meister, Samartha Rāmdās. Sie waren beladen mit Vorräten in Form von Reis, Kleidung, Süßigkeiten und Hausrat. Als Samartha Rāmdās sie erblickte, fragte er: „Für wen habt ihr denn all diese Sachen herbeigeschleppt, und warum?“ „Für dich!“, sagten die Abgesandten, „denn du hast sonst niemanden, der dich versorgen kann. Deshalb sendet Kaiser Shivaji dir diese Vorräte.“ Da lachte Rāmdās und sagte: „Ich habe die göttliche Vorsehung selbst, die mich versorgt. Aber Gott hat niemanden, der Ihn versorgen könnte. Sagt dem guten Shivaji, er möge diese Sachen Gott schicken!“

220 Besitz und Sicherheit

Die Aussage des Herrn, daß Er für den Unterhalt dessen, der sich Ihm ganz und gar überantwortet, sorgen wird, hat oft Anlaß zu Mißverständnissen gegeben. Nicht einmal die Gelehrten, von Laien ganz zu schweigen, haben die volle Bedeutung dieser Aussage begriffen.

In der erlauchten Gegenwart des Königs hielt einst ein hochgelehrter Pandit eine Reihe von Vorträgen über die Gītā. Eines Tages kam die Reihe an diesen Vers:

Ananyacintayanto mām
ye janāh paryupāsate
teshām nityābhiyuktānām
yogakshemam vahāmyaham

Doch jenen Menschen, die allein Mich verehren
Und an nichts anderes denken als an Mich
und stets besonnen sind, gewähre Ich Besitz und
Sicherheit.

Der Pandit erklärte voller Begeisterung die vielschichtigen Folgerungen, die sich aus diesem Vers ableiten ließen. Aber der König schüttelte den Kopf und sagte: „Deine Art der Erklärung ist nicht die richtige!“ In bestimmtem Ton lehnte er jede weitere Erläuterung ab, die der Pandit hinzufügte.

Für den Pandit, der an vielen Königshöfen ehrenvolle Auszeichnungen erhalten hatte und zahlreiche Ehrentitel trug, war es, als hätte er einen Dolchstoß erhalten. Wie konnte der König ihn so beleidigen und im Beisein aller Höflinge seine Erläuterungen als unzutreffend abtun! Er wand sich vor Verlegenheit, aber dann nahm er all seinen Mut zusammen und stürzte sich in eine weitere, wortreiche Abhandlung über die vielfältigen Bedeutungen der verschiedenen Begriffe.

Jedoch der König war immer noch nicht zufriedengestellt. Er sagte: „Finde die wahre Bedeutung dieses Verses heraus, und falls du ihn richtig verstanden hast, komm morgen wieder!“ Damit erhob er sich von seinem Thron und zog sich in seine Gemächer zurück.

Da verlosch auch noch das letzte Fünkchen Mut, welches dem Pandit bis dahin verblieben war. Nie zuvor hatte er solche Scham empfunden! Die Kränkung setzte ihm so zu, daß er kaum noch aufrecht gehen konnte. Als er wankend sein Haus erreichte, legte er die Gītā weg und fiel auf sein Lager.

Seine Frau wunderte sich: Noch nie hatte sie ihn so niedergeschlagen erlebt! Sie fragte ihn, was geschehen sei.

Als er nicht antwortete, drang sie mit so vielen Fragen in ihn ein, daß er schließlich doch erzählen mußte, was für eine ungeheuerliche Beleidigung er einstecken mußte und mit welchen Worten ihn der König nach Hause geschickt hatte.

Sie hörte ihm schweigend zu. Nachdem sie gründlich über den Vorfall nachgedacht hatte, sagte sie: „Ja, der König hat recht. Die Erläuterung, die du gegeben hast, stimmt nicht. Wie hätte der König sie dir jemals abnehmen können? Der Fehler liegt bei dir!“

Bei diesen Worten fuhr der Pandit wie von der Tarantel gestochen hoch. „Was verstehst du schon davon, du vorlautes Frauenzimmer? Bin ich dir an Intelligenz nicht haushoch überlegen? Du kennst nichts außer deiner Küche, tust den ganzen Tag nichts anderes als Kochen und Putzen, und da erdreistest du dich zu behaupten, du wüßtest mehr als ich? Halt den Mund und laß mich in Ruh'!“ brüllte er.

Aber die Frau ließ sich nicht einschüchtern. Sie entgegnete: „Lieber Mann, frage dich doch einmal, warum du so wütend geworden bist. Anscheinend habe ich die Wahrheit getroffen. Sprich den Vers noch einmal still vor dich hin und meditiere über seine Bedeutung. Dann wirst du von selbst die richtige Antwort finden!“ Mit diesen begütigenden Worten beruhigte er sich ein wenig.

Er fing an, den Sinn jedes einzelnen Wortes zu analysieren: ‚*ananyacintayanto mām...*‘(Wer allein Mich verehrt und an nichts anderes denkt als an Mich...) rezitierte er und begann, bedächtig und langsam die verschiedenen Bedeutungen aufzusagen. Aber seine Frau unterbrach ihn und sagte: „Was nützt es, die Bedeutungen der Worte zu lernen und zu erklären? Schau dich doch einmal selbst an. Sei ehrlich: Mit welcher Absicht bist du zum König gegangen? Was war der Zweck deiner Vorträge?“

Nun wurde der Pandit erst recht wütend. „Ja, wo denkst du hin? Muß ich denn nicht für unser Haus sorgen und für die Familie? Wo soll ich sonst das Geld für Essen und Trinken, für Kleider und alles, was ihr, du und die Kinder, zum Leben braucht, hernehmen? Natürlich bin ich um des Geldes willen zum König gegangen, was hätte ich wohl sonst mit ihm zu schaffen?“ schrie er.

Seine Frau war ganz still geblieben. „Wenn du nur verstanden hättest“ sagte sie, „was Krishna, der Herr, in diesem Vers erklärt, hättest du erst gar nicht den Wunsch gehabt, zum König zu gehen! Wer Ihn anbetet ohne irgendeinen anderen Gedanken, wer sich Ihm ganz und gar überantwortet, wessen Geist auf Ihn allein ausgerichtet ist, für den – so erklärt der Herr – wird Er sorgen und ihm geben, was er braucht. Du hast diese Bedingungen nicht erfüllt. Du gingst zum König, weil du dachtest, daß er, der König, dich mit allem versehen würde! Durch dein eigenes Verhalten bist du der Bedeutung des Verses nicht gerecht geworden. Darum konnte der König deine Erläuterungen nicht akzeptieren!“

Der große Pandit war still geworden und dachte nach. Er erkannte seinen Irrtum. Am nächsten Tag ging er nicht in den Palast. Stattdessen versenkte er sich in die Anbetung Krishnas. Als der König nach dem Pandit fragte, hörte er, daß er zu Hause geblieben war. Da sandte er einen Boten zum Haus des Pandits, um zu erfahren, ob er kommen würde.

Aber der Pandit sandte dem König folgende Botschaft: ‚Es ist nicht nötig, daß ich irgendwohin gehe, um meinen Unterhalt zu verdienen. Mein Krishna wird mich mit allem versorgen, was ich brauche. Er selbst wird für meine Bedürfnisse sorgen. Ich mußte Beleidigung erfahren, weil ich das so lange nicht verstanden habe, denn ich war blind vor Eifer, möglichst viele gelehrte Auslegungen zu den Worten zu finden. Darüber vergaß ich die eigentliche Bedeutung: Wenn ich mich Ihm ganz überantworte, wenn ich nur Ihn in allem sehe und anbete, wird Er mich mit allem versorgen, was ich und die Meinen zum Leben brauchen.‘

Als der Bote dem König diese Botschaft überbrachte, machte der sich zu Fuß auf und ging zum Pandit. Er verneigte sich ehrerbietig vor ihm und sagte: „Ich danke dir! Du hast mir heute aus eigener Erfahrung den Sinn des Verses erklärt, den du gestern nur analysieren konntest!“

Auf diese Weise lehrte der König den Pandit, daß die Verbreitung von spirituellen Wahrheiten, die nicht durch die Feuerprobe der eigenen Erfahrung gegangen sind, bloßes äußerliches Schillern bleibt.

221 Mādhavadāsa im Paradies

In Bengalen lebte einst ein Mann, der Gott über alles liebte. Sein Name war Mādhavadāsa. Eines Tages starb seine Frau. Mit ihr, seiner ‚*Grihalakshmī*', der Göttin des häuslichen Behagens, hatte er sein Heim verloren. Also gab er alles, was er besaß, den Armen, legte ein safranfarbenes Gewand an und pilgerte in die heilige Stadt Puri zum Schrein des Jagannātha, dem Herrn des Universums. In seiner Nähe ließ er sich nieder, um nur noch zu meditieren und sich in Askese zu üben.

So tiefempfunden war seine Buße, daß aus der konkreten bildlichen Vorstellung der Gottheit bald die gestaltlose Wirklichkeit wurde, und diese gestaltlose Wirklichkeit wurde ihm zur ständigen Gegenwart. Er verlor jegliches Gewahrsein für Zeit und Raum, für Bewußtes und Unterbewußtes.

Da erschien vor ihm der Herr des Universums mit Subhadrā, Seinem weiblichen Aspekt. In Seiner Hand hielt Er einen mit köstlichen Speisen gefüllten goldenen Teller; den setzte Er vor Mādhavadāsa auf den Boden. Es war aber der Teller, den die Priester dazu benutzten, dem Standbild im innersten Heiligtum Speisen zu opfern.

Als Mādhavadāsa zu seiner grobstofflichen Umgebung erwachte, bemerkte er den gefüllten Teller. Er aß davon, bis er satt war, dann kehrte er zurück in sein inneres Paradies, welches er für eine kleine Weile verlassen hatte.

Inzwischen wurde der goldene Teller vermißt. Man vermutete, er sei gestohlen worden, und als man ihn am Strand neben dem in Meditation versunkenen Mādhavadāsa fand, wurde dieser unverzüglich festgenommen und von einigen besonders eifrigen Polizisten in den Kerker geworfen.

Dort verprügelten sie ihn gnadenlos, doch sonderbarerweise schien es ihm nicht das geringste auszumachen.

In jener Nacht hatte der Oberpriester einen Traum: Gott in der Gestalt des Jagannātha erschien ihm und bat, er möge doch künftig davon absehen, Ihm Speise in das Heiligtum bringen zu lassen. Dies waren Seine Worte: „Erst bringt ihr mir Speise, und wenn ich sie esse, schlagt ihr mich!" Da verstand der Priester, daß alles ein Göttliches Spiel (*līlā*) ihres Herrn war, um sie auf die Hingabe Mādhavadāsas aufmerksam zu machen und sie zu lehren, wie wahre Gottesliebe aussieht.

Aber etlichen Gelehrten in Puri gefiel es gar nicht, daß ein Fremder aus Bengalen aller Aufmerksamkeit auf sich zog und ihnen den Rang streitig machte. Sie riefen Mādhavadāsa und forderten ihn zu einem intellektuellen Duell heraus. Der war aber in diesem Sinne kein Gelehrter. Er hatte die Shāstras gelernt, um an ihnen einen Stab zu haben, mit dessen Hilfe er seinen Weg gehen konnte, aber nicht, um andere damit zu schlagen.

So bot er seine Niederlage an, noch ehe der Disput begonnen hatte und unterzeichnete ein Schriftstück entsprechenden Inhalts, welches der oberste der Gelehrten nur zu gerne entgegennahm, denn Mādhavadāsa hatte inzwischen einen so überragenden Ruf als Gelehrter, daß ihm bange geworden war.

Mit der verbrieften Bestätigung seines Sieges in der Hand eilte der Gelehrte nach Kāshī. Er schwenkte das Schriftstück vor der Versammlung der Pandits und verlangte, man solle ihm nunmehr die Ehre erweisen als demjenigen, der selbst Mādhavadāsa an spirituellem Wissen überträfe.

Seht aber, wie der Herr zu verhindern weiß, daß Sein Geliebter (*bhakta*) erniedrigt wird: Als man das Schriftstück öffnete und las, hörten alle zu ihrem Erstaunen die Mitteilung, daß Mādhavadāsa den Sieg errungen und der Gelehrte seine eigene Niederlage durch Unterschrift bestätigt hatte!

Der Herr schweigt nicht still, wenn der Gottliebende beleidigt oder verletzt wird!

Am Gangesufer lebte in einer ärmlichen Hütte ein Brahmane, der studierte eifrig die Bhagavad-Gītā. Er las sie Tag für Tag, aber nicht genug damit: Er betete das Buch an wie Gott selbst und bemühte sich redlich, nach seinen Lehren zu leben. Aber sein Glaube wurde auf eine harte Probe gestellt: Seine Bettelschale wurde selten voll. Bald war er so arm, daß er für sich und seine Frau kaum genug zum Überleben hatte.

Eines Tages ging es ihm besonders schlecht. Wie immer las er die Gītā. Da fiel sein Blick auf den zweiundzwanzigsten Vers im neunten Kapitel und er las: ‚Doch wer Mich anbetet, wer mit gesammeltem Sinn in Mich sich versenkt, wer jeden Augenblick treulich Mir weiht, des Nöten werde Ich Abhilfe bringen...'

Da überkam ihn der Zorn: In seinem Fall erwies sich die Zusicherung des Herrn als blanker Hohn! Er nahm seinen Federhalter, tauchte ihn in rote Tinte und strich den verlogenen Vers aus. Als er so seinem Zorn Luft gemacht hatte, stand er auf und ging betteln.

Kurz darauf erschienen zwei Jungen vor seiner Hütte. Ihrem Aussehen nach mochten sie Brüder sein. Sie brachten einen Sack voll Reis und einen großen Korb anderer Lebensmittel. Die Frau konnte es kaum fassen: Alles war für sie und ihren Mann bestimmt!

Als die beiden sich zum Gehen wandten, sah sie, daß der kleinere, dunklere Junge einen blutigen Striemen auf seinem Rücken hatte. „Wer hat dir wehgetan?" fragte sie. „Dein Mann!" gab er zur Antwort. Da wunderte sie sich, wie ihr Mann sich so vergessen und einen so bezaubernden Jungen schlagen konnte! Die beiden Brüder verschwanden so schnell, wie sie gekommen waren.

Als ihr Mann nach Hause kam, stellte sie ihn zur Rede. Er wußte nichts von einem Jungen, den er geschlagen haben sollte, und beteuerte seine Unschuld. Aber die andere Frage ließ ihm keine Ruhe: Wer mochte es gewesen sein, der ihnen in der größten Not Hilfe gesandt hatte? Angestrengt dachte er nach. Wie immer in solchen Momenten schlug er seine Gītā auf. Das Buch öffnete sich, und sein Blick fiel auf den zweiundzwanzigsten Vers des neunten Kapitels. Da sah er den roten Strich, den er in seinem Zorn gezogen hatte. Seine Feder hatte den Rücken Krishnas, des Herrn, zerkratzt. Sein Mangel an Glaube hatte Ihn ‚verletzt'! Wie von Sinnen sprang der Brahmane auf, um den Jungen zu suchen, sich Ihm zu Füßen zu werfen und um Vergebung zu bitten. Aber natürlich war Er nicht zu finden.

Vertraut der Zusicherung des Herrn. Wenn Er sagt: ‚Fürchte dich nicht, Ich bin bei dir', steht Er zu Seinem Wort. Wenn Er sagt: ‚Ich schaue dich an, wenn du Mich anschaust', so spricht Er die Wahrheit!

223 Erst tue das Rechte, dann frag nach der Frucht!

Es waren einmal ein paar Affen, die wollten eine Mango-Plantage anlegen. Sie setzten die Stecklinge und begossen sie mehrere Tage regelmäßig. Nach einer Woche wurden sie ungeduldig und zogen sie wieder aus dem Boden, um zu sehen, ob sie schon Wurzeln geschlagen hatten. Sie waren darauf erpicht, so schnell wie möglich Früchte zu ernten, aber sie wußten nicht, wie man zu den erwünschten Früchten kommt.

Erst tue das Richtige, dann frag nach der Frucht. Baue und pflege mit Sorgfalt, dann wird sich die Ernte von selbst einstellen!

224 Was ist das Größte?

Jemand fragte Nārada, den Götterboten, er möge sagen, was er bei seinen vielen Reisen durch die Welten als das Größte erkannt habe. Er antwortete, die Erde sei das Größte. Aber da kam der Einwand, das Wasser bedecke doch drei Viertel der Erde und drohe sogar den Rest zu überschwemmen. Nārada mußte einräumen, daß Wasser mächtiger ist als die Erde.

Vom Wasser jedoch weiß man, daß es vom Weisen Agasthya getrunken wurde, bis alle Meere ausgetrocknet waren. Von Agasthya wiederum ist nichts als ein Stern am Himmel übriggeblieben! Soll das also heißen, daß der Himmel das Größte ist? Nein, denn der Himmel wurde von einem Fuß des Avatars Vāmana verdeckt. Und der Herr? Ist nicht Gott der Herr das Größte in der Welt? Nein, denn Er tritt in das Innere des Herzens Seines Devotees ein und wohnt darinnen. So mußte Nārada zu dem Schluß kommen, daß das Herz eines Gottliebenden das Größte in der ganzen Schöpfung ist.

Nur durch völlige Hingabe an Gott (*bhakti*) kann man wahres Wissen (*jnāna*) erlangen. Hingabe macht das Herz rein, erhebt das Gefühl und läßt die Sicht allumfassend werden. Bhakti, diese völlige Ergebenheit in den Willen Gottes, übt einen Sog auf das göttliche Erbarmen aus wie die durstigen Felder auf die Wolken, welche am Himmel vorüberziehen. Sie lassen ihren Regen herabströmen, denn die Pflanzen können nicht hinaufreichen, um das lebenspendende Naß zu trinken. Die Mutter muß sich bücken, um ihr Kind zu streicheln. Bhakti hat die Macht, den Herrn zu sich herabzuziehen. (Ch.K.I)

225 Eine lieblichere Weise

Kaiser Akbar freute sich jedesmal, wenn sein Hofmusikant, Tansen, für ihn sang. Tansen galt als der größte Sänger seiner Zeit. Wenn er die Weise des Wolkenreigens (*rāgameghamālā*) sang, drängten sich die Wolken am Himmel zusammen. Sang er die Weise des Regengottes (*rāgāvaruna*), fiel sanfter Regen. Beim Klang seines Schlangenliedes (*nāgasvara*), kamen leise die Schlangen herbei und lauschten. Akbar war sehr stolz, einen solch begnadeten Sänger an seinem Hofe zu haben.

Eines Abends, als er in stille Andacht versunken war, hörte er aus der Ferne den Gesang des Bettelmönches, Haridāsa, der am Palast vorbeizog. Das Lied rührte Akbar, und sein Herz war bewegt wie nie zuvor.

„Sag, lieber Tansen, warum hat der Gesang des Bettlers mein Herz mehr angerührt als all die Lieder, die du für uns gesungen hast?“ Da antwortete Tansen: „Den Unterschied will ich dir gerne erklären, mein Herrscher. Schau, wenn ich singe, blicke ich in dein Gesicht und warte auf ein Zeichen deines Gefallens. Denn wenn dir mein Lied gefällt, überhäufst du mich mit kostbaren Geschenken. Er dagegen, der Bettler, singt vor dem Angesicht Gottes, aus reiner Liebe. Er erwartet nichts.“

226 Das Gebet des Herzens erreicht den Herrn

Hört, wie es dem Weisen Rāmadās von Bhadracala erging, dem Dichter-Sänger. Er wurde vom Nabob von Golconda ins Gefängnis geworfen, weil er öffentliche Mittel veruntreut hatte (für die Renovierung des Rāma-Tempels in Bhadracala). Dann wurde er aber wieder freigelassen auf Grund des Eingreifens von Rāma und Lakshmana selbst, die dem Nabob die für den Tempel verwendete Summe zurückerstatteten!

Rāmadās hatte eine große Menge von Palmblättern angehäuft, mit Liedern zu Ehren Rāmas beschrieben. Als sein Blick eines Tages auf den Haufen Palmblätter fiel, durchfuhren ihn Zweifel: ‚Habe ich diese Lieder nun eigentlich zu meinem eigenen Vergnügen komponiert, oder schrieb ich sie wirklich für Ihn?' Er hätte zu gerne gewußt, welche seiner Lieder Gott gefielen, und war bereit, alle übrigen wegzuwerfen.

Darum beschloß er, das ganze Bündel in den Godāvarī-Fluß zu werfen und es Gott zu überlassen, diejenigen, die Ihm gefielen, zu retten. Fast das ganze Paket versank in der Tiefe. Nur einhundertundacht schwammen an der Oberfläche und wurden gerettet, denn nur diese waren ihm aus dem Herzen gekommen. Alle übrigen hatten einen Beigeschmack von Könnertum, Künstlichkeit, Intellektualismus und Pedanterie. Gebete müssen aus dem Herzen kommen, wo Gott zu Hause ist, und nicht aus dem Kopf, wo Lehrsätze und Zweifel miteinander im Streit liegen!

227 Rāmas Königreich ist das Herz

Rāma ist die Liebe, die vom Himmel herabgekommen ist: sie ist eine Gabe der Götter zum Lohn des Opfers. Das Wort *‚rāma'* bedeutet Seligkeit, Wonne. Nichts ist beseligender als das innere Selbst, *Ātman*; daher wird Rāma auch *‚Ātma Rāma'* genannt.

Wie hätte Bharata jemals den Thron besteigen können, dessen rechtmäßiger Erbe sein geliebter Rāma war? Zu der Zeit, als Rāma in die Verbannung geschickt wurde und König Dasharatha an gebrochenem Herzen starb, hielt er sich mit seinem Bruder Shatrughna in Kekaya auf, der Heimatstadt ihrer mütterlichen Familie.

Man sandte den Brüdern einen Boten, der ihnen ausrichtete, sie möchten nach Ayodhyā zurückkehren. Als Bharata nichtsahnend den väterlichen Palast betrat, spürte er an der niedergedrückten Stimmung, die über allem lag, daß ein Unglück geschehen war. Vasishtha, der weise Berater der Königsfamilie, berichtete ihm von den Ereignissen und riet ihm, sofort das Herrscheramt anzutreten, denn das Reich sollte nicht unter der Unterbrechung der Herrschaft leiden.

Aber Bharata sagte: „Ich bitte dich, gestatte mir, Ihm in die Wildnis zu folgen, denn Er ist es, der meine Gebete hört, Er ist mein Herr, das Ziel meiner ununterbrochenen Anbetung!" Vasishtha entgegnete: „Dein Vater hat es so bestimmt, und auch ich als Berater und Freund deiner Familie rate dir, die Krone anzunehmen!" Da war Bharata ganz verzweifelt: „Wie sehr müßt ihr mich hassen! Wenn ihr – meine Eltern, du, mein Lehrer und auch das Volk von Ayodhyā – mich auch nur ein wenig liebtet, würdet ihr mich niemals dazu drängen, einen solchen Treuebruch zu begehen!"

Bharata erhob seine gefalteten Hände: „Ich flehe dich an, bedenke doch, ob es gerecht ist, mir die Herrschaft über ein Reich aufzubürden, das meinen Vater tötete, meinen Müttern den Gemahl raubte und meinen geliebten Bruder, der mir mehr bedeutet als mein Leben, in den von bösen Geistern bevölkerten Urwald schickte? Ein Reich, das nicht nur meinen Bruder verbannte, sondern mit ihm auch seine zarte Königin? Ein Reich, das letztlich meine Mutter in tiefste Schande fallen ließ? Nein, mein Königreich ist das, über welches Rāma herrscht, und das ist mein Herz, auch wenn es zu klein ist, Seine Herrlichkeit zu fassen!"

Bharatas Name selbst besagt, daß er vollkommen erfüllt ist von der Liebe zu Rāma: ‚*bha*' steht für ‚*Bhagavān*', der Herr, Rāma; '*rata*' bedeutet: ‚sich an etwas freuen, über etwas glücklich sein, sich zu etwas hingezogen fühlen'.

Laßt die Liebe zu Gott in euch wachsen, so wie sie in Bharata gewachsen war! Laßt solch tiefe Verehrung, die selbst einen Thron für gering achtet, zu der Kraft werden, die euch trägt! Mit solch einer inneren Haltung dient ihr eurem Land, eurer Kultur, eurer Gesellschaft, eurer Religion und eurer nächsten Umgebung am besten! Ohne diese innere Haltung ist alle Mühe um guten Umgang (*satsang*) und spirituelle Disziplin (*sādhana*), alles Studieren und Streben nichts als ein riesengroßer vergeblicher Aufwand!

Rāma war für viele Jahre aus dem Königreich Ayodhyā verbannt worden und hatte mit seiner Gemahlin Sītā und seinem Bruder Lakshmana vorübergehend Zuflucht gefunden bei dem Seher Bharadvāja. (Anm. d. Übers.)

Bharata, Shatrughna und ihre Königinnen vermißten Rāma schmerzlich. Sie machten sich auf den Weg zum Ashram Bharadvājas, begleitet von großem Gefolge und von Soldaten, die zu ihrem Schutz mitgekommen waren. Als sie den Ashram des Weisen erreicht hatten, hieß er sie willkommen und tröstete sie: Rāma, Sītā und Lakshmana seien nicht weit fort, und sobald Rāma käme, wäre ihre Traurigkeit bestimmt verflogen.

Dann setzte er seine wundertätigen Kräfte ein und schaffte alles herbei, was seinen Gästen zur Annehmlichkeit dienen konnte. Jeder wurde seinem Rang entsprechend reichlich bewirtet und untergebracht. Die Prinzen, die Königinnen, ihre Lehrer und Ratgeber, die Hofgelehrten, Minister und Generäle, Bürger und Soldaten, alle bekamen, was ihr Herz begehrte, und alles wurde auf mysteriöse Weise herbeigezaubert durch seinen Willen.

Als der Empfangssaal fertig dastand, lud der Weise sie ein, einzutreten. Der Saal war ein Wunder an Schönheit und Eleganz. Der königliche Ratgeber mußte sich auf einen großen Stuhl setzen, der war reich verziert und mit Fellen bedeckt. Die Königinnen wurden, wie es den Damen des Hofes gebührt, in einen von Vorhängen abgetrennten Teil des Saales geführt.

Dann kam der Höhepunkt: Die Schüler des Weisen führten mit leuchtenden Gesichtern die beiden Brüder Bharata und Shatrughna herein. Die Jungen traten respektvoll zur Seite, fächelten ihnen mit Haarfächern Luft zu und rezitierten vedische Hymnen.

Da gingen die beiden Brüder auf die Löwenthronsessel in der Mitte des Saales zu, die für sie selbst bereitgestellt worden waren. Doch wenige Schritte vor ihnen fielen sie auf die Knie und erwiesen denen die Ehre, die für sie unsichtbar anwesend waren, und denen der Thron in Wahrheit gebührte: Rāma und Sītā. Dann nahmen sie den Jungen die Fächer aus der Hand und begannen Ihnen Luft zuzufächeln.

Die ganze Versammlung war tief berührt von ihrer Demut und Weisheit.

229 Shabarī bereitet dem Herrn den Weg

Shabarī hatte ein reines, mitfühlendes Herz. Wie es dazu kam, daß sie als Frau in der Waldeinsiedelei des Rishi Matanga leben durfte, ist eine spannende Geschichte:

Die Eltern von Shabarī hatten einen Bräutigam für sie ausgesucht, und die Hochzeitsvorbereitungen waren in vollem Gange. Wie es in der Sippe der Ādivasis üblich war, sollte am Vorabend der Hochzeit eine Ziege geopfert werden, um den Segen der Stammesgöttin auf das junge Paar herabzurufen.

Als Shabarī erfuhr, daß ihretwegen ein Tier geschlachtet werden sollte, weinte sie und flehte ihre Eltern an: „Bitte, laßt die Ziege leben! Wie soll unsere Ehe jemals glücklich werden, wenn zu ihrem Auftakt ein Tier Todesnot leidet?" Aber ihr Vater stieß sie unwirsch beiseite und schlachtete die Ziege. In dieser Nacht schlich Shabarī aus dem Haus, rannte in den Wald und versteckte sich dort.

Bei Morgengrauen merkte man, daß Shabarī fehlte. Ihre Eltern und auch die Familie des Bräutigams durchsuchten die ganze Gegend, konnten sie aber nicht finden, denn zu gut hatte sie sich in den dichten Büschen versteckt. Mittags kamen zwei Leute so nah an ihr vorbei, daß sie hören konnte, worüber sie sprachen: „Was meinst du, ob sie vielleicht bei den Einsiedlern im Wald Unterschlupf gefunden hat?" Der andere entgegnete: „Ausgeschlossen! Kein weibliches Wesen würde dort jemals eingelassen werden!"

Nun wußte sie, welches der Ort war, wo sie am sichersten sein würde! ‚Die Mönche werden sich meiner erbarmen und mich nicht abweisen!‘ dachte sie und machte sich voller Vertrauen auf den Weg.

Sie sollte recht behalten. Matanga erkannte ihr reines Herz und erlaubte ihr, in seiner Hütte zu bleiben. Schon bald weihte er sie in eine große Neuigkeit ein: „Hör zu, meine Tochter! Shrī Rāma ist von Seinem Vater, König Dasaratha, für vierzehn Jahre in die Verbannung geschickt worden. Er wird diese Zeit nutzen, um die Mönche und andere Gott Suchende in der Einsamkeit der Wälder zu besuchen. Er kommt, uns zu lehren und uns vor den Feinden des Friedens zu schützen! Er wandert mit seiner Gemahlin Sītā und Seinem Bruder Lakshmana durch alle Teile des Landes, und sicher wird Er eines Tages auch bei uns vorbeikommen!“

Von da an war Shabarī nur noch von dem einzigen Gedanken beseelt: Rāma zu sehen, Seine Füße zu berühren und Ihn zu sprechen. Ihr Herz war erfüllt von der Sehnsucht nach Rāma. Sie hatte nur noch den einen Gedanken, alles für den Besuch Shrī Rāmas vorzubereiten! Das war ihre Meditation, in der sie fortan ihre Zeit verbrachte.

Sie fegte die Wege der Einsiedelei und beseitigte alle Steine und Dornen, damit es nichts mehr gäbe, was Rāmas Füße verletzen könnte. Sie streifte durch das umliegende Dickicht und entfernte alle überhängenden Zweige, denn sie dachte sich: ‚Sicherlich trägt Er Sein Haar offen und ungekämmt. Daß Er sich nur nicht in diesen Zweigen verfängt!‘

Sie zerbröckelte die Erdklumpen auf den Wegen, denn sie dachte: ‚Sītā mit Ihren zarten Fußsohlen muß sich ja verletzen, wenn Sie über solch grobe, harte Erde geht!‘

Jeden Tag ging sie in den Wald und sammelte frische Beeren und Früchte, denn sie sagte sich: ‚Wer weiß, wann Er kommt. Es könnte heute sein!‘ Sie kostete jede Frucht, ob sie auch reif und süß war, denn sie wollte Ihm nur das Allerbeste vorsetzen! Jeden größeren Stein am Wegesrand säuberte sie sorgfältig: ‚Wenn Rāma, Sītā und Lakshmana müde vom Wandern sind, müssen sie sich hinsetzen können. Hoffentlich benutzt wenigstens einer von ihnen einen der Steine, die ich geputzt habe!‘

Indem sie alles säuberte und vorbereitete, reinigte sie auch ihr Herz und machte es zum Thron für den Herrn. So sehr war Shabarī versunken in den Gedanken an Gott, daß die Mönche der Einsiedelei gar nicht wahrnahmen, daß sie eine Frau war. Niemand hatte etwas dagegen, daß sie blieb.

Als für Matanga die Zeit gekommen war, seinen Körper aufzugeben, vermachte er Shabarī seine Hütte und sagte: „Nur du verdienst es, hier zu sein, wenn der Herr kommt!"

Auch ihr könnt heute wie Shabarī die Seligkeit erfahren, die der Dienst an Rāma, dem innewohnenden Gott, euch schenkt. Dient Sai Rāma, der in der Gestalt der Armen und Leidenden zu euch kommt!

230 Nārada wird von den Gopīs inspiriert

Etwas verwunderte Nārada, den weisen Götterboten, sehr, und er fragte Vishnu, den Alldurchdringenden: „Wie kommt es, daß selbst manche Seher von höchster Weisheit Deiner Gnade nicht teilhaftig werden, die ungebildeten Hirtinnen aber, die Gopīs aus Gokula, mit Deiner Gnade förmlich überschüttet werden? In Deiner Krishna-Gestalt bezauberst Du sie mit Deiner Schönheit und Liebe. Beim Klang Deiner himmlischen Musik vergessen sie alles um sich her, und durch Deine Lausbubenstreiche und Neckereien hältst Du sie mit schier unerschöpflicher Flut von Einfällen stets in Atem. Erkläre mir bitte, woran das liegt."

Die Antwort fand er später selbst: Den Gopīs war Krishna alles. Er war ihr Lebensatem und das Licht ihrer Augen. Alles, was ihr Ohr vernahm, war Krishna; was sie schmeckten, Krishna; der Lufthauch, der ihre Haut streichelte, Krishna. Wenn sie ihr Vieh hüteten, ihre Ehemänner und Kinder versorgten und die häuslichen Pflichten taten, lebten sie in Krishna, mit Krishna und durch Krishna allein. ‚*Sarvatah sarvakāleshu haricintanam*' – ‚Zu jeder Zeit und an jedem Ort waren ihre Herzen und Sinne erfüllt von Hari, dem

Herrn.‘ Wie hätte der Herr ihnen jemals Seine Gnade vorenthalten können?

Nārada ging eines Tages nach Gokula und rief die Gopīs zu sich, um sie die vollendete Weisheit zu lehren, welche er meisterhaft beherrschte. Aber sie machten sich nichts aus seinen Belehrungen. Was aber für Nārada noch schlimmer war: sie empfanden sie gar als Zeitverschwendung! „Die Stunden von Tag und Nacht reichen nicht aus, den Namen unseres Herrn zu beten. Wir finden keinen Geschmack an Wort-Akrobatik. Du willst uns davon überzeugen, daß unser Herr die Verkörperung von Sein, Bewußtsein und Wonne ist. Aber das wissen wir längst. Mehr noch: wir fühlen es. Jede Minute unseres Lebens ist erfüllt von Wonne und Seligkeit."

Die Begegnung mit den Gopīs war für Nārada eine Offenbarung. Sie lehrten ihn durch ihr Beispiel, daß die hingebungsvolle Liebe zu Gott anderen Formen des Yoga weit überlegen ist. Nach dieser Erkenntnis dichtete Nārada sein Werk *‚Bhakti Sūtra‘* welches seither ein leuchtender Wegweiser auf dem Pfad des spirituellen Suchers ist.

Die Veden haben die Fähigkeit zu retten durch die Kraft des Klanges (*nāda*), welcher seinen geheimnisvollen Widerhall in der Tiefe des gereinigten Herzens findet. Die Melodie von Krishnas Flöte (welche für die geläuterte Seele steht), ist nichts anderes als der Klang der Veden (*veda-nāda*) in einer besonderen Form. (Ch.K.I)

231 Die Lehre der Gopīs

Um das Ego zu besiegen, bedarf es weder eines strengen Übungssystems noch der Beherrschung des Atems. Nein, nicht einmal viel Wissen braucht man dazu! Die Gopīs, die Milchmädchen von Brindāvan, bestätigen diese Tatsache. Sie waren unbedarfte, bäuerliche Menschen – weit entfernt von jeglicher intellektuellen Erkenntnis.

Nārada war entsetzt über ihren Mangel an Kenntnissen über den spirituellen Weg, und so bot er sich aus freien

Stücken an, ihnen Nachhilfestunden zu erteilen in der Höchsten Weisheit (*jnāna*).

In Brindāvan angekommen, schaute er den Hirtinnen erst einmal bei der Arbeit zu. Etwas verwunderte ihn sehr: Während sie auf der Straße Milch und Quark verkauften, vergaßen sie ganz, ihre Waren anzupreisen. Stattdessen wiederholten sie fortwährend: „*Govinda Nārāyana*" – so tief waren sie im Gewahrsein der Gegenwart Gottes verwurzelt. Sie bemerkten es nicht, wenn ihre Milch ausverkauft war, sondern fuhren fort, in den Straßen des Dorfes umherzuwandern und laut die verschiedenen Namen Gottes zu rufen, denn der Staub von Brindāvan war ihnen Heiligtum.

Sie spürten keinerlei Verlangen nach sinnlichen Genüssen (*vishaya vāsanā*) und litten deshalb auch nicht unter Unwissenheit (*ajnāna*). Nārada erkannte, daß sie keinen Bedarf an Unterricht hatten, und bat sie, ihn zu lehren, wie man solche Sehnsucht nach Krishna entwickelt und die Vision des alldurchdringenden Gottes erlangt.

Unter den Gopīs war eine, die hieß Suguna und hatte keinen anderen Gedanken außer ‚Krishna'. Es war Brauch in Brindāvan, daß die Hausfrauen sich abends im Hause des Pflegevaters von Krishna, Nanda, versammelten, um ihre Öllampen an der seinen anzuzünden. Sie glaubten daran, daß es ihnen Glück bringen würde, ihr Licht an der Flamme des Ältesten und Ehrwürdigsten des Ortes anzuzünden.

Auch Suguna ging mit ihrer Öllampe zu Nanda. Als sie dort war, vergaß sie alles um sich her und verlor sich ganz in ihren freudigen Erinnerungen. In diesem Haus hatte Krishna Seine Kindheit verbracht, es war der Mittelpunkt Seiner Streiche und Spiele gewesen!

So stand sie lange selbstvergessen da. Ihre Lampe hielt sie schon zum Anzünden in die Nähe der Flamme. Niemand merkte, daß ihre Finger sich direkt über der Flamme befanden und langsam verbrannten. Sie selbst fühlte den Schmerz gar nicht, so tief war sie in Krishna-Bewußtsein versunken. Endlich bemerkte Yashodā, Krishnas Pflegemutter, was da vor sich ging und weckte sie aus ihrer Träumerei – oder sollen wir sagen: Vision? Für sie war das ganze Haus erfüllt von Krishna. Er war da, wohin auch immer ihr Blick fiel.

Das ist ‚*tanmayatva*', der Zustand, in dem man in allen Dingen das Absolute (*tat*) sieht. Dahin muß jeder gelangen. Dem flüggen Vogelkind nützt es nichts, im Nest hocken zu bleiben. Es muß seine Flügel ausbreiten und sich in den Himmel schwingen. Ebenso nützt es dem Menschen nichts, sich im Staub zu winden. Er muß das ferne Ziel sehen – klar und deutlich. Dann muß er seine Flügel gebrauchen und fliegen!

232 Die Empfindung erreicht Ihn, nicht die Leistung

Eines Tages spielte Krishna den Kranken: Er gab vor, furchtbare Magenschmerzen zu haben. Seine Gefährtin Satyabhāmā war bei ihm und versuchte, ihm durch allerlei Arzneien Erleichterung zu verschaffen – zu ihrem Leidwesen ohne Erfolg.

Krishna spielte seine Rolle vortrefflich, ebenso wie ich eine Woche vor dem Gurupurnima-Fest den lähmenden Schlaganfall inszeniert habe.

Königin Rukminī wollte hereinschauen, um sich nach seinem Befinden zu erkundigen, aber sie wurde nicht hereingelassen. Vor der Tür traf sie die Hirtin Suguna. Suguna hatte von Krishnas Erkrankung gehört und war sehr traurig. Wie gerne hätte sie ihm geholfen!

Im Garten von Satyabhāmā hatte sie einige Früchte aufgelesen und wollte sie Krishna bringen. Sie war überzeugt, sie würden ihm guttun. Rukminī drückte ihr noch einige Dinge in die Hand, die sie Krishna zukommen lassen wollte, und schickte sie hinein.

Krishna begrüßte Suguna herzlich, hieß sie zu seinen Füßen Platz nehmen und aß von den Früchten aus ihrer Hand. Schlagartig verschwanden die Schmerzen.

Sugunas Mitleid mit ihrem Herrn hatte die Heilung bewirkt. Ihre schlichte Hingabe war das wirkungsvollste Heilmittel.

In eurer Liebe zu Gott soll es nichts Gekünsteltes geben, keine Effekthascherei, keinen Stolz und keine Selbstsucht. Eure Hingabe soll wie eine eben gepflückte, frische Blüte sein. Nichts soll ihr anhaften und ihre Frische verderben.

Satyabhāmā fand, Krishna habe sich nicht richtig verhalten: Wie konnte er von Suguna die gleichen Früchte annehmen, die er zuvor aus *ihrer* Hand nicht essen wollte?

Worin unterschieden sie sich? Satyabhāmā hatte sie ihm angepriesen als hervorragendes Ergebnis ihrer gärtnerischen Leistung. Krishna hatte keinen Geschmack an ihnen gefunden, denn sie waren von Stolz durchsetzt. Das einfache, bäurische Hirtenmädchen hatte sie nur vom Boden aufgelesen; sie waren getränkt von schlichter Hingabe. So wurden sie schmackhaft für den Herrn, denn Er findet Gefallen an der Empfindung (*bhāva*), nicht an der Leistung (*bahya*).

233 Selbsterniedrigung ist Egoismus

Wieder einmal spielte Krishna krank: Er tat so, als litte er unter unerträglichen Kopfschmerzen und spielte seine Rolle so wirklichkeitsgetreu, daß niemand sein Spiel durchschaute: Bleich und mit verquollenen Augen wälzte er sich ruhelos auf seinem Lager. Um seinen Kopf hatte er Tücher gewickelt, die er von Zeit zu Zeit mit frischem Wasser kühlte.

Die Königinnen Rukminī und Satyabhāmā und andere liefen aufgeregt durcheinander und brachten Medikamente und schmerzstillende Mittel herbei, aber nichts wollte helfen.

Schließlich zogen sie den weisen Nārada zu Rate. Er begab sich in das Krankenzimmer, um Krishna selbst zu befragen, welches Mittel ihn wohl heilen könnte. Und Krishna nannte es ihm. Könnt ihr raten, was es war? Er sagte: „Nur der Staub von den Füßen eines mir wahrhaft hingegebenen Menschen kann mir helfen!"

Eilfertig wandte Nārada sich zum Gehen, um einige der bekanntesten Anhänger Krishnas aufzusuchen, aber bereits auf der Türschwelle fiel ihm ein, daß er selbst doch eigentlich Krishnas ernsthaftester und treuester Jünger war. Er machte auf der Stelle kehrt und sagte: „Geliebter Herr, darf ich Dir den Staub meiner eigenen Füße anbieten?" Krishna aber entgegnete: „Nein, nein. Jener Staub ist nicht rein genug: er ist mit Ego behaftet und hat deshalb keine Wirkung." Nārada mußte also draußen bei den anderen Devotees auf die Suche gehen. Aber diejenigen, die er fragte, waren entsetzt bei dem Gedanken, ihrem verehrten Herrn den Staub ihrer Füße zuzumuten. Dazu kamen sie sich viel zu gering und unwürdig vor, und manche befürchteten auch, sie könnten sich an ihrem Herrn versündigen!

Darin liegt auch eine Art von Egoismus: „Ich bin niedrig, gering, unwert, klein, nutzlos, armselig, sündig, minderwertig" – solche Gedanken zählen auch zu den egoistischen. Wenn das Ego, die Identifizierung mit dem menschlichen Ich, verschwunden ist, fühlt man sich weder über- noch unterlegen.

Es fand sich also keiner, der den Staub, den der Herr sich wünschte, hergegeben hätte. Und so mußte Nārada unverrichteterdinge ans Krankenbett zurückkehren. Da fragte ihn Krishna: „Hast du es schon in Brindāvan bei den Gopīs versucht?" Die Königinnen mußten lachen, und selbst Nārada bemerkte geringschätzig: „Was wissen diese einfältigen Bauersfrauen schon von wahrer Gottesliebe?" Aber Krishna bat ihn dennoch hinzufahren.

Sobald die Gopīs hörten, Krishna sei krank und der Staub von ihren Füßen könne ihn heilen, schüttelten sie, ohne auch nur einen Augenblick zu zögern, den Staub von ihren Füßen und füllten damit Nāradas Hände. Als Nārada Dvārakā erreichte, waren die Kopfschmerzen bereits vergangen.

Der ganze Vorfall war nichts anderes als ein fünf Tage währendes Schauspiel, das zwei Lehren birgt. Erstens: Auch Selbsterniedrigung ist Egoismus. Zweitens: Ein Mensch, der Gott liebt, sollte Seine Weisungen spontan und ohne Vorbehalte oder Zweifel befolgen.

Die Herzen der Hirtenmädchen von Brindāvan, der Gopīs, waren von höchster Gottesliebe erfüllt. Eine von ihnen, Nirajā, stammte aus einem anderen Dorf, hatte aber einen der Hirten aus Brindāvan geheiratet.

Als sie von ihrem Heimatdorf nach Brindāvan umzog, warnten die Leute sie vor Krishna und sagten, sie solle sich vor Ihm hüten, denn Er verdrehe allen Bauersfrauen den Kopf. Allen Warnungen zum Trotz besuchte sie das Fest, das zu Ehren des Govardhana-Berges gefeiert wurde, um Krishna zu begegnen. Kaum hatte sie Ihn erblickt, gehörte Ihm auch schon ihr Herz. Die Leute verstanden ihre Liebe zu Krishna falsch und machten ihr das Leben schwer, aber sie ertrug alles tapfer.

Bei ihrer ersten Begegnung mit Krishna spielte Er in einer schattigen Laube am Fuße des Govardhana-Berges eine süße Melodie auf Seiner Flöte. Später machte sie es sich zur Gewohnheit, an den Ort ihrer ersten Begegnung zu gehen, um dort die Luft zu atmen, die durch Seine Gegenwart geheiligt war. Als Krishna Brindāvan verließ, um in Mathurā zu wohnen, war sie es, die zusammen mit anderen Gopīs versuchte, die Pferde anzuhalten, die Seinen Wagen zogen.

Viele Jahre lang litt Nirajā schweigend unter der Trennung. An jenem Tag, als der Trennungsschmerz sie zu Tode erschöpft hatte, erschien Er ihr in der Laube, streichelte sie zärtlich und tröstete sie. Doch sie hatte noch eine besondere Bitte: „Spiele noch einmal für mich auf der Flöte, bevor ich sterbe!" Krishna hatte an diesem Tag Seine Flöte nicht bei sich, um ihr aber den Wunsch zu erfüllen, brach Er einen Zweig aus der Laube, machte eine Flöte daraus und spielte. Beim Klang der göttlichen Melodie löste sich Nirajās Herz in Tränen auf, welche ihre Seele davonschwemmten.

235 Die zarten Füße

Die Berührung mit dem Göttlichen wirkt so, daß alle negativen Gedanken und alle Spuren von Neid und Habgier aus unserem Bewußtsein verschwinden, sobald wir Gott betrachten.

Der kleine Krishna pflegte in die Häuser der Hirtinnen von Brindāvan einzudringen und süße Milch und Butter zu stehlen. Wieder einmal hatte er sich gerade in das Haus einer Gopī eingeschlichen und war im Begriff, auf einen Schemel zu klettern, um die Butter vom Wandregal zu stibitzen, als sie hereinkam und ihn auf frischer Tat ertappte. Schnell wie der Blitz rannte er zur Tür hinaus auf die Straße – die Gopī hinterher! Sie lief so schnell sie konnte, denn sie wollte der Jagd so rasch wie möglich ein Ende bereiten, nicht etwa, weil ihr daran gelegen war, die gestohlene Butter zurückzubekommen, sondern weil sie um die zarten kleinen Füße fürchtete, die in der sengenden Hitze über die harten Steine zu rennen hatten!

236 Selbstsucht kann Gott nicht gewinnen

Im Mahābhārata-Epos wird uns folgende Geschichte erzählt: Satyabhāmā, eine der Gefährtinnen Krishnas, wollte Krishna ganz für sich besitzen. Sie fragte Nārada, was sie tun könne, damit Krishna ihr ganz allein gehöre. Der aber wußte, wie selbstsüchtig sie war, und auch, daß man bei Gott mit selbstsüchtigen Motiven nichts erreichen kann.

Er nahm sich vor, ihr eine Lehre zu erteilen, und so antwortete er: „Ich will dir sagen, wie du es anfängst: Es gibt einen uralten Brauch, nach dem die Frau ihren Mann verschenkt und ihn dann zurückkauft. Sein Preis wird durch Wiegen festgelegt: Der Mann kostet soviel Gold wie er wiegt. Ganz sicher gehört Krishna dir allein, wenn du Ihn auf diese Weise gekauft hast!“

Satyabhāmā gefiel der Plan, und sogleich machte sie sich daran, ihn durchzuführen. Auf dem Marktplatz, vor aller Öffentlichkeit, verschenkte sie Krishna an Nārada. Der nächste Schritt bestand nun darin, Ihn zurückzukaufen. Auf ihr Geheiß setzte sich Krishna in die Schale einer großen Waage, und in die andere Waagschale legte sie ihren Goldschmuck, Stück für Stück. Aber nichts rührte sich! Nicht einmal ihr gesamter Schmuck konnte Krishnas Waagschale von der Stelle bewegen!

Nārada wollte die Gunst der Stunde nutzen und sagte: „Nun, wenn du nicht genug Gold besitzt, um deinen Ehemann zurückzukaufen, bleibt Er mein Eigentum, denn du hast Ihn mir geschenkt!"

In dieser heiklen Situation erinnerte Satyabhāmā sich Rukminīs, der anderen Gemahlin Krishnas. Sie bat Nārada, sich noch ein wenig zu gedulden, damit sie Rukminī um Unterstützung bitten könne.

Sie ging eilig und traf Rukminī beim Herrichten ihres Hausaltars an. Aufgeregt schilderte sie ihr die Lage und bat sie mitzukommen. Rukminī war sofort bereit zu helfen. So wie sie war – die frischen Blätter, mit denen sie den Altar schmücken wollte, hielt sie noch in der Hand – begleitete sie Satyabhāmā zum Marktplatz. Unterwegs fragte sie: „Wie konntest du nur annehmen, es sei möglich, unseren Herrn in Gold aufzuwiegen? Gold kann niemals Sein Gewicht haben. Nur der Name Gottes hat das gleiche Gewicht wie Er selbst!" Damit hatten sie die Lösung gefunden! Siegesgewiß kamen sie bei Nārada an: „Wie du ja sicher selber weißt, wiegt der Name des Herrn den Herrn selbst auf. Wenn wir Seinen Namen aussprechen, gehört Krishna uns!" Aber damit war Nārada nicht einverstanden. „Das geht nicht! Der Herr hat eine sichtbare, materielle Form angenommen, und darum muß Er auch mit etwas Materiellem aufgewogen werden!"

Da kam Rukminī die rettende Idee. Sie erinnerte sich daran, daß Krishna einmal gesagt hatte: ‚Was immer der Gott Liebende darbringt in wahrer Ergebenheit, Frucht oder Wasser, ein Blatt, eine Blume, Ich nehme es entgegen, denn

Liebe ist diese Gabe, die mit reinem Herzen geopfert wird.'
‚Wenn in diesem Satz nur ein Fünkchen Wahrheit liegt', dachte sie, ‚wird es uns sicher gelingen!' Dann legte sie die frischen Blätter in die Waagschale, indem sie mit ganzem Herzen den Namen Gottes aussprach. Und siehe da! – die Schale senkte sich. Sie hatten gewonnen!

Gott läßt sich nur durch Mitgefühl und durch ein reines, liebendes Herz gewinnen.

237 Liebe alle, die Gott liebt!

Die Gopīs hatten kein anderes Ziel, kein anderes Ideal und keinen anderen Wunsch außer dem, sich Gott vollständig hinzugeben, ohne zu fragen und ohne jemals wankend zu werden.

Ich möchte euch von einer frommen Frau erzählen, die im vergangenen Jahrhundert in einem kleinen Dorf im Staate Mahārāstra lebte. Ihre hingebungsvolle Einstellung verließ sie nie, nicht einmal bei den unbedeutendsten, alltäglichsten Verrichtungen. Jeder Schritt, den sie tat, war für sie ein Schritt auf einer Pilgerreise. Sprechen war ihr so heilig, als sei es die Wiederholung aller Gottesnamen. Selbst wenn sie Abfall wegwarf, sagte sie im Einklang mit ihrer Empfindung: *„Krishnārpana!"*, das heißt übersetzt: Möge diese Gabe Krishna erreichen!

Es war ihre Gewohnheit, täglich zur Mittagszeit eine Handvoll Kuhdung auf den Boden zu streichen, um so einen Untersatz für den Teller ihres Mannes zu schaffen. Wenn ihr Mann gegessen hatte, kratzte sie den Dung zusammen, formte einen Ball daraus und warf ihn weg, wobei sie jedesmal rief: *„Krishnārpana!"* Ihre Frömmigkeit war so ernsthaft und echt, daß der Ball aus Dung Krishna tatsächlich erreichte und an der Krishna-Statue im Dorftempel haften blieb.

Der Priester bemerkte die rätselhafte, regelmäßig wiederkehrende Verschmutzung. Erst wunderte er sich, dann bekam er es mit der Angst zu tun. Er verwünschte sein böses Geschick, daß er machtlos einer solch schändlichen Gotteslästerung beiwohnen mußte. Jeden Tag, etwa um die Mittagszeit, die gleiche Portion Kuhdung! Er ließ tief beschämt seinen Kopf hängen, wenn er im Dorf umherging, behielt sein furchtbares Geheimnis aber für sich.

Eines Tages fügte es sich, daß er dazukam, wie die alte Dame mit dem Ruf *„Krishnārpana!"* nach Hausfrauenart die besagte Handvoll Kuhdung wegwarf. Da begann er einen Zusammenhang zu ahnen. Er merkte sich die Uhrzeit, die Menge, das Material und andere Indizien, und schon bald zweifelte er nicht mehr daran, daß sie diejenige war, die an der Verschandelung der Krishna-Statue schuld war. Da stürzte er sich auf die alte Frau und schlug so heftig auf sie ein, daß der Arm, der den Dung geworfen hatte, brach. Triumphierend kehrte er in den Tempel zurück. Sicher würde der Herr ihn mit Segen überschütten, denn er hatte ja die böse Frau für ihre Schandtat bestraft! Wie groß war aber seine Bestürzung, als er sah, daß Krishnas rechter Arm gebrochen war und blutete, genauso wie der Arm der frommen Frau. Da weinte er und klagte: „Ich habe sie doch nur aus Liebe zu Dir geschlagen, Herr, weil sie Deinen Anblick verdorben hat!" Krishna antwortete: „Denk daran, du sollst alle lieben, die Ich liebe!"

Auch Ich dulde keine Eifersucht, keine Feindseligkeit und keinen Haß unter den Devotees. Und Ich gestatte es auch nicht, daß ein Devotee sich selbst haßt oder sich für minderwertig oder schwach hält.

238 Gott kennen heißt Gott lieben

Ein Pandit hielt einen Vortrag über die Bhagavad-Gītā. Mit seinen geistreichen Kommentaren und seiner gründlichen Art, jedes einzelne Wort aus verschiedenen Blickrichtungen zu beleuchten, faszinierte er seine Zuhörer. Unter ihnen befand sich auch ein einfacher Bauer. Er schien aufmerksam zuzuhören, obwohl das intellektuelle Niveau sicher um einige Stufen zu hoch für ihn war. Anscheinend war er sehr ergriffen von dem Gesagten, denn er weinte ständig. Als der Pandit innehielt und ihn fragte, warum er so traurig sei, überraschte er alle Anwesenden mit der Ernsthaftigkeit seiner Gottesliebe.

„Ich weine", sagte er, „über das schwere Los des Herrn, der vorne auf dem Streitwagen sitzt und mit verdrehtem Hals so lange aushalten muß, bis der begriffsstutzige Arjuna Seine Lehre endlich verstanden hat! Wie muß Sein Nacken schmerzen!" Und wieder rollten Tränen seine Wangen herunter.

Das ist wahre Gottesliebe, der Fahrschein zum spirituellen Sieg! Der Bauer hatte sich mit den Teilnehmern der Geschichte identifiziert. Das göttliche Drama war für ihn lebendige Gegenwart geworden.

DIENST AM NÄCHSTEN, GEBEN

239 Im Esel Gott

Verehre den Gott, der in allen Wesen wohnt und sie zu allem Tun bewegt.

Ekanātha, der Heilige aus Mahārāshtra, war durchdrungen von dieser Überzeugung. Einst pilgerte er mit einigen seiner Jünger von Benares nach Rāmeshvara, einem heiligen Ort im äußersten Süden Indiens. Er trug heiliges Gangeswasser in einem Gefäß bei sich, um es im Tempel von Rāmeshvara in einer feierlichen Zeremonie über das Allerheiligste, Rāma-Lingeshvara, zu gießen.

Nicht weit von der Stadt sah er am Straßenrand einen Esel liegen. Man konnte sehen, daß er am Verdursten war. Ekanātha fühlte, daß das Heiligtum Rāma-Lingeshvara in der Gestalt des Esels nach dem Gangeswasser rief. Unter dem

Protest seiner Gefolgschaft goß er das kostbare Wasser in die Kehle des Esels, dem dadurch zur größten Freude des Heiligen das Leben gerettet wurde.

Gott ist der Same, aus dem das ganze Universum geworden ist mit allem, was darinnen ist!

240 Die drei wichtigsten Dinge

Ein König hatte die Gewohnheit, allen Leuten, denen er begegnete, drei Fragen zu stellen: Wer ist der wichtigste unter den Menschen? Welches ist die wichtigste Zeit? Und: welches Tun ist das wichtigste? Es war ihm ernst, endlich Antwort auf seine Fragen zu bekommen.

Eines Tages machte er sich auf, um in der Waldeinsamkeit Rat zu suchen. Er war bereits eine lange Strecke durch Berg und Tal gewandert, da erblickte er in der Ferne eine Siedlung. Beim Näherkommen sah er, daß es ein Ashram war, und er war froh, sich dort ausruhen zu können.

Als er eintrat, war ein Mönch gerade damit beschäftigt, die Pflanzen im Hof zu gießen. Er schaute auf und sah auf den ersten Blick, daß der Ankömmling erschöpft war. Gleich stellte er die Gießkanne ab und beeilte sich, dem Fremden ein paar Früchte und kühles Wasser zu bringen.

Einen Augenblick später trug ein anderer Mönch einen Schwerverletzten in den Hof. Als der erste Mönch das sah, eilte er zum Verletzten, wusch seine Wunden und versorgte sie mit Heilkräutern. Dann blieb er noch eine Weile bei ihm und sprach tröstende Worte.

Inzwischen hatte sich der König gelabt und gestärkt. Er dankte und wandte sich zum Gehen. Der Mönch segnete ihn zum Abschied, aber die drei Fragen hatten dem König keine Ruhe gelassen, und so fragte er ihn, ob er vielleicht eine Antwort wüßte.

Da sagte der Mönch: „Die Antwort hast du hier gesehen. Als du ankamst, war ich gerade dabei, die Pflanzen zu versorgen, denn das ist meine tägliche Pflicht. Als ich dich bemerkte, unterbrach ich meine Arbeit, um dir zu essen und zu trinken zu geben. Das gehört sich so, denn du kamst als Gast. Während ich dir Erfrischungen bereitete, wurde der Verletzte hereingetragen. Ich unterbrach den Dienst am Gast, um mich um einen anderen zu kümmern, der meiner Hilfe dringender bedurfte.

Wer immer deiner Hilfe bedarf, ist zu dem Zeitpunkt der wichtigste Mensch. Was immer du zu seiner Erleichterung tun kannst, ist die wichtigste Tat. Und der jeweilige Augenblick, in dem du etwas für einen anderen tun kannst, ist die kostbarste und wichtigste aller Zeiten."

241 Die Uhr und das Leben des Menschen

Unser inneres Wesen (*jīva*) soll sich am Unvergänglichen erfreuen und nicht am Vergänglichen, Irdischen. Unseren Körper sollen wir dafür benutzen, Gutes zu tun, und unseren Verstand für gute Gedanken. Nur daran findet Gott Gefallen.

Seht einmal die Uhr an: Sie hat drei Zeiger, einen Sekundenzeiger, einen, der die Minuten anzeigt und einen dritten für die Stunden. Der Sekundenzeiger rast: In sechzig Sekunden flitzt er an allen zwölf Ziffern vorbei, während der Minutenzeiger in dieser Zeit nur einen kleinen Teilstrich vorrückt. Sechzig Sekunden ergeben eine Minute, und sechzig Minuten eine Stunde. Da Sekunden- und Minutenzeiger verhältnismäßig schnell gehen, können wir ihre Bewegung mit den Augen verfolgen. Der Stundenzeiger dagegen bewegt sich so langsam, daß wir sein Vorrücken nicht wahrnehmen.

Ähnlich ist es mit dem menschlichen Leben: Haben wir Gutes getan, geht es uns auch psychisch gut. Herrschen in unserem Gemüt gute Gedanken und Gefühle vor, kommt auch unser inneres Wesen (*jīva*) in den ersehnten Zustand, in dem es eins wird mit dem göttlichen Selbst, dem *Ātman*.

Wie unsere körperlichen und gedanklichen Taten schließlich unserem inneren Wesen zugutekommen, können wir wahrnehmen, nicht aber, in welcher Weise die Bewegungen unserer Seele unsere Vereinigung mit Gott bewirken. Unseren Körper können wir mit dem Sekundenzeiger vergleichen, unser Gemüt mit dem Minutenzeiger. Setzt euren gesamten Lebenslauf dem Stundenzeiger gleich! Es gilt also, mit Hilfe unseres Körpers viel Gutes zu tun und mit unserem Geist viel Gutes zu denken und zu fühlen, damit wir den heiligen Stand der Selbst-Verwirklichung erreichen.

Diese verschiedenen Ebenen unseres Seins werden grobstoffliche, feinstoffliche und kausale Ebene genannt. Wollen wir die kausale Ebene erreichen, müssen wir mit dem grobstofflichen Körper Gutes tun und mit dem feinstofflichen Gemüt nach Gutem trachten!

242 Gott lieben oder von Gott geliebt werden

Abu Ben Adhem war ein guter Mensch, er half den Armen, wo immer er konnte, teilte sein Essen und Obdach mit den Hungrigen und Heimatlosen und war stets damit beschäftigt, die Tränen der Trauernden zu trocknen. Aber irgendeinen bestimmten Gott verehrte er nicht. Ihm waren alle Religionen recht, wenn nur die Menschen, die sie ausübten, gut und freundlich, reinen Herzens und von gutem Charakter waren.

Als er eines Abends in sein Haus trat, bemerkte er einen Lichtschein. Ein Engel saß an seinem Schreibtisch und schrieb etwas in ein Buch. Da trat er näher hinzu und fragte höflich: „Darf ich wissen, was du so gewissenhaft aufschreibst?" Da antwortete der Engel: „In dieses Buch trage ich die Namen aller Menschen ein, die Gott lieben. ... Dein Name ist übrigens nicht dabei."

Am nächsten Abend war wieder der Lichtschein da. Der gleiche Engel saß da und schrieb etwas in ein Buch. Abu trat näher hinzu und fragte höflich: „Darf ich wissen, was du so gewissenhaft aufschreibst?" Da antwortete der Engel: „Heute trage ich in dieses Buch alle Menschen ein, die Gott liebt."

Abu zögerte. Dann faßte er sich ein Herz und fragte: „Und mein Name, ist er auch hier nicht dabei?“ Da fuhr der Engel mit dem Finger die Spalten entlang, von oben bis unten und wieder von unten bis oben und sagte: „Schau her, dein Name steht in der obersten Reihe!“

Liebt eure Mitmenschen und tut ihnen Gutes, das ist die beste Art, Gottes Gnade zu erwerben!

243 Dankbarkeit

Eine Ameise krabbelte gerade über ein trockenes Blatt, als es vom Wind erfaßt und auf den Fluß hinausgeweht wurde. Da saß sie nun und rief aus ganzem Herzen Gott um Hilfe an. Sogleich veranlaßte Gott eine Möwe, hinabzutauchen und das Blatt mit dem Schnabel herauszufischen, denn Er ließ sie glauben, es sei eine eßbare Beute. Die Möwe wurde enttäuscht, aber die Ameise war froh, wieder festen Boden unter den Füßen zu haben! ‚Gott kam in der Gestalt der Möwe und hat mich errettet!‘, dachte sie und fühlte große Dankbarkeit dem Vogel, nein, allen Vögeln gegenüber!

Als sie sich vom Schrecken erholt hatte, machte sie wieder ihre Runde durch das Gelände. Da bemerkte sie einen Jäger, der im Begriff war, einen Vogel zu schießen. Gerade als er abdrücken wollte, biß sie ihn beherzt ins Bein, und er verfehlte sein Ziel. So hatte die Ameise ihre Schuld beglichen.

244 Ertrage andere!

Prüfungen sind dazu da, deinen Fortschritt zu messen. Deshalb brauchst du angesichts deiner Unvollkommenheit nicht zu verzagen. In Wirklichkeit erweist Gott dir eine Gnade, wenn Er beschließt, dich zu prüfen. Es bedeutet, daß Er an deinem Fortschritt Gefallen gefunden hat und dir den Stempel Seiner Anerkennung aufdrücken will. Nimm die Herausforderung an und stelle dich der Prüfung, das gefällt dem Herrn!

Es war einmal ein frommer Mann, der hatte gelobt, jeden Tag einen Bedürftigen zu speisen. So stand er über viele Jahre regelmäßig vor seinem Haus, um nach jemandem Ausschau zu halten, dem er auf diese Weise helfen konnte.

Eines Tages kam ein alter, zittriger Mann, welcher die Hundert schon weit überschritten haben mußte, ins Haus gestolpert und setzte sich an den gedeckten Tisch. Er war so ausgehungert, daß er gleich nach dem Essen griff und es ohne ein Dankgebet unverzüglich in sich hineinstopfte. Empört über soviel Gottlosigkeit verwünschte der Gastgeber den Alten und warf ihn hinaus. Mochte er in der Mittagsglut bei anderen betteln oder auch verhungern!

Der Gastgeber besaß wohl die Beständigkeit, sein Gelübde viele Jahre lang einzuhalten, allein – es mangelte ihm an Herzensgüte! Ohne Herzensgüte aber bringt eine gute Tat keine Früchte. Man kann Kies bewässern, soviel man will: Er wird dadurch nicht fruchtbar. Auch das Herz dieses Mannes blieb trocken, obwohl es jeden Tag mit dem Wasser der Mildtätigkeit gegossen wurde. Er blieb der strenge Ritualist, der er immer gewesen war.

In der darauffolgenden Nacht hatte er einen Traum, in welchem Gott zu ihm sprach: „Mehr als hundert Jahre lang habe Ich diesen Mann wie Meinen Augapfel gehütet und genährt, obwohl er nicht ein einziges Mal auch nur *einen* Meiner zahllosen Namen ausgesprochen hat. Hättest du ihn nicht wenigstens einige Minuten lang ertragen können?“

245 Die Schwiegertochter erkennt die Lage

Ein Bettler bat vor einem reichen Haus um Almosen. In seinen bequemen Sessel zurückgelehnt wies der Hausherr ihn mit groben Worten ab. Doch der Bettler ließ sich so leicht nicht entmutigen: „Gebt mir wenigstens eine Handvoll abgestandene Speise von gestern!“

Das hörte die Schwiegertochter, die gerade im hinteren Zimmer beim Essen saß. „Guter Mann“, rief sie, „die Speise von gestern essen wir gerade selber. Die frische Speise wird heute gekocht!“ Der Bettler verstand, was sie damit sagen wollte: Ihr geiziger und herzloser Schwiegervater war dabei, sich den Grund für eine ärmliche Zukunft zu legen.

Sein gegenwärtiger Wohlstand war die Folge davon, daß er in einem früheren Leben Wohltätigkeit geübt hatte!

Alle essen die Speise von gestern, nämlich die Folgen ihres Verhaltens in früheren Leben. Und alle sind jetzt dabei, ihre Speise von morgen zu kochen.

246 Wie man einen Gast vertreibt

Es war einmal ein überaus gastfreundlicher und mildtätig gesinnter Mann. Aber seine Frau und sein Sohn fanden, er übertreibe seine Großzügigkeit, und sahen es gar nicht gerne, wenn er Gäste mit nach Hause brachte.

Eines Tages war es wieder so weit: Er hatte auf der Straße einen armen Mann aufgelesen und ihn zum Essen eingeladen. Frau und Sohn sannen nach einer List, das Gastmahl zu verhindern. Die Gelegenheit ergab sich bald: Der Vater ging aus dem Haus, um schnell noch einige Dinge einzukaufen, die er für das Essen brauchte. Da raunte die Frau dem Gast zu: „Was für ein Jammer, daß ausgerechnet Ihr meinem Mann heute in die Falle gegangen seid! Er bringt nämlich jeden Tag einen armen Menschen mit, unter dem Vorwand, ihn bewirten zu wollen. In Wirklichkeit aber verprügelt er die Leute, sobald sie sich zu Tisch gesetzt haben. Er glaubt, daß er dadurch eine Ungerechtigkeit heimzahlt, die irgendjemand ihm in einem vergangenen Leben zugefügt hat.“ Natürlich hielt der Gast es für klüger, das Haus schnellstens zu verlassen und lief davon.

Da kam aber auch schon der Vater zurück, und seine Frau rief ihm schnell zu: „Da hast du aber einen seltsamen Gast mitgebracht! Er bat mich um einen Stock, damit er zum

Brunnen gehen und sich vor dem Essen waschen könne. Bevor ich ihm aber den Stock geben konnte, hat er die Geduld verloren und ist ohne ihn losgehumpelt." Da ergriff der Vater den Stock und lief laut rufend hinter dem Gast her: „Halt! So warten Sie doch! Ich will Ihnen zu essen geben!" Das bestärkte jenen aber nur in der Überzeugung, daß die Frau die Wahrheit gesagt hatte, worauf er noch schneller rannte und der Vater schließlich seine Jagd nach einem Gast aufgeben mußte.

247 Kaffee für den Fisch

Es ist gut, ein mitleidiges Herz zu haben, doch das Gefühl muß die rechten Bahnen nehmen und mit Weisheit verbunden sein.

Ein mitleidiger Mann fand am Flußufer einen zappelnden Fisch. Er hob ihn auf und nahm ihn mit nach Haus. Dort wickelte er ihn in eine warme Decke und goß ihm heißen Kaffee in den Schlund, denn er nahm an, der Fisch litte unter Unterkühlung. Der Kaffee brachte das arme Tier um. Er hätte ihn gerettet, wenn er ihn nur ins Wasser zurückgeworfen hätte. Aber leider war er nicht intelligent genug, seine Barmherzigkeit richtig umzusetzen!

248 Hanumans Bereitschaftsdienst

Nachdem Rāma siegreich nach Ayodhyā zurückgekehrt und zum König gekrönt worden war, setzten sich Sītā und Rāmas drei Brüder eines Tages zusammen, um einen ‚Dienstplan' zu entwerfen. Darin wollten sie festhalten, wer welche Dienste an Rāma ausführen durfte. Sie waren sich einig, daß Hanuman von allen persönlichen Diensten an Rāma ausgeschlossen sein sollte, denn ihrer Meinung nach hatte Hanuman als einer der Heerführer schon Gelegenheit genug, ihrem geliebten Herrn nahe zu sein.

Sie stellten eine Liste auf, die alles enthielt, was man im Lauf eines Tages an kleineren und größeren Diensten an einem Menschen verrichten kann. Diese Liste enthielt wirklich alles, was man sich vorstellen kann, und sie teilten fröhlich alles unter sich auf.

Den fertigen Plan legten sie Rāma vor. Hanuman war – wie immer – anwesend. Rāma nahm die neue Planung zur Kenntnis, sah die Liste durch und gab lächelnd Seine Zustimmung. Dann wandte Er sich an Hanuman und sagte: „Mein lieber Hanuman! Alle Arbeiten und Dienste, die meine Person betreffen, sind unter meiner Gemahlin und meinen Brüdern aufgeteilt. Es bleibt nichts mehr für dich zu tun. Jetzt kannst du dich getrost endlich einmal ausruhen!“

Über diese Auskunft war Hanuman alles andere als glücklich. Er bat um die Liste und studierte sie gründlich. Plötzlich fiel ihm etwas ein, woran die anderen nicht gedacht hatten: „Und wer wird mit den Fingern schnipsen, wenn Rāma gähnen muß? Ihr werdet es doch nicht zulassen wollen, daß unser geliebter Herr es selbst besorgt? Dafür braucht Er unbedingt einen Diener! Rāma, erlaubst Du, daß ich Dir diesen Dienst erweise?“

Rāma war einverstanden. Dieser Dienst war für Hanuman höchstes Glück, denn er erforderte seine ungeteilte Aufmerksamkeit. Wer konnte vorhersehen, wann Rāma gähnen würde? Und so kam es, daß Hanuman dienstlich ständig in das Gesicht seines geliebten Herrn schauen mußte, um schon bei der ersten Andeutung eines Gähnens bereit zu sein, mit den Fingern zu schnipsen. Auch nicht eine Sekunde durfte Hanuman wegschauen oder gar sich entfernen!

So sollt auch ihr euch glücklich schätzen, wenn euch euer Dienst an Gott im anderen in ständig wacher Bereitschaft hält, Seine Weisungen zu erfüllen!

249 Dienst am Meister

Es war einmal ein Meister, der hatte viele Schüler um sich versammelt und gab sein Wissen an sie weiter. Eines Tages lehrte er sie, wie wichtig es sei, sich während Meditation und Gottesdienst durch nichts und niemanden ablenken zu lassen. Die Schüler hatten große Achtung vor ihrem Guru und nahmen sich alles, was er sagte, sehr zu Herzen.

Den Geburtstag des Meisters wollten einige von ihnen gemeinsam festlich begehen. Einer der Schüler lud den Meister zu sich nach Hause ein, um mit ihm und den Freunden im Familienkreis zu feiern. Ein anderer Schüler beschloß, im Ashram zu bleiben, um den Geburtstag des Meisters auf besondere Art zu feiern. Er sagte: „Ich will Dir zu Ehren die einhundertundacht Namen Gottes rezitieren." Der Meister antwortete: „Das kannst du gerne tun, aber bitte gib acht und verschließe die Haustür, wenn wir gegangen sind!"

Als er alleine war, pflückte er im Garten des Ashrams einhundertundacht Blüten, dann stellte er ein Photo seines verehrten Meisters auf den Altar und die Blüten daneben. Nun konnte er anfangen. Das Ritual in dieser traditionellen Form dauert lange und war noch lange nicht beendet, als der Meister von der Geburtstagsfeier zurückkehrte.

Es war ein außergewöhnlich heißer Tag. Er trug keine Sandalen an den Füßen, und seine spärlichen Haare schützten sein Haupt nur unzulänglich vor der Glut der Sonne. Er klopfte an die Tür. Aber der Schüler war noch nicht fertig mit dem Ritual: „Geduldet Euch noch ein wenig! Die Anbetung Gottes darf man nicht unterbrechen!"

Heutzutage verhalten sich neunundneunzig von Hundert der Schüler des spirituellen Weges wie dieser: Sie beten nur das Bild ihres Gottes an, um Seine Gnade zu erhalten. Das Bild auf dem Altar ist ihnen selbst dann noch wichtiger, wenn Er leibhaftig kommt und an ihre Tür klopft!

250 Die Früchte der guten Tat

Es war an einem Samstag. Der Vater war damit beschäftigt, den Hausgottesdienst vorzubereiten. Es fehlten nur noch die Früchte für die Opfergabe, darum gab er seinem Sohn Geld und sagte: „Bitte lauf‘ und hole Bananen für den Altar!“

Der Junge ging sofort zum Markt. Auf dem Heimweg begegnete ihm eine Bettlerin mit ihrem Kind. Er erschrak bei ihrem Anblick, denn sie waren beide sichtlich am Rande des Verhungerns. Als das Kind die Bananen sah, rannte es auf den Jungen zu. Seine Mutter sprang ihm nach und versuchte, es zurückzuhalten, aber beide waren so entkräftet, daß sie zu Boden fielen.

Der Junge dachte: „Eigentlich wäre es doch viel besser, diesen beiden die Bananen zu essen zu geben als sie zu Hause auf den Altar zu legen!“ Er gab sie ihnen, und sie dankten es ihm mit Tränen der Freude.

Mit leeren Händen kam er zu Hause an. Der Vater fragte: „Hast du die Früchte mitgebracht?“ Er antwortete: „Ja, aber es sind heilige Früchte – unsichtbar und unverderblich!“ Und er erzählte, was ihm begegnet war. Nun verstand der Vater, was für Früchte sein Junge gemeint hatte: die Früchte der guten Tat. Er schloß ihn in die Arme und dankte Gott, daß er mit einem so guten Sohn gesegnet war.

251 Nicht der Aufwand zählt, sondern die Reinheit des Herzens

Abdullah hatte sich in der Ecke einer Moschee zu Mekka schlafen gelegt. Mitten in der Nacht wurde er von Stimmen geweckt. Es waren zwei Engel, die über ihm schwebten und sich unterhielten. Sie waren damit beschäftigt, eine Liste der Gesegneten aufzustellen. Einer der Engel sagte zum anderen: „Laß uns Mahbub aus Siknadar in den höchsten Rang aufnehmen, auch wenn er noch nie eine Pilgerfahrt in die Heilige Stadt unternommen hat!“

Abdullahs Neugier war erwacht. Er reiste nach Siknadar. Dort fand er nach einigem Nachforschen heraus, daß Mahbub ein halbverhungerter Flickschuster war, der mit seiner Arbeit gerade soviel verdiente, daß seine Knochen nicht auseinanderfielen.

Trotz seiner Armut hatte er es innerhalb etlicher Jahre fertiggebracht, sich ein paar Kupfermünzen vom Munde abzusparen. Eines Tages war es dann soweit: Er verbrauchte seine ganzen Ersparnisse, um Speisen einzukaufen, denn er wollte seine schwangere Frau überraschen und ihr ein schönes Mahl bereiten.

Als er sich mit dem Geschenk auf den Heimweg machte, hörte er das Stöhnen eines sterbenden Bettlers, den der Hunger quälte. Mahbub konnte nicht an ihm vorübergehen. Er stellte die Speisen vor den Sterbenden, setzte sich daneben und gab ihm zu essen. Bald ging zu Mahbubs größter Freude ein zufriedenes Leuchten über das ausgezehrte Gesicht.

Wegen dieser Tat bekam Mahbub einen Ehrenplatz in den Reihen der Gesegneten, einen Platz, den selbst Mekkapilger sich nicht durch Millionen und Abermillionen von Dinaren, die sie für wohltätige Zwecke spenden, verschaffen können.

Der Herr sieht die Empfindung an, die einen Menschen zu einer guten Tat bewegt. Große Gesten und viel Aufwand imponieren Ihm nicht.

252 Ein schlechtes ‚gutes Werk‘

Es war einmal ein reicher Mann, der besaß eine Reismühle. Eines Tages hörte er einen Weisen darüber sprechen, wie verdienstvoll es sei, gute Werke zu tun. „Am meisten gefällt es Gott,“ sagte er, „wenn man die Hungrigen sättigt!“ Da beschloß der reiche Müller, die Armen in seinem Dorf zu speisen. Aber er fand es nicht nötig, einen besonders guten Reis zu diesem Zweck herzunehmen. Er dachte bei sich: „Für diese armen Leute ist jeder x-beliebige Reis gerade gut genug!“ Also holte er den Reis aus seinem Lager, der ohnehin schon am Verderben war. Er machte sich nicht einmal die Mühe, die Maden und Käfer daraus zu entfernen. So wie er war, kochte er ihn und setzte ihn den Armen vor. Die aßen das in ihrer Not, und viele wurden krank.

Seine Frau machte ihm Vorhaltungen. Sie sagte, es wäre besser gewesen, zehn Hungrige mit gutem Essen zu speisen als hundert mit schlechtem. Aber er wollte davon nichts wissen. Daraufhin nahm sich die Frau vor, ihn auf andere Weise zu lehren. Fortan gab sie ihm jeden Tag nur noch verdorbene Speisen, voll von Maden und Käfern. Als er sich darüber erboste und sie zur Rede stellte, sagte sie: „Der weise Mann, dessen Rat du befolgen wolltest, hat unter anderem auch gesagt, daß das Leid, das man anderen zufügt, auf einen selbst zurückfällt. Das heißt, im Jenseits wirst du verdorbenes Essen vorgesetzt bekommen, und es ist sicher gut, wenn du dich schon jetzt daran gewöhnst!“ Da sah der Mann seinen Fehler ein. Er bereute sein niederträchtiges Handeln und diente den Armen fortan redlich.

253 Teile alles Gute mit anderen

Bemüht euch stets, den Verzweifelten, den Leidenden und den Armen zu helfen!

In Tamil Nadu lebte einst ein Dichter und Heiliger namens Manika Vachagar. Er pflegte auf der Terrasse seines Hauses vor dem Bilde Gottes zu singen. Seine Lieder leuchteten wie die Edelsteine, deren Name er trug, denn sie sangen vom selbstlosen Dienst am Nächsten.

Eines Tages wurde er auf einem Gang durchs Dorf von einem Unwetter überrascht, fand aber unter einem Dachvorsprung Schutz und machte es sich dort bequem. Nach einer Weile kam ein Mann angerannt und fragte, ob er auch unterschlüpfen dürfe. Manika Vachagar erlaubte es ihm: „Komm, es war Platz genug, daß einer liegen konnte, aber nun, da du dazugekommen bist, werden wir beide sitzen.“

Ein wenig später kam ein dritter Mann dazu, der auch um Unterschlupf bat. Manika Vachagar war es recht: „Es war Platz genug, daß zwei sitzen konnten. Nun, da du dazugekommen bist, werden wir drei stehen!"

Manika Vachagar lebte vor, daß man sich gegenseitig hilft und niemanden fortschickt, der Hilfe benötigt. Wer Brot hat und einem Hungrigen begegnet, soll es mit ihm teilen!

Ihr müßt die innere Einstellung entwickeln, daß ihr alles Gute, das euch gegeben ist, mit anderen teilt. Nur so wird das Prinzip wahr gemacht, daß Gott in allen Geschöpfen zu finden ist!

254 Karna – groß im Geben

Bevor Karna sein Bad nahm, ölte er sein Haar. Das Öl goß er aus einer edelsteinbesetzten Schale in seine rechte Hand und trug es dann auf. Er war gerade dabei, es in seine Kopfhaut einzureiben, als Krishna dazukam.

Sofort erhob er sich, um Krishna zu begrüßen. Krishna sagte: „Weißt du, warum ich gerade jetzt gekommen bin? Ich möchte gerne die Schale haben, die du in der Hand hältst!" Sein Wunsch erregte Karnas Verwunderung: „Es überrascht mich, daß Du, Herr des Universums, ein solch armseliges Ding begehrst. Aber wer bin ich, daß ich Dir Fragen stellen könnte? Hier ist die Schale, sie gehört Dir!"

Aber Krishna wies sie zurück: „So geht es nicht, lieber Karna. Es verstößt gegen die gute Sitte, ein Geschenk mit der linken Hand zu überreichen!" „Bitte verzeih' mir!" erwiderte Karna. „Meine rechte Hand ist leider ölverschmiert. Ich habe den Formfehler auf mich genommen, weil ich eines befürchtete: Wenn ich mir die Zeit genommen hätte, mich zu waschen, um Dir das Geschenk in angemessener Form zu überreichen, hätte mein unsteter Geist in der Zwischenzeit vielleicht doch noch einen Grund gefunden, Deine Bitte nicht zu erfüllen.

Damit hätte mich mein Wankelmut der einmaligen Gelegenheit beraubt, Dir etwas zu schenken! Deshalb habe ich schnell gehandelt und nicht auf die Form geachtet. Bitte verzeih' mir und nimm die Schale an!"

Karna war sich der Unbeständigkeit des menschlichen Gemütes wohl bewußt. Aber er wußte auch, daß man es durch bewußtes Loslassen und Selbstdisziplin bezwingen kann.

LIEBE ZU DEN ELTERN

255 Ein Ziegelstein für seinen Gott

Ein frommer Mann namens Pundārika pflegte voller Hingabe seine alte Mutter. Eines Tages war er gerade dabei, ihre Füße zu massieren, da erschien Gott vor ihm in der Gestalt, die er von ganzem Herzen liebte und verehrte: als Pānduranga. Jeder andere hätte alles stehen- und liegengelassen und sich der Gottheit zu Füßen geworfen. Nicht so aber Pundārika. Er widerstand der Versuchung! „Bitte bleib' und warte einen Augenblick," sagte er zu seinem Gott, „bis ich meiner Mutter die Füße massiert habe. Dann werde ich zu Dir kommen und Dich anbeten!" Er schob Ihm einen Ziegelstein zu, damit Pānduranga sich daraufstellen konnte, denn die erste Pflicht eines Gastgebers ist es, seinem Gast einen Platz anzubieten.

Pundārikas Lehrer und Meister, Kabīr, hatte ihn gelehrt, man müsse seiner Mutter dienen, um die Gnade Gottes zu gewinnen. Aber selbst, als er so offensichtlich Gnade erfuhr, unterbrach er nicht den Dienst an seiner Mutter: so beständig war er in seinem Glauben!

256 Eine hochherzige Wahl

Ein *Yaksha* hatte den fünf Pāndava-Brüdern den Weg versperrt, weil sie unerlaubt in das Gebiet seines Herrn eingedrungen waren. Zur Strafe stellte er ihnen die schwierigsten Fragen, und wer sie nicht richtig beantworten konnte, wurde getötet.

Vier der Brüder hatten schon ihr Leben lassen müssen, weil sie die Antworten nicht wußten. Nun kam der älteste an die Reihe, Dharmarāja. Es gelang ihm, alle Fragen richtig zu beantworten. Das gefiel dem Yaksha: „Nun, da du die Probe bestanden hast, will ich dir erlauben, einen deiner Brüder aufzuerwecken!" Da stand Dharmarāja vor einer schweren Wahl. Es dauerte aber nicht lange, und er hatte sich entschieden:

Er weckte nicht Bhīma auf und auch nicht Arjuna, obwohl beide ihm gleich unentbehrlich waren wie seine Hände. Er wählte Nakula. Da fragte der Yaksha ihn, warum seine Wahl auf Nakula gefallen sei. Er antwortete: „Bhīma, Arjuna und ich sind die Söhne von Kuntī. Nakula und Sahadeva sind die Söhne meiner Stiefmutter Mādrī. Meine Mutter hat noch einen Sohn – mich. Ich möchte aber, daß auch meine Stiefmutter noch einen Sohn am Leben hat, deswegen habe ich Nakula ausgesucht, den sie über alles liebt." Das rührte den Yaksha so sehr, daß er ihm erlaubte, alle vier aufzuerwecken!

257 Ganapati ehrt seine Eltern

Ehre deine Eltern, damit deine Kinder von dir lernen, auch dich zu ehren!

In den Purānas finden wir eine passende Illustration zu diesem Leitsatz: Die göttlichen Eltern, Shiva und Pārvatī, hatten sich einen Wettlauf für ihre Söhne Ganapati und Subramanya ausgedacht: Wer von beiden am schnellsten die ganze Welt umrundete, sollte einen Preis bekommen.

Subramanya rannte mit Riesenschritten los. Er war so schnell, daß es aussah, als schwebe er über Berge und Täler. Doch was tat Ganapati? Er rannte nur rasch um seine Eltern herum und verlangte sogleich den Siegespreis. Als Begründung gab er an, seine Eltern stellten die ganze Welt dar! Gegen dieses Argument war nichts einzuwenden, und man mußte ihm recht geben.

So wurde Ganapati als die Gottheit eingesetzt, die über den Erwerb von Wissen wacht und ebenfalls als die Gottheit, die allen, die nach Höchster Erkenntnis trachten, über die Hindernisse, welche sich ihnen in den Weg stellen, hinweghilft. Die wichtigste Aussage dieser Geschichte ist aber diese: Man soll seine Eltern achten und ihnen gehorchen!

258 Was ist Gehorsam?

Als Jesus in den Vorhof des Tempels von Jerusalem kam und sah, wie die Leute Tauben und andere Tiere Gott zum Schlachtopfer darbrachten, ließ er die Tiere frei und verurteilte das Blutvergießen. Die Priester und Schriftgelehrten aber waren empört über sein Eingreifen. Sie sagten, der Gott, an den sie glaubten und welcher der Gott ihrer Väter sei, nähme das Blutopfer an und ließe sich dadurch verherrlichen. Sie verlangten von ihm, er solle beweisen, ob er die Autorität besitze, die Vorschriften ihrer Religion anders auszulegen als sie. Da erzählte Jesus ihnen ein Gleichnis:

Es war einmal ein Bauer, der hatte zwei Söhne. Er bat den ersten, er möge hinaus aufs Feld gehen, um über das Kornfeld zu wachen, denn es war reif für die Ernte. Der Sohn sagte nein, er wolle nicht Wache halten. Da wandte er sich mit der gleichen Bitte an den zweiten Sohn, welcher sogleich ja sagte.

Aber was dann wirklich geschah, war dies: Der zweite Sohn dachte darüber nach, wieviel Mühe und Schlaflosigkeit ihn die Wache kosten würde und ging schließlich doch nicht. Der erste dagegen bereute, daß er dem Vater die Bitte ausgeschlagen hatte. Er ging hin und wachte über das Kornfeld.

Jesus fragte, wer von den beiden dem Vater gehorcht hätte – derjenige, der sich durch bloßes Jasagen mit dem Willen seines Vaters einverstanden erklärte und ihm in der Tat doch nicht folgte, oder derjenige, der von seinen Worten her nicht gehorsam war, wohl aber durch das, was er tat?

„Ihr gehorcht vielleicht euren Worten nach, aber nicht in euren Taten. Meine Taten zeigen, daß ich die Gebote Gottes befolge. Davon könnt ihr meine Autorität ableiten. Ihr seid aber eure eigenen Zeugen, ob ihr selbst den Geboten eures himmlischen Vaters folgt oder nicht."

259 Ehrt eure Eltern!

Ādishankara war gut vertraut mit der Bedeutung des Wortes: ‚*Matridevo bhava, pitridevo bhava*', das heißt: ‚Ehre Gott in deiner Mutter, ehre Gott in deinem Vater.'

Eines Tages – Shankara war noch ein Kind – gingen seine Eltern fort. Zum Abschied sagte sein Vater: „Mein lieber Sohn, du weißt ja, ich verrichte täglich den Gottesdienst, indem ich der Göttlichen Mutter Milch opfere und den Rest den Nachbarn gebe. Bitte vertritt mich, solange wir auf Reisen sind!" Shankara versprach es.

Am nächsten Morgen goß er ein wenig Milch in eine Schale, stellte sie vor das Bildnis der Göttlichen Mutter und betete: „Mutter, bitte nimm diese Milch gnädig an!" Aber obgleich er lange Zeit so betete, geschah gar nichts. Die Milch wurde nicht weniger, und von der Anwesenheit der Göttlichen Mutter war nichts zu sehen!

Das betrübte Shankara sehr. Aus tiefstem Herzen betete er: „Mutter! Mutter! Jeden Tag nimmst Du die Opfergaben meines Vaters an. Was für Sünden habe ich begangen, daß Du meine Gabe nicht willst?"

Traurig dachte er: „Vater gebot mir, der Göttlichen Mutter Milch zu opfern, aber ich bin außerstande, sein

Geheiß zu erfüllen. Sie nimmt mein Opfer nicht an. Am liebsten würde ich sterben!“ Er ging hinaus und holte einen großen Stein, um sich damit zu erschlagen.

Aber die Mutter des Universums hatte Mitleid mit ihm. Sein Ernst rührte Sie, und schnell erschien Sie und trank die ganze Milch. Natürlich war der Junge überglücklich, daß Sie endlich doch gekommen war und seine Gabe angenommen hatte. Aber nun gab es ein neues Problem: Es war nichts mehr übrig, was er an die Nachbarn austeilen konnte! Er dachte: ‚Wenn Vater zurückkommt, fragt er mich sicher, ob ich den Rest der Milch verteilt habe, und wenn er erfährt, daß keiner etwas bekommen hat, wird er vermuten, ich hätte sie selbst getrunken, und sicher zornig werden!‘

Und so betete er wieder: „Mutter! Bitte, gib mir wenigstens einen Tropfen Milch zurück, damit ich dem Vater etwas vorzuweisen habe!“

Aber Sie schien nicht zu hören. Erst als er wiederum lange Zeit aufrichtig und inständig gebetet hatte, ließ Sie sich dazu bewegen, ihm noch einmal zu erscheinen. Die Milch, die Sie getrunken hatte, konnte sie nicht wieder hervorbringen. So gab Sie Shankara Milch von Ihrer eigenen Brust und füllte die Schale bis zum Rand.

Es heißt, er habe mit dem Genuß der göttlichen Milch das höchste Wissen und die größte Weisheit erworben, die einem Menschen möglich sind. Aus der Essenz der göttlichen Gnade wurde die Essenz des Wissens. Um seinem Vater gehorsam zu sein, hatte er sich die größte Mühe gegeben und es fertiggebracht, daß sich ihm die Mutter des Universums selbst offenbarte!

Aus dieser Geschichte sollt ihr lernen, eure Eltern zu ehren und ihnen zu gehorchen!

260 Eine wahre Familie

In Bihar herrschte große Hungersnot. Eine Familie – Vater, Mutter und zwei Kinder – machte sich auf, in der Hoffnung, in einer anderen Gegend eine Möglichkeit zum Überleben zu finden. Der Familienvater hatte es besonders schwer, denn auf ihm lastete die Verantwortung, die Seinen zu ernähren. Oft ging er selbst leer aus, denn er dachte stets zuerst an die anderen und an sich selbst zuletzt. Schließlich starb er an Entkräftung.

Die Witwe litt sehr unter dem Verlust ihres Mannes. Nun war sie es, die die Verantwortung für das Leben ihrer Kinder trug. Sie ging von Haus zu Haus, um Essen zu erbetteln. Wenn es nicht für alle reichte, sparte sie es sich vom Munde ab, damit wenigstens die Kinder nicht verhungerten.

Nach einiger Zeit war sie so schwach, daß sie sich kaum noch auf den Beinen halten konnte. Der zwölfjährige Sohn sah, in welch erbarmungswürdigem Zustand seine Mutter war. Er schmiegte sich an sie und sagte: „Mutter, ruh' dich ein wenig aus! Jetzt gehe ich einmal betteln!" Der Mutter wurde warm ums Herz, aber der Gedanke, ihren Sohn betteln zu schicken, tat ihr weh. Keine Mutter möchte mit ansehen, daß ihr Kind zum Bettler wird! Aber er bestand darauf, und so erlaubte sie es ihm.

Von dem Tag an bettelte der Junge das Essen zusammen. Stets gab er zuerst seiner Mutter und seinem kleinen Bruder. Wenn es nicht für alle reichte, aß er selber nichts. Nach einigen Tagen fühlte er, daß seine Kräfte ihn verließen. Mit größter Anstrengung schaffte er es, an eine Tür zu klopfen. Der Hausherr saß gerade in seinem Sessel und las Zeitung. Mit schwacher Stimme bat der Junge um Almosen. Der Hausherr schaute die ausgemergelte kleine Gestalt an und sagte: „Ich werde dir kein Geld geben, sondern ein gutes Essen, das wird dich stärken!" Da brach der Junge zusammen. Der Mann hob ihn auf und nahm ihn auf seinen Schoß. Da kam er noch einmal zu sich und flüsterte etwas. Um ihn verstehen zu können, mußte der Mann sein Ohr ganz dicht an seinen Mund legen. Kaum hörbar waren seine Worte: „Gebt zuerst meiner Mutter zu essen!", dann war er tot.

Heutzutage gibt es solche Liebe kaum noch. In dieser

Geschichte verhungert das Familienoberhaupt, um den Seinen das Leben zu ermöglichen. Die Mutter hungert um ihrer Kinder willen, und der Sohn verhungert und stirbt, um seiner Mutter die Mühsal des Bettelns zu ersparen. Was für eine hochherzige Liebe diese Menschen miteinander verband!

Wenn Vater, Mutter und Kind in solcher Liebe vereint sind, gleichen sie der Heiligen Dreieinigkeit. Jedes Familienmitglied sollte seine Pflicht und seine Verantwortung den anderen gegenüber erfüllen. Nur im Geiste einer solchen Liebe wird es einer Familie wohlergehen!

GEWALTFREIHEIT

261 Krishna und Kāliya

Von den vielen Abenteuern, mit denen Krishna in Seiner Kindheit die Menschen in Erstaunen versetzte und ihnen eine Ahnung davon gab, daß Gott mitten unter ihnen war, hat die Geschichte von Seinem Kampf mit dem Schlangenkönig Kāliya die tiefste Bedeutung.

Kāliya verseuchte das Wasser der Yamunā mit seinem Gift und die Luft mit seinem Atem. Alle, die in die Nähe des Flusses kamen, ob Mensch oder Vieh, fielen auf der Stelle tot um. Krishna aber, das Göttliche Kind, sprang in den Fluß und zwang die heimtückische Schlange, an die Oberfläche zu kommen. Dann stieg Er auf ihre aufgeblähte Haube und fing an zu tanzen. Unter dem sanften Druck Seiner zarten Füße floß das tödliche Gift aus den Fängen der gewaltigen Kobra, so daß sie keinen Schaden mehr anrichten konnte!

Diese Geschichte birgt große Geheimnisse des spirituellen Weges! Sie ist anders als die übrigen Geschichten, die man von Krishna erzählt. In den anderen Geschichten werden die übermenschlichen Kräfte und die Weisheit des Göttlichen Kindes beschrieben: So wurde Es zum Beispiel fortgetragen vom Dämon des Windes, Es wurde angegriffen von einem Dämom in Gestalt eines Kalbes, wäre fast erstochen worden vom Storch-Dämon und vergiftet vom Ammen-Dämon. Die Wunder, die Krishna dabei vollbrachte, könnte ein Skeptiker für Zufälle oder auch für Übertreibungen halten. Die Kāliya-Episode aber ist ein Gleichnis voll vielschichtiger Bedeutungen, aus dem man vieles lernen kann.

262 Was Shiva uns lehrt

Shiva ist das vollkommene Vorbild an heiterer Gelassenheit. Nach der Überlieferung besteht Seine Göttliche Familie aus einer eigenartigen Mischung der verschiedensten Charaktere. Jeder von ihnen ist jedoch so friedlich und frei von jeder Leidenschaft, daß die ganze Familie in Harmonie lebt.

Um Shivas Kopf, Hals, Arme und Mitte ringeln sich Schlangen. Einer Seiner Söhne, Kumāra, reitet auf einem Pfau, der normalerweise gerne Schlangen frißt. Der zweite Sohn, Ganesha, reitet auf einer Ratte, die den Schlangen gewöhnlich als Nahrung dient. Er hat den Kopf eines Elefanten, der wiederum die Freßlust des Löwen anregt. Der Löwe dient Durgā, der Gemahlin Shivas, als Reittier. Durgā aber ist so eng verbunden mit Shiva, daß Sie die linke Seite Seines Körpers bildet. Der Löwe nun ist von Natur aus Nandi, dem Stier, welchen Lord Shiva als Reittier benutzt, gar nicht freundlich gesonnen! Zwischen Seinen Brauen trägt Shiva Feuer und Wasser (den heiligen Ganges), beides eigentlich miteinander unvereinbare Dinge!

Stellt euch vor, wie liebevoll und duldsam die verschiedenen Mitglieder dieser Familie miteinander umgehen müssen, damit auf dem Kailāsa-Berg alles gut geht und jeder glücklich sein darf!

Alles hängt von den Regungen des Gemüts ab und von ihrer Disziplinierung! Die Waffe der Liebe entmachtet jeden

Gegner. Liebe erzeugt Gegenliebe: sie wird ‚zurückgeworfen'. Liebe ruft Liebe als Gegenreaktion hervor. Rufe ‚Liebe', und das Echo im Herzen des anderen wird ‚Liebe' sein!

263 Das gewinnende Lächeln

Einmal geschah es, daß Krishna, Balarāma und Sātyaki, die damals noch ganz kleine Jungen waren, vielleicht vier oder fünf Jahre alt, im dichtesten Urwald von der Dunkelheit überrascht wurden. Es war unmöglich, nach Gokula zurückzufinden.

Wie ihr mit Recht vermutet, war alles Krishnas Plan. Schon während Seiner Kindheit steckte hinter allem, was Er tat, ein tieferer Sinn, und der bestand meist darin, daß den Menschen eine Lektion erteilt werden sollte.

Es blieb den Jungen nichts anderes übrig, als die Nacht da zu verbringen, wo sie sich gerade befanden. Krishna versetzte die beiden in Angst und Schrecken, indem Er ihnen in den krassesten Farben ausmalte, wie böse Geister, Ungeheuer und Dämonen des Nachts auf der Suche nach menschlicher Beute den Wald durchstreifen. Um sich vor den Ungeheuern zu schützen, schlug Er vor, daß einer von ihnen jeweils drei Stunden lang Wache halten sollte, während die beiden anderen schliefen. Sie teilten die Stunden der Nacht so ein, daß Sātyaki von zehn bis ein Uhr an der Reihe war aufzupassen; Balarāma würde von ein bis vier Uhr wachen und Krishna von vier bis sieben Uhr in der Früh.

Um zehn Uhr stand also Sātyaki Wache. Krishna und Balarāma schütteten sich ein Lager aus trockenem Laub auf und legten sich schlafen.

Es dauerte gar nicht lange, da stand wahrhaftig ein Dämon vor Sātyaki! Er stürzte sich auf den Kleinen, der ihm aber heldenhaft standhielt und mit seinen kleinen Fäusten gewaltige Hiebe austeilte. Der Dämon war ein starker Gegner. Sie kratzten und bissen sich, und Sātyaki mußte viel einstecken. Schließlich zog der Dämon aber doch den Kürzeren und ergriff die Flucht. Zurück blieb ein übel zugerichteter, aber glücklicher Sātyaki.

Die beiden anderen schliefen fest. Der Kampfeslärm hatte sie nicht im geringsten gestört. Sātyaki war zufrieden mit sich: Er hatte dem Dämon jeden Schlag mit einem Gegenschlag und jede Wunde mit einer noch größeren Wunde heimgezahlt! Um ein Uhr weckte er Balarāma und streckte sich auf dem Blätterlager aus, als wäre nichts geschehen.

Gleich war auch der Dämon zur Stelle und forderte Balarāma zum Kampf heraus, doch er mußte sich bald geschlagen geben, denn Balarāma war ein gleich starker Kämpfer wie er, und seine Schläge waren sogar noch furchtbarer als die Sātyakis. Um vier Uhr weckte Balarāma Krishna und rollte sich auf dem Lager zusammen. Nun war Krishna an der Reihe, Wache zu halten. Seine Wache fiel in die heiligen Stunden vor Sonnenaufgang, die der Mensch der Verehrung der Gottheit widmen soll.

Wie ein verwundeter Tiger stürzte sich der Dämon mit verdreifachter Kraft auf das Göttliche Kind. Aber was tat Krishna? Er wandte ihm Sein bezauberndes Gesicht zu und vergalt ihm seinen wütenden Angriff mit Seinem süßesten Lächeln! Dieses Lächeln entwaffnete den Dämon. Je länger Krishna ihn anlächelte, desto mehr schmolzen seine Rachsucht und sein Haß dahin. Zu guter Letzt war der Dämon so fügsam und friedlich wie ein Lamm. Als die beiden anderen Jungen aufwachten, wollten sie ihren Augen nicht trauen, so erstaunte sie der Sieg, den Krishna mit der Waffe der Liebe errungen hatte!

Wut läßt sich nicht durch Wut, Grausamkeit nicht durch Grausamkeit, Haß nicht durch Haß aus der Welt schaffen! Wut kann man nur durch Duldsamkeit besiegen. Grausamkeit wird durch Gewaltlosigkeit überwunden, und Haß weicht nur dem Wohlwollen und dem Mitgefühl!

Karna, einer der größten Helden der Kauravas, war in Wirklichkeit ein Pāndava: Er war der erstgeborene Sohn der Pāndava-Mutter Kuntī aus ihrer Verbindung mit dem Sonnengott. Diese Tatsache hatte sie jedoch verheimlicht. Erst nach Karnas Tod wurde die Wahrheit bekannt. (Anm. d. Übers.)

Karna wußte nicht, daß er der Bruder der Pāndavas war, und auch den fünf Brüdern war diese Tatsache nicht bekannt. Aus Unwissenheit haßte Karna die Pāndavas, gelobte, sie zu vernichten und bereitete sich mit wilder Entschlossenheit auf den Krieg vor. Auch seine fünf Brüder sahen in ihm ihren Todfeind.

Erst nachdem Karna durch die Hand der Pāndava-Prinzen gefallen war, erfuhr Dharmarāja, der älteste der fünf, von der engen Blutsverwandtschaft. Er war untröstlich, in Karna den leiblichen Bruder getötet zu haben. Hätten sie zur rechten Zeit die Wahrheit erfahren, wäre ihnen dieser Schmerz erspart geblieben!

So ist es auch mit euch: Solange ihr nicht wißt, daß alle Menschen Tempel sind, in denen der Eine Gott zu Hause ist, und daß alle durch die Liebe desselben Gottes bewegt und motiviert werden, laßt ihr euch von Haß und Stolz beherrschen. Mit dem Augenblick, wo ihr die Wirklichkeit erkennt und sie im Herzen fühlt, liebt und achtet ihr alle gleichermaßen! Das barbarische Mittel ‚Krieg' fällt dann fort, wenn der Mensch in seinem Innersten seine wesensmäßige Bruderschaft mit allen fühlt.

advaita	Nicht-Zweiheit; Name einer Vedānta-Schule, nach deren Lehre es nur eine Wirklichkeit – das Brahman – gibt. Der Advaita-Vedānta lehrt, daß die gesamte Erscheinungswelt, die Seele und Gott identisch sind. So wie die moderne Physik bei der Untersuchung der subatomaren Teile herausfand, daß Materie aus ständig in Bewegung befindlichen Kraftfeldern von Energie besteht, so erkannten die Weisen (rishis) des Advaita, daß die Wirklichkeit aus Energie in Form von Bewußtsein besteht.
advaitin	Anhänger der Advaita-Lehre.
Agni	Feuer, eines der ältesten und heiligsten Objekte der Hindu-Verehrung. Es erscheint am Himmel als Sonne, in der Luft als Blitz und auf Erden als Feuer. Personifiziert ist Agni eine der Gottheiten der Veden, der viele Hymnen gewidmet sind.
ahamkāra	Wörtl. ‚Ich-Macher'; Ego, Ichbewußtsein.
Akbar	Großmogul von Indien (1556-1605). Obgleich Analphabet, erwarb er sich durch Vorlesungen ein großes theologisches und philosophisches Wissen, interessierte sich für alle Religionen seines Reiches und gründete 1580, den Islam aufgebend, eine eigene monotheist.- pantheist. Religion, die sich jedoch nicht durchsetzte.
Arjuna	Wörtl. ‚weiß'; einer der fünf Pāndava-Prinzen und Kriegsheld aus dem Mahā-

	bhārata-Epos, dem Krishna zu Beginn der Schlacht von Kurukshetra jene Weisheitslehren offenbart, die in der Bhagavad-Gītā enthalten sind. Arjuna ist das Beispiel eines spirituell Strebenden, durch den Gott die ganze Menschheit belehrt.
ashram	Ein Zentrum für religiöse Studien und Meditation; es kann ein Heim, ein Landhaus, eine Einsiedelei oder ein Kloster sein. Jeder Versammlungsort spirituell Strebender ist ein Ashram.
ashvamedha	Pferdeopfer. Dieses Opfer konnte nur von einem Großkönig verrichtet werden. Ein Pferd von besonderer Farbe wurde ausgewählt, geweiht und dann freigelassen. Der König oder sein Heerführer folgten dem Rosse mit dem Heer. Sobald das Tier ein anderes Königreich betrat, mußte der Herrscher dieses Reiches entweder kämpfen oder die Oberherrschaft des Königs, der das Roß freigelassen hatte, anerkennen. Nach der Heimkehr wurde das Pferd feierlich geopfert, und eine große Zeremonie fand statt.
Ashvatthāman	Ein General der Kauravas, Sohn Dronas. Nach der letzten großen Schlacht waren Ashvatthāman und zwei andere Krieger die einzigen Überlebenden der Kauravas.
ātman	Nach hinduistischem Verständnis das wirkliche, unsterbliche Selbst des Menschen, das der Westen als Seele bezeichnet. Er ist der unbeteiligte Zuschauer des Jīva, jenseits von Körper und Denken und als absolutes Bewußtsein identisch mit Brahman.

avatar	Sanskrit ‚avatāra'; wörtl. ‚Herabkunft'; eine Inkarnation des göttlichen Bewußtseins auf Erden. Ein Avatar wird nicht aus karmischen Konsequenzen geboren wie die gewöhnlichen Menschen, sondern aus freier Entscheidung, und er ist sich während des ganzen Lebens seiner göttlichen Mission bewußt. Er kommt, um der Menschheit die vergessenen Wege zur religiösen Verwirklichung zu zeigen, und auch, um sie seinem Zeitalter anzupassen. Er ist in der Lage, seine göttliche Erkenntnis seinen Mitmenschen durch Berührung, Blick oder Schweigen zu übermitteln. Da er frei von allen Bindungen des Ego ist, befindet er sich jenseits der Dualität.
Ayodhyā	Hauptstadt des Königreichs von Dasharatha und Rāma (Kosala).
Balarāma	Der ältere Bruder Krishnas. Im Mahābhārata wird berichtet, daß Vishnu sich ein weißes und ein schwarzes Haar auszog, und daraus wurden Balarāma und Krishna. Balarāma hatte helle Haut, Krishna eine dunkle Hautfarbe. Deshalb wird er in der Kunst blauhäutig dargestellt.
Bhagavad-Gītā	Wörtl. ‚Gesang des Erhabenen'; philosophisches Lehrgedicht, das den Hindus besonders heilig ist. Es ist ein Teil des zwischen dem 5.Jh. v.Chr. und 2.Jh. n.Chr. entstandenen ind. Nationalepos ‚Mahābhārata'. In 18 Kapiteln empfängt der Kriegsheld Arjuna von seinem göttlichen Wagenlenker Krishna angesichts einer bevorstehenden Schlacht eine grundlegende Unterweisung. Das Schlachtfeld

	ist ein Symbol für die unentwegten Kämpfe, die im Menschen stattfinden zwischen den guten und bösen Kräften, zwischen dem Ego und seiner höheren Natur.
bhagavān	Wörtl. ‚erhaben, heilig, der Erhabene'; Name für Gott, wenn ein Gottesverehrer den persönlichen Gott anspricht, der Eigenschaften besitzt wie Allmacht, Allwissenheit, Weisheit, Herrlichkeit und andere; auch große Heilige werden von ihren Anhängern und Schülern oft mit Bhagavān angesprochen.
Bhāgavatam	Auch ‚Bhāgavata-Purāna' genannt; das ‚Purāna der Anhänger des Erhabenen (Vishnu)' ist das berühmteste und zugleich eines der jüngsten von den 18 ‚Alten Berichten' (Purāna). Es wurde vermutlich im 10.Jh. verfaßt, wird von manchen Kommentatoren Vyāsa oder seinem Sohn Shukadeva (auch Shuka) zugeschrieben und seiner kunstvollen Sprache und philosophischen Tiefe wegen von vielen mit der Bhagavad-Gītā und den Upanischaden auf eine Stufe gestellt. Das Bhāgavatam erläutert religiöse Wahrheiten durch Geschichten von Heiligen, Sehern und Königen und beschäftigt sich ausführlich mit dem Leben Krishnas.
bhakta	Jemand, der dem Pfad der Anbetung des persönlichen Gottes und der liebenden Hingabe folgt.
bhakti	Liebe zu Gott, Hingabe an den Guru und das erwählte Ideal.
Bharata	Halbbruder Rāmas, Sohn König Dasharathas und seiner Gemahlin Kaikeyī.

Bhīma — Einer der fünf Pāndava-Prinzen, Sohn König Pāndus und seiner Gemahlin Kuntī.

Bhīshma — Der Erzieher der Kauravas und der Pāndavas, einer der Kriegshelden auf dem Schlachtfeld Kurukshetra.

Brahmā — Der erste Gott der Hindu-Trinität von Brahmā, Vishnu und Shiva. Brahmā (nicht zu verwechseln mit Brahman!) ist Gott in seinem Aspekt als Schöpfer des Universums.

Brahman — Das ewige, unvergängliche Absolute; die höchste, nicht-duale Wirklichkeit. Als absolutes Bewußtsein ist es in seiner Abstraktion dem Denken nicht zugänglich. Bei jeder Konkretisierung wird es Īshvara.

Brahmane — Priester und Lehrer; Angehöriger der obersten der vier Stände (die anderen heißen Kshatriya, Vaishya und Shūdra).

Brindāvan — Auch Vrindāvan; ein heiliger Wald, auch heute noch ein Ort am Fluß Yamunā in der Nähe von Mathurā, dem Geburtsort Krishnas. In Brindāvan verbrachte Krishna seine Jugend, dort spielte er mit den Gopīs, den Hirtenmädchen, vor allem mit Rādhā. Das Spiel von Rādhā und Krishna hat im Hinduismus eine tiefe symbolische Bedeutung als das göttliche Spiel der Seele mit ihrem Herrn. Brindāvan wird vielfach symbolisch mit dem Herzen, dem Schauplatz des göttlichen Spiels, identifiziert.

Buddha — s. Gautama

buddhi — Intelligenz. Diejenige Instanz des inneren Instrumentariums, die durch Unterscheidungsvermögen alle Sinneseindrükke zu klassifizieren vermag. Als Instrument leblos, leiht sie sich die Intelligenz und das Bewußtsein des Ātman und entfaltet alle Fähigkeiten des Menschen bis hin zur Intuition.

Caitanya	1. Spirituell erwachtes Bewußtsein, kein bloßes Denkbewußtsein; 2. ein großer Heiliger und spiritueller Führer (1485-1534) aus Bengalen.
darshan	Wörtl. ‚Anblick, Anschauen'; einem Heiligen oder einem heiligen Ort Achtung erweisen, um durch seinen Anblick Segnung und Läuterung zu erfahren. Jede Begegnung mit einem Guru oder Heiligen kann als Darshan bezeichnet werden.
Dasharatha	König von Ayodhyā. Er hatte drei Gemahlinnen: Kausalyā, Kaikeyī und Sumitrā. Seine Hauptgemahlin Kausalyā gebar ihm den Prinzen Rāma, der eine der zehn Inkarnationen Vishnus ist und die Hauptgestalt des berühmten Heldenepos Rāmāyana. Seine anderen Söhne waren Bharata, Lakshmana und Shatrughna.
deva	Wörtl. ‚der Leuchtende'. 1. Brahman in Form eines persönlichen Gottes; 2. Bezeichnung für die Götter, die sich auf einer höheren Ebene als die Menschen befinden, aber trotzdem sterblich sind; 3. Beifügung zum Namen Erleuchteter, die Gott verwirklicht haben.
Devakī	Die Mutter Krishnas und Gemahlin Vāsudevas, Kusine von Kansa.
devotee	Engl., jemand, der sein Leben einem göttlichen Meister überantwortet hat und ihm in liebendem Dienst hingegeben ist.

dharma	Wörtl. ‚tragen, halten'. Umfassender Begriff für ‚das, was unser wahres Wesen ausmacht', Rechtschaffenheit. Die Grundlage der menschlichen Moral und Ethik, die gesetzliche Ordnung des Universums und Basis jeder Religion. Auch die Pflicht des einzelnen, die sich aus seiner Lebenssituation ergibt.
Dharmakshetra	Tempel, Wohn- und Gästehaus von Shri Sathya Sai Baba am Stadtrand von Bombay.
Dharmarāja	Anderer Name für Yudhishthīra: der älteste und beliebteste der fünf Pāndavas. Er wird als gelassen, von leidenschaftslosem Urteil und unbestechlicher Gerechtigkeit geschildert. Er war als Herrscher berühmt, nicht als Krieger. Als König Dhritarāshtra ihn statt seines eigenen Sohnes Duryodhana zu seinem Nachfolger bestimmte, brach der im Mahābhārata beschriebene Krieg zwischen den verfeindeten Vettern, den Pāndavas und den Kauravas, aus.
Dhritarāshtra	Der blinde Bruder von Pāndu. Beide Brüder entsagten nacheinander dem Königsthron. Zwischen ihren Söhnen, den Kauravas und den Pāndavas, entbrannte die große Schlacht des Mahābhāratha.
dīpāvalī	Eine Lichterkette; das Lichterfest in der Neumondnacht des Monats Kārtikka (Mitte Oktober bis Mitte November), bei dem überall Lichter aufgestellt werden.
Draupadī	Tochter von Drupada, dem König von Panchāla, die Gemahlin der fünf Pāndu-Prinzen (Pāndavas).
Durgā	Wörtl. ‚die Unzugängliche, Unergründliche', einer der ältesten und am häufig-

	sten gebrauchten Namen für die Göttliche Mutter, die Gemahlin Shivas.
Duryodhana	Ältester der hundert Söhne des blinden Königs Dhritarāshtra und Gegenspieler der Pāndavas.
Dvārakā	Ein berühmter heiliger Ort am westlichsten Punkt Indiens. Residenzstadt Krishnas.
Ganesha	Auch Ganapati, der Sohn Shivas und Pārvatīs; Gott der Weisheit und Beseitiger aller Hindernisse; er gewährt im weltlichen wie auch im spirituellen Leben Erfolg.
Garuda	Ein mythischer Vogel, halb Mensch, halb Vogel; König der Vögel, das Reittier Vishnus und ein großer Feind der Schlangen.
Gaurī	Anderer Name für Pārvatī, die Gemahlin Shivas.
Gautama	Siddhārtha Gautama. Der historische Buddha, geboren 566 oder 563 v.Chr. Begründer des Buddhismus.
Gītā	‚Gesang, Lied'; fast immer ist damit die Bhagavad-Gītā gemeint, aber es gibt auch andere bedeutende Lieddichtungen der Sanskrit-Literatur.
Gokula	Dorf, in dem Krishna aufwuchs.
Gopāla	Wörtl. ‚Kuhhirte', ein Name für den jungen Krishna, als er unter den Kuhhirten in Brindāvan lebte.
gopī	Wörtl. ‚Hirtenmädchen'; die Gespielinnen und Verehrerinnen Krishnas in Brindāvan, wo er seine Kindheit und Jugend verbrachte. Sie sind Vorbilder und Symbol für intensive Gottesliebe.
guna	Wörtl. ‚Grundeigenschaft'; alle Objekte der Erscheinungswelt (prakriti) bestehen

in ihrer Struktur aus den drei Gunas Sattva, Rajas und Tamas. Als Eigenschaften der Māyā sind die Gunas von Brahman abhängig, verhüllen aber dessen Wirklichkeit. Sind die Gunas in vollkommenem Gleichgewicht, so tritt nichts in Erscheinung, es gibt weder Manifestation noch Schöpfung. Wird das Gleichgewicht gestört, tritt die Schöpfung in Erscheinung. In der pysikalischen Welt verkörpert Sattva das Reine und Feine (z.B. das Sonnenlicht), Rajas Aktivität (z.B. einen Vulkan) und Tamas Schwere und Unbeweglichkeit (z.B. einen Granitblock).

guru — Lehrer, insbesondere der spirituelle Meister.

Hanuman — Wörtl. ‚mit starken Kinnbacken'; ein Affenkönig. Er konnte durch die Luft fliegen und ist eine bekannte Gestalt des Rāmāyana. Mit seinem Affengefolge unterstützte er Rāma in dessen Krieg gegen Rāvana. Er ist das Symbol für Dāsya, die Haltung des Dienens seinem Herrn gegenüber.

Hardvār — Eine der heiligen Städte am Ganges.

Hari — Ein Name für Gott als Vishnu und Krishna: Später generell angewendet für den persönlichen Gott (Īshvara), welcher die Sünde vertreibt.

Hindu — Angehöriger des Hinduismus. Hinduismus ist der im Westen eingeführte Name für die traditionellen religiösen und gesellschaftlichen Strukturen und Einrichtungen der Inder. Jene Inder, die nicht den von dieser Tradition abweichenden Lehren des Islam, des Jainismus und Sikhismus anhängen, bezeichnet man heute allg. als ‚Hindus'. In Indien wird dieser Religionsverbund Sanātana-Dharma, die ‚Ewige Religion' genannt, da alle Aspekte der Wahrheit durch Jahrhunderte hindurch darin aufgenommen wurden. Als mythologisch gewachsene Religion hat sie weder einen Stifter noch einen unveränderlichen Kanon.

Hislop — Dr. John Hislop, Präsident der amerikanischen Sai-Organisation und Buchautor ('Gespräche mit Sathya Sai Baba', ‚Mein Baba und ich').

Indra — Ein Name für den König der Götter: In den Veden ist er der höchste der Devas; er ist jedoch nicht ungeboren, sondern hat Vater und Mutter. Er beherrscht das Wetter und sendet Regen, Blitz und Donner. Als Spender des Regens, der Quelle der Fruchtbarkeit, wird er verehrt, als Herrscher über die Unwetter gefürchtet.

Īshvara — Wörtl. ‚Herr des Universums' (von der Wurzel ‚ish': ‚herrschen'); die Vorstellung eines persönlichen Gottes als Schöpfer der Welt. Brahman in Verbindung mit der Erscheinungswelt und als Objekt unserer Anbetung und Verehrung ist Īshvara.

Janaka — König von Videha, der Vater der Sītā. Er ist der ideale Karma-Yogī des Altertums. Durch selbstloses, wunschfreies Tun, das er Gott als Opfer darbrachte, frei von Verhaftung und egoistischer Zielsetzung, erlangte er Vollkommenheit. Er gilt als Beispiel dafür, wie man nach der Befreiung ruhig und gelassen in der Welt weiterleben kann.

jīva — Von ‚jīv': ‚leben'; ein im Körper Lebender, also ein Sterblicher; das verkörperte Selbst, das sich mit Körper und Denken identifiziert, als Ego die Vorstellung von Dualität und Kausalität schafft und somit an den Kreislauf von Geburt und Tod gefesselt ist.

jnāna — Von der Wurzel ‚jnā': wissen. Spirituelle Weisheit und Erleuchtung; Erkenntnis der letzten Wirklichkeit; die transzendente Verwirklichung, daß Ātman und Brahman eins sind.

Kabīr — Ind. Dichter und Mystiker, ca. 1440-1518, lebte in Nordindien nach dem Eindringen des Islam, als Hindus und Muslime versuchten, ihre Glaubensansichten und spirituellen Übungen einander zu nähern. Seine Lieder und Gedichte werden bis heute von Muslimen und Hindus gleichermaßen gern gesungen.

Kaikeyī — Gemahlin des Königs Dasharatha und Mutter seines dritten Sohnes Bharata. Als Dasharatha in der Schlacht verwundet wurde, pflegte sie ihn gesund und durfte dafür zwei Wünsche äußern. Sie machte später davon Gebrauch, indem sie den König veranlaßte, Prinz Rāma in die Verbannung zu schicken, um ihrem eigenen Sohn Bharata seinen Platz als Thronfolger zu verschaffen.

Kailāsa — Ein vom Mythos umwobener Berg im Himalaja. Das Paradies Shivas soll sich dort befinden. Er ist für die Hindus der heiligste Berg und das Ziel vieler Pilgerfahrten.

Kālī — Wörtl. ‚die Schwarze'; die grimmige Ge-

	mahlin Shivas, auch als Göttliche Mutter bezeichnet.
Kālidāsa	Der bedeutendste altind. Dichter und Dramatiker. Über sein Leben im 4./5. Jh. ist wenig bekannt. Seine Werke waren die ersten, die aus dem Sanskrit in westliche Sprachen übersetzt wurden.
kāma	Sinnesverlangen, Wünsche.
Kansa	Auch Kamsa; ein Tyrannenkönig von Mathurā und Vetter von Devakī, der Mutter Krishnas.
karma	Wörtl. ‚Tat'; Karma wird verstanden als 1. eine geistige oder körperliche Handlung; 2. die Konsequenz einer geistigen oder körperlichen Handlung; 3. die Summe aller Konsequenzen des Tuns eines Individuums in diesem oder einem vorangegangenen Leben; 4. die Kette von Ursache und Wirkung in der moralischen Welt.
Karna	Erster Sohn Königin Kuntīs: Noch unverheiratet war sie vom Sonnengott besucht worden und hatte einen Sohn, der zu einem mächtigen und gewandten Krieger heranwuchs und später auf der Seite der Kauravas gegen die Pāndavas kämpfte.
Kāshī	Der alte Name für das heutige Vārānasī, das die Engländer Benares genannt haben. Ein berühmter Pilgerort am Ganges.
Kaurava	Wörtl. ‚von Kuru stammend'; im Mahābhārata-Epos die ‚bösen' Gegenspieler der ‚guten' Pāndavas.
Kausalyā	Gemahlin des Königs Dasharatha, Mutter von Rāma.
Krishna	Wörtl. ‚schwarz' oder ‚dunkelblau'; ein Symbol für den unendlichen Raum des

Universums. Er ist die achte Inkarnation Vishnus und die bekannteste aller indischen Gottheiten. Als Held und Avatar lebte er in einer Zeit, als die Hindus den Nordwesten von Indien noch nicht verlassen hatten. Im Mahābhārata ist er eine herausragende Gestalt, und als der ‚Göttliche' gibt er Arjuna seine Unterweisungen in der Bhagavad-Gītā. Arjuna spricht Krishna darin als höchstes, universales Bewußtsein an, als göttlich, vor den Göttern existierend, ungeboren, allgegenwärtig. Von seiner Jugend unter den Hirten von Brindāvan bis zum Schlachtfeld Kurukshetra, auf dem Krishna als Wagenlenker Arjunas die Lehren der Bhagavad-Gītā verkündet, hat er unzählige Dämonen und Feinde vernichtet und zahlreiche Schlachten geschlagen.

kshatriya — Die zweite Kaste der Hindu-Gesellschaft, die der Krieger, Fürsten und Könige. Ihre Aufgabe war es, die Gemeinschaft zu beschützen. Sie werden symbolisiert durch Rajas, den Guna der Aktivität.

Kumbhakarna — Ein Bruder des Dämonenkönigs Rāvana, der Tausende von Jahren schlief.

Kuntī — Gemahlin des Königs Pāndu, Mutter der Pāndava-Prinzen Yudishthīra, Bhīma und Arjuna.

Kurukshetra — Wörtl. ‚das Feld der Kurus'; eine Ebene in der Nähe des heutigen Delhi, auf der die große Schlacht zwischen den Kauravas und den Pāndavas geschlagen wurde. Kurukshetra gilt auch als Symbol für das Schlachtfeld des Lebens, auf dem das Ego und die niedere Natur des Menschen bekämpft werden müssen.

Lakshmana	Sohn des Königs Dasharatha und seiner Gattin Sumitrā. Er war ein Halbbruder und besonderer Freund von Rāma, begleitete ihn ins Exil und auf allen seinen Wanderungen. Rāmas Gemahlin Sītā war er sehr ergeben.
Lakshmī	Göttin des Glücks, der Schönheit und des Reichtums, Gemahlin Vishnus. Ihr sind keine Tempel geweiht, doch als Göttin des Überflusses und Glücks wird sie ständig angebetet und gerät nicht in Gefahr, vernachlässigt zu werden.
linga	Wörtl. ‚Kennzeichen'; Kultgegenstand und Symbol des Schöpfungsgeschehens. Meistens eine Steinsäule in der Form eines Phallus. In diesem Symbol wird Shiva allgemein verehrt. Seine ovale Form stellt die Form dar, aus der alle anderen Formen entstehen und in der alle verschmelzen. Es ist ein Symbol für das Zentrum des Bewußtseins.
Mādrī	Gemahlin des Königs Pāndu, Mutter der Pāndava-Zwillinge Nakula und Sahadeva, Stiefmutter von Yudishthīra (Dharamrāja), Arjuna und Bhīma.
Mahābhārata	Wörtl. ‚Das große Epos (vom Kampf) der Nachkommen des Bharata'; neben dem Rāmāyana das zweite monumentale Heldenepos der indischen Literatur und zugleich das umfangreichste. Als Verfasser gilt der mythische Weise Vyāsa. Hauptthema ist der Kampf zwischen den beiden miteinander verwandten Bharata-Familien, den bösen Kauravas und den tugendhaften Pāndavas, um das von dem blinden Dhritarāshtra aufgeteilte Königreich.

manas — Die ‚Denkfähigkeit', ein Teil des inneren Instrumentariums (antahkarana). Durch Manas empfangen wir die Eindrücke der äußeren Welt, die der Intelligenz (buddhi) unterbreitet werden. Es läßt uns zweifeln und Entschlüsse fassen und setzt den Willen in Handlungen um.

mantra — Heiliger Vers, mystische Silbe für die Meditation; ein Name Gottes oder eines Avatars, der dem erwählten Ideal des spirituell Strebenden entspricht und mit dem er von seinem Guru in das spirituelle Leben eingeweiht wurde. Dieser Mantra, der als Manifestation der Gottheit betrachtet wird, enthält den Kern der Anweisungen des Guru. Der Schüler sollte ihn geheim und heilig halten und über diesen Aspekt Gottes unaufhörlich meditieren. Die regelmäßige Wiederholung des Mantra läutert das Denken und führt schließlich bei ständiger Übung zur Verwirklichung Gottes.

Mathurā — Eine alte Stadt am rechten Ufer der Yamunā im heutigen Uttar-Pradesh (Nordindien); Geburtsort Krishnas.

māyā — Wörtl. ‚Täuschung, Illusion, Schein'. Ein universales Prinzip der Vedānta-Philosophie, die Basis von Denken und Materie. Māyā ist die Kraft Brahmans und so ewig untrennbar mit Brahman verbunden, wie Hitze mit dem Feuer verbunden ist. Māyā und Brahman zusammen werden Īshvara genannt, der persönliche Gott, der das Universum schafft, erhält und wieder auflöst. Als Nicht-Erkenntnis oder kosmische Illusion überdeckt Māyā Brahman. Māyā verschleiert die Sicht des

	Menschen, so daß er nur die Vielfalt des Universums erblickt und nicht die eine Wirklichkeit.
Mīrā	Nordindische Prinzessin und mystische Dichterin, 1498?-1546, die wegen ihrer großen Liebe zu Krishna der Welt entsagte.
moha	Bindung, Verhaftung, verblendete Liebe, Täuschung, Wahn.
Nabob	Titel indischer Fürsten.
nāda	Wörtl. ‚Laut, Ton': Schwingungsenergie, die sich als Klang manifestiert, innerer, mystischer Ton. Nāda-bindu bezeichnet die uranfängliche Schwingung, den Urklang, aus dem sich das Universum entwickelt hat. Nāda-Brahman ist eine Bezeichnung für das Klangsymbol OM, der Klang Brahmans.
Nanda	Häuptling von Brindāvan, Gemahl von Yashodā und Pflegevater Krishnas.
Nārada	Einer der sieben großen Rishis und eine der Stützen des Universums. Er hält die Verbindung zwischen den drei Regionen Himmel, Erde und Unterwelt aufrecht. Er ist ein großer Freund Krishnas. Nārada pflegt Rat in Fragen der Ausübung der königlichen Pflichten sowie der irdischen Tugenden zu erteilen. Er ist auch Oberhaupt der himmlischen Chöre. Nārada gilt vor allem als der große Gottliebende, der berühmte Aphorismen über die Liebe zu Gott, seine Anbetung und Verehrung verfaßt hat.
naraka	'Hölle'.
Nārāyana	Wörtl. ‚nara': ‚menschlich, den Menschen (den Urmenschen bzw. göttlichen Menschen) betreffend', ‚ayana': ‚Gang,

	Weg'; Nārāyana bedeutet das Göttliche, das im Menschen seinen Weg nimmt, d.h. sich in ihm manifestiert. Deshalb bezieht Nārāyana sich hauptsächlich auf Vishnu, der sich immer wieder in anderen Formen inkarniert.
OM	Auch AUM oder Pranava, das umfassendste und erhabenste Symbol der hinduistischen spirituellen Erkenntnis. OM ist sowohl ein Symbol der Form als auch des Klanges. Diese Silbe ist kein magisches Wort und wird auch nicht als Wort betrachtet, sondern ist eine Manifestation der spirituellen Kraft, ein Symbol der kosmischen Urenergie.
Pāndava	Wörtl. ‚von Pāndu abstammend'. Die fünf Pāndava-Prinzen führten den großen Krieg gegen die Kauravas. Yudishthīra (Dharmarāja), Bhīma und Arjuna waren Söhne der Kuntī, Nakula und Sahadeva Söhne der Mādrī, der Schwester des Königs von Madras.
pandit	Sanskrit: pāndita; wörtl. ‚Gelehrter'; ein Gelehrter oder Wissenschaftler, der die Heiligen Schriften intellektuell als Wissenschaft studiert und auslegt, an der Verwirklichung ihrer Wahrheiten aber selten interessiert ist. Den Rishis wurden die Wahrheiten offenbart, die Pandits haben sie ausgedeutet und verbreitet. Im Hinduismus haben die haarspalterischen Argumente der Pandits seltsame Blüten getrieben.
paramātman	Wörtl. ‚der höchste Ātman'; das Überselbst, oft auch mit ‚Weltseele' übersetzt. Als absolutes Bewußtsein identisch mit Brahman.

Parīkshit	Enkel der Pāndavas, Nachfolger Yudishthīras. Er hörte sieben Tage lang bis zu seinem Tod das Bhāgavatam von Shukadeva und erreichte so die Vollkommenheit.
Pārvatī	Wörtl. ‚dem Gebirge zugehörend'; ein Name für die Gemahlin Shivas, die Göttliche Mutter.
prakriti	Wörtl. ‚Natur, Materie'; die Urmaterie, aus der das Universum besteht.
Prashānti Nilayam	Wörtl. ‚Wohnstätte des höchsten Friedens'; Name des Ashrams von Shrī Sathya Sai Baba, angrenzend an seinen Geburtsort Puttaparthi im südind. Andhra Pradesh gelegen, 180 km nördlich von Bangalore.
Purāna	‚Altes Erzählwerk', welches Legenden über die Götter behandelt. Die Purānas sind von Gottesliebe erfüllt und deshalb die Hauptschriften der Anhänger Vishnus, Shivas und Brahmās.
pūjā	Verehrung, Zeremonie, Gottesdienst. Ritueller Gottesdienst u.a. mit Gangeswasser, einer Glocke, Räucherstäbchen und Mantras; der Ritus hilft, Verbindung mit dem Göttlichen aufzunehmen. Der Ausübende wird Pūjāri(n) genannt.
Puri	Bekannter Pilgerort am Golf von Bengalen, wo der berühmte Jagannātha-Tempel steht.
purusha	Wörtl. ‚Mensch', der ursprüngliche, ewige Mensch, das höchste Wesen. Er ist der ‚Zuschauer', der den Wandlungen in der Prakriti zuschaut, obgleich das Universum nur entsteht durch die Verbindung von Purusha mit Prakriti.
Puttaparthi	Dorf im südind. Bundesstaat Andhra

	Pradesh, Geburtsort von Shrī Sathya Sai Baba. Der Ashram Prashānti Nilayam grenzt an Puttaparthi an.
Rādhā	Die Gespielin Krishnas, die bekannteste der Gopīs von Brindāvan. Das Motiv des zarten Liebesspiels zwischen Rādhā und Krishna durchdringt den Hinduismus in allen Schattierungen von der physischen Ebene bis zur Transzendenz des Göttlichen; es ist das ewige Spiel zwischen der individuellen Seele und Gott, wie man es in der Mystik fast aller Religionen findet.
rājarshi	Wörtl. ‚königlicher Weiser'; ein Heiliger der Kriegerkaste, ein Kshatriya, der durch sein heiliges Leben auf Erden zu einem Rishi wurde und als Halbgott in den Himmel Indras kam. Es hat mehrere solcher Rājarshis gegeben, der berühmteste von ihnen ist Janaka.
rākshasa	Mehr oder weniger böse Geister. Es werden drei Arten unterschieden: 1. harmlose Wesen wie die Yakshas; 2. Titanen oder Feinde der Götter; 3. Dämonen und Teufel, die auf Friedhöfen hausen und Menschen belästigen. Der Häuptling der dritten Art der Rākshasas war Rāvana.
Rāma	Ein Avatar, der am Ende des ‚Tretā-Yuga' ('silbernes Zeitalter') als siebente Inkarnation Vishnus erschien. Rāma wurde als ältester Sohn des Königs Dasharatha von Ayodhyā und seiner Hauptgemahlin Kausalyā geboren. Als er den Thron besteigen sollte, zettelte seine Stiefmutter Kaikeyī ein Komplott gegen ihn an, das ihren Sohn Bharata auf den Thron und Rāma in die Verbannung

brachte, wohin seine Gemahlin Sītā und sein Halbbruder Lakshmana ihm folgten. Dort wurde Sītā von dem Dämonenkönig Rāvana geraubt und nach Lankā entführt. In dem deshalb ausbrechenden Krieg, bei dem Rāma von dem Affenkönig Hanuman unterstützt wurde, gelang es Rāma, Lankā einzunehmen, Rāvana zu töten und Sītā zu befreien. Rāma wurde später König von Ayodhyā.

Rāmakrishna Ein Heiliger Bengalens (1836-1886), der heute von vielen Hindus als Avatar (göttliche Inkarnation) verehrt wird. Seine bedeutendsten Schüler waren Swami Vivekānanda und Swami Brahmānanda.

Rāmāyana Wörtl. ‚der Lebenslauf des Rāma'; Name eines Epos der Sanskrit-Literatur, dem legendären Heiligen Vālmīki zugeschrieben.

Rāmeshvara Berühmter Shiva-Tempel und Pilgerort an der Südspitze Indiens. Hier soll Rāma das große Linga mit dem Namen Rāmeshvara errichtet haben.

rasa Wörtl. ‚Genuß, Geschmack, Saft, Leidenschaft'; der Genuß übersinnlicher Freude in einem Zustand ekstatischer Vereinigung mit dem Göttlichen. Er kann nicht mit der Freude an Sinnesobjekten verglichen werden und entzieht sich jeder Beschreibung durch den Verstand.

Rāvana Der Dämonenkönig von Lankā und Anführer der Rākshakas, der jede beliebige Form annehmen konnte. Er war, nach der Darstellung im Rāmāyana, durch und durch schlecht, eine Verkörperung des Bösen. Um Rāvanas Terror ein Ende zu machen, inkarnierte sich Vishnu als Rāma.

rishi — Allg. Bezeichnung für Seher, Heilige und inspirierte Dichter, besonders aber für Seher, denen die Hymnen der Veden offenbart wurden; bekannt ist auch die Gruppe der sieben großen Rishis.

Rudra — Wörtl. ‚der Heulende, Schreckliche'; in den Veden hat Rudra viele Eigenschaften und Namen. Er ist der heulende, schreckliche Gott, der Gott der Stürme. Manchmal wird er mit dem Gott des Feuers identifiziert. Später wird er identisch mit Shiva in seinem zerstörerischen Aspekt.

sādhana — Abgeleitet von ‚sādh': ‚zum Ziel gelangen', soviel wie ‚Mittel zur Vollendung'. Übungen, die zur Beherrschung eines der Yoga-Wege führen. Dazu gehören Namensrezitation, Meditation und Verehrung des erwählten Ideals. Wer Sādhana übt, wird Sādhaka genannt.

Sai Baba von Shirdi — Einer der größten ind. Heiligen der Neuzeit (gest. 1918), der in Indien sehr populär ist und als Avatar verehrt wird. Zu seinen Verehrern gehörten und gehören Hindus ebenso wie Muslime; Sai Baba selbst stand jenseits jeder Religion. Er lebte und handelte aus unmittelbarer Erfahrung der Letzten Wirklichkeit. Sein Lebensstil hatte viel von dem eines heiligen Narren, weshalb er orthodoxen Gläubigen immer unheimlich war. Er machte Gebrauch von übersinnlichen Kräften (siddhis) wie z.B. der gleichzeitigen körperlichen Manifestation an verschiedenen Orten und wirkte zahlreiche

	Wunder. Sathya Sai Baba von Puttaparthi bezeichnet sich als Reinkarnation des Shirdi Sai Baba.
Sai Rāma	Ein Name von Sathya Sai Baba.
Sāmaveda	Der Veda der Lieder.
samsāra	Wörtl. ,Wanderung'; der Kreislauf von Geburt, Tod und Wiedergeburt, dem jeder Mensch unterworfen ist, solange er in Nicht-Erkenntnis lebt und seine Identität mit Brahman nicht erkannt hat. Das Gefangensein im Samsāra ist durch emotionale Bindung (Haß, Gier und Wahn) bedingt.
sāri	Ein langes Tuch oder Gewand, das die indischen Frauen tragen. Im Durchschnitt ist es etwa sechs Meter lang und einen Meter breit. Die Art und Weise, wie ein Sāri getragen oder gewickelt wird, ist sehr unterschiedlich.
satya	(In engl. Übertragungen auch ,sathya' geschrieben) Wörtl. ,wahr, echt, wirklich, treu'; Wahrheit, Aufrichtigkeit.
Sarasvatī	1. ein mytischer (teils unterirdischer) Fluß, der bei Prayāga mit dem Ganges und der Yamunā zusammenfließt. 2. die Göttin des Redeflusses, der Beredtsamkeit, der Gelehrsamkeit und Intuition, des göttlichen Wortes. Ihr wird die Entstehung des Sanskrit und seiner Schrift zugeschrieben. Auch ist sie die Schutzherrin der Künste, insbesondere der Musik.
Shankara	Einer der größten Heiligen und Philosophen Indiens (788-820); sein Name bedeutet ,heilbringend' und ist auch ein Beiname Shivas. Shankara war Hauptvertreter des Advaita-Vedānta und der

Erneuerer des Hinduismus, nachdem dieser zeitweise vom Buddhismus verdrängt worden war. Sein Wissen und seine Heiligkeit waren so groß, daß man ihn als eine Inkarnation Shivas betrachtete.

shānti — Wörtl. ‚Friede', der innere Friede, den man durch die spirituelle Erkenntnis erlangt, daß man nicht der sterbliche Körper ist, sondern unvergängliches Bewußtsein.

Shāstra — Wörtl. ‚Belehrung, Lehrbuch'. Die Veden und alle anderen Heiligen Schriften, die mit ihnen übereinstimmen, die Gesetzbücher und andere gelehrte Schriften wie Kommentare usw.

Shatrughna — Halbbruder Rāmas.

Shiva — Wörtl. ‚der Gütige, der Freundliche'; die dritte Gottheit in der Hindu-Trinität Brahmā, Vishnu und Shiva, in der er der Gott der Auflösung und Zerstörung ist; als Zerstörer der Nicht-Erkenntnis ist er eine segensvolle Gottheit. Sein Symbol ist das Linga. Er hat viele andere Namen wie Shambhu, Shankara, Īshāna, Vishvanātha und Natarāja, der tanzende Shiva. Er reitet auf Nandi, dem Stier des Dharma, und wird als Guru aller Gurus angebetet, als Zerstörer aller Weltlichkeit, der Weisheit gewährt und die Verkörperung von Entsagung und Mitleid ist.

shrī — Wörtl. ‚Pracht, Schönheit, Glück; Wohlstand, Reichtum; Majestät; Ehrwürdiger, Erhabener'; 1. in der letzten wörtl. Bedeutung ein ehrender Beiname vor Götter- und Menschennamen; 2. ein anderer Name für Lakshmī, die Göttin des Glücks und der Schönheit.

Sītā — Wörtl. ‚Ackerfurche'; im Rāmāyana ist sie die Tochter des Königs Janaka und die Gemahlin Rāmas. Ihr Vater Janaka hatte gesagt: „Als ich mein Feld pflügte, sprang hinter dem Pflug ein Mädchen auf und erhielt deshalb den Namen Sītā, die Furche. Das Mädchen kam aus der Erde und wuchs als meine Tochter auf." Sītā wurde Rāmas Gemahlin, nachdem er sie gewonnen hatte, weil er Janakas Bogen, der von Shiva stammte, spannen konnte. Sie folgte ihm in die Verbannung und wurde dort von Rāvana geraubt. Nachdem Rāma den deshalb ausgebrochenen Krieg gewonnen und sie zurückerobert hatte, verstieß er sie, weil das Gerücht umging, sie habe ihre Ehre verloren. Später rief sie ihre Mutter Erde an, damit sie ihre Unschuld beweise. Der Boden öffnete sich, und sie kehrte zurück, woher sie gekommen war.

swami — Sanskrit: svāmīn; wörtl. ‚Herr'; 1. Anrede, die i. allg. Mönchsnamen vorangestellt wird; 2. Ehrentitel hinter dem Namen eines spirituellen Lehrers oder eines als heilig verehrten Mannes.

Tukārām — 1608-1649, bedeutendster religiöser Dichter der im westlichen Indien entstandenen Literatur in der Marāthī-Sprache. Er entstammte einer wohlhabenden Getreidehändler-Familie, da er sich aber ganz seinen religiösen Übungen und der Dichtkunst widmete, fühlte er sich zur Armut verpflichtet und lehnte alle Honorare ab.

Tulsīdās — 1532-1623, größter indischer Dichter seiner Zeit. Seine Hindi-Version von Vālmī-

	kis Rāmāyana ist bis heute das beliebteste und einflußreichste Buch in Nord- und Mittelindien und hat das moralische und spirituelle Leben von Millionen von Hindus geformt.
Upanischaden	Sanskrit: upanishad; wörtl. ‚upa': ‚nahe bei', 'ni': ‚nieder', ‚sad': ‚sitzen', ‚sich nahe zu jemandem niedersetzen'. Die Upanischaden bilden den Schlußteil des geoffenbarten Teils der Veden und die hauptsächliche Basis des Vedānta, der philosophischen Schlußfolgerungen aus den Veden.
vaikuntha	Vishnus Paradies.
vairāgya	Wörtl. ‚Leidenschaftslosigkeit', oft nicht ganz richtig mit Entsagung übersetzt, da für Entsagung im allgemeinen ein Zwang notwendig ist. Vairāgya bezeichnet jedoch im Vedānta ein Herauswachsen aus den vergänglichen Dingen der Diesseitigkeit, weil man die unvergängliche Wirklichkeit Brahmans gefunden hat. Wer Freude am Studium heiliger Schriften hat, braucht sich nicht zu zwingen, keine Kinderbücher mehr zu lesen, er ist ihnen entwachsen.
vaishya	Dritter Stand der hinduistischen Gesellschaftsordnung; Händler und Bauern, auch Versorger genannt.
Vasishtha	Berühmter Heiliger (Brahmane). Es bestand eine große Rivalität zwischen ihm und dem Heiligen Vishvāmitra, der zunächst ein Kshatriya war.
Vedānta	Zusammensetzung aus ‚veda' ('Wissen, heilige Lehre') und ‚anta': ‚Ende'; das Ende, d.h. die Schlußbetrachtungen, die Essenz der Veden.

Veden	(veda) Wörtl. ‚Wissen, heilige Lehre'; die Gesamtheit der ältesten Texte der ind. Literatur, denen der orthodoxe Hindu übermenschlichen Ursprung und göttliche Autorität zuschreibt. Dieser große Schriftenkomplex vom sechsfachen Umfang der Bibel gliedert sich in vier Abteilungen: 1. den Rigveda, 2. den Sāmaveda, 3. den Yajurveda und 4. den Atharvaveda.
Vibhīshana	Wörtl. ‚schrecklich, einschüchternd', ein Bruder Rāvanas, aber im Gegensatz zu ihm edel und voller Tugenden. Er wurde Rāmas Verbündeter.
vishishtādvaita	Eingeschränkter Nicht-Dualismus, die Vedānta-Schule Rāmānujas.
Vishnu	Einer der Hauptgötter des Hinduismus. Im Rigveda ist er mit der Sonne verbunden, tritt aber nur hervor durch die Heldentat der ‚drei Schritte', mit denen er den Weltenraum durchmißt. Im Wechsel mit Brahmā und Shiva erscheint er als höchster Gott, der vorwiegend in der Gangesebene verehrt wird, während Shivas Bereich der Himalaja ist. Innerhalb der Trinität ist er der Erhalter der Schöpfung. Vishnu ist Hüter des Dharma: er eilt jedesmal, wenn die Welt aus den Fugen gerät, zu Hilfe und inkarniert sich als Avatar, um der Menschheit neue Wege zur Weiterentwicklung zu zeigen.
Vishvāmitra	Ein berühmter Heiliger, der als Kshatriya geboren wurde, aber durch intensive Askese in die Brahmanenkaste aufstieg und einer der sieben großen Rishis wurde. In den vielen Legenden, die sich um ihn ranken, steht fast immer sein Streit mit

	dem brahmanischen Rishi Vasishtha im Mittelpunkt.
Vivekānanda	(Naren) Swami, 1863-1902, der bedeutendste Schüler Rāmakrishnas.
Vyāsa	Diesen Namen tragen viele der alten Verfasser und ‚Sammler' (vyāsa) von Sanskrit-Werken. Die Purānas erwähnen nicht weniger als achtundzwanzig Vyāsas, die zu verschiedenen Zeiten auf die Erde gekommen sein sollen, um die Veden zusammenzustellen und zu verbreiten.
Yādava	Volksstamm und Dynastie, aus der Krishna stammte.
yaksha	Eine Gruppe götterartiger Wesen, die übernatürliche Kräfte besitzen. Sie gehören zu den Dämonen, sind aber nicht gewalttätig.
Yama	1. wörtl. ‚Selbstbeherrschung', die erste der acht Stufen des Rāja-Yoga; 2. der Gott des Todes. Yama sendet den Menschen Alter, Krankheit und nahenden Tod als seine Boten, die die Menschen anhalten sollen, kein unmoralisches, leichtsinniges Leben zu führen; er ist der König der Rechtschaffenheit (dharmarāja).
Yamunā	Ein Nebenfluß des Ganges.
Yashodā	Gemahlin Nandas, des Häuptlings von Brindāvan, Pflegemutter von Krishna.
yoga	Vereinigung; wörtl. ‚Joch', im Sinne von Anschirren an Gott, Vereinigung mit Ihm. Da jeder Weg zur Gotterkenntnis als Yoga bezeichnet werden kann, gibt es im Hinduismus zahlreiche Namen für die verschiedenen Yoga-Wege, die den jeweiligen Veranlagungen der nach Gotterkenntnis Strebenden angepaßt sind.

yogī	Jemand, der die Vereinigung mit Gott auf einem der Yoga-Wege sucht, bzw. gefunden hat; einer, der Yoga und einfache Lebensweise praktiziert.

Quellen: 1. Lexikon der östlichen Weisheitslehren; O.W.Barth Verlag (im Scherz Verlag Bern und München); 2. Hans Torwesten: Vedanta; Walter-Verlag, Olten 1985; 3. Mahābhārata; Eugen Diederichs Verlag Düsseldorf – Köln 1978; 4. Hermann Jacobi: Das Rāmāyana; Wissenschaftliche Buchgesellschaft Darmstadt 1976.